KB077094

유학,
일상
의길

유학,
일상
의길

2015년 3월 17일 제1판 제1쇄 인쇄
2015년 3월 24일 제1판 제1쇄 발행

지은이　권정안
펴낸이　강봉구

편집　김윤철
디자인　비단길
사진　배현준
인쇄제본　(주)아이엠피

펴낸곳　작은숲출판사
등록번호　제406-2013-000081호
주소　413-120 경기도 파주시 신촌로 21-30(신촌동)
주소　100-250 서울시 중구 퇴계로 32길 34
전화　070-4067-8560
팩스　0505-499-8560

홈페이지　http://cafe.daum.net/littlef2010
페이스북　http://www.facebook.com/littlef2010
이메일　littlef2010@daum.net

ⓒ권정안

ISBN 978-89-97581-70-2 03150
값은 뒤표지에 있습니다.

작 은 숲
에 세 이
007

유학,
일상
의 길

권정안 유학 에세이

작은숲

머리말

처음 공부를 할 때, 은사이신 도원 유승국 선생님께서
하신 말씀이 기억납니다. "15년을 열심히 공부하면 학자로서 소성小成을
하고, 30년을 열심히 공부하면 대성大成을 한다." 저는 40년 넘게 유학을
공부했으니, 마땅히 대성을 해야 하겠지요. 선생님께서 애초에 훌륭한
재능을 전제하고 말씀하신 것은 아니니, 제가 지금 대성은커녕 소성도
못한 것은 오직 한 가지 제 노력이 부족했기 때문입니다.

세상에 책을 낼 사람이 못됩니다. 부끄럽고 두렵습니
다. 처지에 몰려서 책을 내게 된 것도 무어라 변명할 말이 없습니다. 그나
마 여기에 실은 글들은 그동안 주로 충남교육연구소 회지 등에 '새롭게 읽
는 고전'이란 이름으로 쓴 글들을 모은 것입니다. 대개 그때그때 즉흥적으

로 썼던 거친 글들을 이번에 조금씩 정리하고 보충한 것입니다.

　　　　　유학은 사람의 일상을 말합니다. 제 단견이겠지만, 모
든 사상 가운데 가장 넓게 사람의 일상을 말하는 사상이 아닌가 합니다.
행복하게 살기와 사람답게 살기라는 일상의 두 가지 주제만으로도 유학은
참으로 많은 사람들의 공감을 얻었습니다. 제 욕심은 이 책을 통해서 그런
공감을 좀 더 깊게 하는 것입니다.

　　　　　그래도 글에 잘못된 것이 있다면, 책임은 전적으로 저
에게 있습니다. 다만 저로 하여금 이 글들을 쓸 수 있는 힘을 주신 것은 모

두 저 성현들과 저를 가르쳐 주신 여러 은사님들의 덕분입니다. 저 진리의 삶을 살아가신 모든 스승님들과 그 길 위에 있는 벗들에게 이 부족한 책을 바칩니다.

끝으로 부족한 글을 보아 준 충남교육연구소의 조성희 국장님, 귀중한 사진을 쓰도록 허락해 준 배현준 선생님, 책의 출판을 기꺼이 수락해 준 작은숲 강봉구 대표에게 거듭 감사를 드립니다.

신미년 봄

권정안

차례

5부 나오며 – 함께 부르는 '사람의 노래'

1부

들어가며

- '인생을 아름답게' 산다는 것은

도연명의 삶에서 배우는 동양 철학의 세계관

저는 개인적으로 공자孔子를 존경하고 그의 삶을 배우고자 하는 사람이지만, 가장 좋아하는 사람을 꼽으라고 하면 역시 도연명陶淵明을 들겠습니다. 그는 〈귀거래사歸去來辭〉와 같은 명문名文을 지은 뛰어난 문장가이며, 〈사시四時〉와 같은 명시名詩를 남긴 시인입니다. 물론 저는 그의 이런 시와 문장을 좋아하기는 하지만, 그를 좋아하는 이유는 이런 문장가나 시인으로서보다는 그냥 인생을 가장 인생답게 살았던 사람으로서입니다.

저만이 아닙니다. 중국의 소동파蘇東坡와 우리나라의 퇴계退溪 이황李滉과 하서河西 김인후金麟厚를 위시하여 수많은 선비들이 그의 시문을 좋아하여 배우고 그의 인생을 흠모했던 것도 역시 이 점 때문이 아니었을까요? 물론 '인생을 인생답게'라는 말은 의외로 이해하기 쉽지 않은 말입니다. 아니 엄격하게 말하면 '인생을 인생답게'라는 말은 개인에 따라서 얼마든지 다른 대답이 가능한 말입니다. 혹시 여러분은 이 말을 어떻게 이해하시나요?

이 글은 그런 도연명의 삶에 대한 제 나름의 이해를 〈음주飮酒〉라는 그의 시 한 수를 가지고 풀어 본 것입니다.

도연명의 이름은 잠潛. 연명은 자字입니다. 후세에 그를 높여 정절 선생靖節先生이라 불렀습니다. 그의 증조부는 도간陶侃이란 사람인데, 진晉의 대장군으로 절도사節度使를 지낸 유명한 인물이었습니다. 도간은 아침이면 옹기 백 개를 집 밖에 내놓았다가 저녁이면 다시 들여놓는 일을 반복하였습니다. 사람들이 그 이유를 묻자, 한 나라의 장수가 된 사람은 평화로운 시기라 하더라도 전쟁이 날 때를 대비하여 체력을 길러 두어야 하기 때문이라고 하였다는 착실한 사람이었습니다. 또 술을 몹시 좋아하였지만, 일정한 양 이상은 절대로 마시지 않는데, 그것은 소년 시절 술 때문에 실수를 하고 절주節酒를 하겠다고 부모님과 한 약속을 평생 지키기 위해서였다고 합니다.

그에 비해 도연명은 큰 벼슬을 하지 못하였습니다. 만년에 저작랑이란 말직에 뽑힌 일이 있다는 기록도 있지만, 사실이 아니라는 설도 있습니다. 확인된 것은 말단 지방관인 팽택령彭澤令을 몇 달 지낸 것입니다. 원래는 벼슬에 뜻이 없었는데, 지방관이 되면 좋아하는 술을 빚는 출秫이라는 곡식을 심을 토지를 받는다는 유혹에 넘어가 부임하였습니다. 그러나 불과

석 달 뒤 그 술을 수확하기도 전에 독우督郵라는 감독관이 왔습니다. 그러자 그는 "쌀 다섯 말의 봉급 때문에, 허리를 굽힐 수가 없다."고 하면서, 관리의 인끈관리의 신분을 표시하던 끈을 관청에 매달아 놓고는 〈귀거래사〉를 노래하며 그만둔 것이 전부입니다.

당연히 훌륭한 관리로서의 치적도 없고, 국가 사회에 공헌하거나, 백성들에게 선정을 베풀거나, 역사에 남을 충성스러운 행적을 보인 것도 아닙니다. 그뿐이 아닙니다. 가정적으로도 그렇습니다. 다섯 아들을 두었지만 자식들에게서도 별 희망이 없으니, 술이나 마시자고 한탄했던 사람이었지요. 집 앞에 버드나무 다섯 그루를 심어 놓고 스스로 오류 선생五柳先生이라 일컬으며, 고대古代에나 살 사람이 시대를 잘못 만났다고 탄식한 사람, 건실했던 증조부와는 달리 절제를 모르고 술을 좋아한 사람이었습니다. 누구 집이든 술이 있다는 소문을 들으면, 체면 같은 것은 뒷전으로 돌리고 그냥 찾아가서 술이 떨어진 뒤에야 돌아온 사람이었습니다.

그의 이런 인생에서 도대체 무엇이 그를 가장 인생다운 인생을 산 사람이라는 흠모를 받게 하는 것일까요?

세속의 은사隱士, 도연명

동아시아에 도연명은 우선 은사隱士의 상징입니다. 후세에 도연명은 추모하는 사람들에게는 거의 정절 선생靖節先生으로 불렸고, 때로는 은사의 별칭인 처사處士를 붙여서 도처사로 불렸습니다. 물론 은사라는 인간상은 도연명이 처음 시작한 삶의 모습은 아닙니다. 훨씬 더 오랜 역사를 가진 인간상이지요.

도연명보다 선배로 진晉나라 때 손등孫登이라는 은사가 있었습니다. 그는 자字가 공화公和인데, 유명한 죽림칠현竹林七賢 가운데 한 사람인 혜강嵇康과 친하였습니다. 세상에서는 대체로 죽림칠현을 청렴한 삶을 사는 은사들의 상징으로 알지만, 사실 그들은 대부분 은사가 아니라 높은 벼슬을 하던 사람들이었습니다. 죽림칠현은 정상적인 은사라기보다는 오히려 위진魏晉 시대에 형성된 독특한 기풍인 개성적인 삶을 산 사람들이었지요.

거기에 비해 손등은 진정한 은사에 가까운 사람이었습니다. 혜강이 처음 손등을 찾아갔는데, 손등은 아는 체도 하지 않았습니다. 혜강이 자신을 과시하기 위해 휘파람을 멋지게 불자, 그제야 혜강에게 관심을 보이고는 다시 한 번 휘파람을 불어 보라 하였습니다. 혜강이 다시 휘파람을 불자, 그는 더 이상 혜강을 쳐다보지 않았습니다. 혜강이 실망하여 산을 내려왔는데, 입구에 다다르자 갑자기 멋진 휘파람 소리가 온 골짜기에 쩌렁쩌렁 울렸답니다.

이 일화의 주인공인 손등이 칠현금七弦琴의 줄이 너무 많다고 여겨, 줄을 하나만 남기고는 평소에 그 일현금一弦琴을 연주하였습니다. 도연명은 이 일화를 듣고는 줄이 하나도 없는 무현금無弦琴 하나를 구해 방에 걸어만 놓았습니다. 그러고는 연주를 해야만 거문고의 흥취를 즐길 수 있는 것은 아니라 하였습니다. 이것이 이른바 '연명무현금淵明無弦琴'이란 고사입니다.

도연명과 같은 시대에 혜원慧遠이라는 승려가 있었습니다. 그는 당시 명망이 높아서 그가 결성한 백련사白蓮社에는 당시 왕공王公, 신분이 높은 사람들이 가입하려 해도 쉽게 들여 주지 않았습니다. 반면 혜원과 친하게 사귀던 도연명은 가입 요청을 받고도 거절했다고 합니다. 또 혜원은 여산廬山 동림사東林寺에 거주하면서 누가 와도 그 절 앞에 있는 호계虎溪를 벗어나 전송하지 않는 것을 불문율처럼 지키고 있었습니다. 그것은 혜원이 호계를 벗어나면 반드시 호랑이가 울기 때문이었는데, 이 때문에 호계라는 이름이 생긴 것이었지요.

그런데 어느 날 도연명과 도사道士인 육수정陸修靜과 함께 대화를 나누며 전송하다가 자신도 모르는 사이에 호계를 건넜고, 호랑이가 우는 소리를 듣고서야 그 시내를 건넌 줄 알게 되어, 세 사람이 함께 파안대소破顔大笑하였습니다. 이 상황을 그린 것이 바로 후세에 유명한 동양화의 소재인 '호계삼소도虎溪三笑圖'입니다. 이 일화는 곧 동양에서 유불선儒佛道 삼교三教의 교섭交涉과 회통會通의 상징이 되었습니다. 여기서 도연명은 유자儒者의 자긍심을 잃지 않으면서도 다른 종교와 사상에 대한 관용과 상호 존중의 자세를 보여 주는 인물의 상징입니다. 아니 종교의 차이를 넘어 세속을 떠난 진정한 은사들의 세계와 거기에서의 만남과 어울림을 상징하는 인물입니다.

그는 또 집 울타리에 온통 국화를 심을 정도로 국화를 사랑하였습니다. 물론 더욱 좋아한 것은 국화주菊花酒였지만. 그러나 이 때문에 국화는 매란죽梅蘭竹과 함께 동양에서 사군자四君子의 하나가 되었고, 동시에 고결한 은사를 상징하는 꽃이 되었습니다. 송나라 때 염계濂溪 주돈이周惇頤는 〈태극도설太極圖說〉을 지어 성리학의 비조鼻祖가 된 분인데, 그는 〈애련설愛蓮說〉이란 글을 지으면서 "국화는 꽃 가운데 은일隱逸을 상징하는 것이고, 그런 진정한 은사는 도연명 이후 별로 없었다."라고 하였습니다.

저는 여러 가지 그의 일화들을 소개하였지만, 여러분들은 이런 그의 삶의 편린들에서 무엇을 느끼셨나요? 우선 피상적으로 보면 그는 세속적인 명리名利에 대한 악착은 없어 보입니다. 그러나 이것만으로 그 수많은 선비들이 그의 삶을 흠모한 것은 아니며, 제가 감히 그의 삶을 가장 인간다운 삶을 산 사람이라고 단언하는 것도 아닙니다.

저는 그의 삶을 이해하는 관건은, 그의 삶의 다양한 일화逸話들을 관통하고 있는 세계관과 이런 세계관에서 이루어진 그의 삶에 대한 통찰洞察과 달관達觀에 있는 것이 아닐까 생각합니다. 그러나 제가 이렇게 현학적인 표현을 써서 설명한다 해도 여러분이 이해하는 데에는 별로 도움이 되지 않을 것입니다. 더욱 그는 철학이나 사상에 대한 어떤 저술을 남긴 학자도 아닙니다.

그는 독서를 해도 공연히 '깊은 뜻이라도 있는 듯이 심오한 해석을 하지 않았으며[讀書 不求深解]', 글을 지어도 삶의 경험들이 가슴을 울릴 때 거기에서 우러나온 갖가지 울림들을 읊조리듯 자연스럽게 풀어낸 시인일 뿐입니다. 그럼에도 저는 그가 동양적 사상과 정신의 핵심적인 세계관을 체득한 사람임을 확신합니다. 그리고 그 정수는 이 〈음주〉라는 짧은 시 한 수에 담겨 있습니다.

열 구, 다섯 연으로 된 이 오언 고시五言古詩는 이렇게 시작합니다.

結廬在人境　사람들 사는 마을에 초가집을 지어도
而無車馬喧　수레와 말의 시끄러운 소리는 들리지 않는다

그는 후세 선비들에게 '도처사'로 불릴 정도로 유명한 은사입니다. 그리고 은사들의 고결한 삶은 마땅히 현실의 삶과는 거리가 있어야 합니다. 대개의 은사들의 경우, 그 거리는 시정市井과는 멀리 떨어진 산중山中이라는 공간이 만들어 줍니다. 전설적인 은사인 소부巢父 허유許由의 기산영수箕山穎水와 같은 심산유곡深山幽谷이라야 역시 은사에게 걸맞은 은거지인 것입니다.

그런데 도연명은 아닙니다. 그는 태연히 사람들 사는 세속의 마을에 집을 짓고 세속 사람들과 함께 어울려 살아갑니다. 세상을 더럽게 보고, 그런 세속과 어울리지 못하는 자신을 은사라고 자처하고, 외롭게 숨어서 산 사람들은 많았습니다. 시대가 어지러울수록 그런 은사들이 많았지요. 그러나 그는 스스로 자신에게 은사라는 이름을 붙이지도 않았고 당연히 은사라는 이름에 구애받아 외롭게 숨어 사는 은사는 아니었습니다.

물론 첫 구절 '인경人境'의 경境이란 글자에는 경지境地라는 의미 이외에, 경계境界 변경邊境과 같이 변두리라는 의미가 있습니다. 그러니 도연명이 초가집을 짓고 살아가는 인경은 단순한 세속이 아니라 세속의 변두리쯤이지만 그래도 여전히 세속은 세속이지요. '꽃이 지기 전의 봄이 진짜 봄다운 봄이요, 산이 깊어야 절이 절다운 절이라[花落以前春 山深然後寺]' 하는데, 그는 세속의 변두리라 하더라도 역시 세속에 파묻혀 사는 사람입니다. 그러니 그가 어찌 은사가 될 수 있었겠습니까?

그럼에도 그는 세속의 혼탁함을 피해 더욱 깊은 산속으로 은거하는 과거의 은사들을 흉내 내지 않았습니다. 그는 그냥 자신이 살아온 세속의 변두리에서 그대로 살아갈 뿐이었습니다. 그는 그렇게 자신만의 은거 방법을 택한 것이지요. 그리고 이 도연명의 은거하는 방식으로부터 "작은 은사는 산중에 은거하고, 큰 은사는 저자에 은거한다[小隱隱於山 大隱隱於市]."는 은거의 역설逆說이 형성되었습니다.

사실 도연명의 이런 나름의 방식대로의 은거란 도연명의 창작은 아닙니다. 어떤 사람들은 산중에 숨지도 않고 도연명처럼 세속에 은거한 것도 아니며, 심지어는 높은 벼슬을 한 사람들도 은사라고 불렀습니다. 공자가 칭찬하고 맹자가 화성和聖이라고 불러 성인의 반열에 올려놓은 유하혜柳下惠와 한나라 때 삼천갑자를 살았다고 전해지는 동방삭東方朔 같은 사람입니다. 이런 사람들을 옛 분들은 조정에 숨은 은사라는 뜻으로 조은朝隱이라 불렀습니다.

은사는 아니지만 조선 중기, 명종 선조 무렵 신승神僧으로 알려진 진묵震默 일옥선사一玉禪師는 장날마다 시장에 가서 자리를 펴 놓고 종일 참선을 하다가 장이 파하면 상인들이 좌판을 걷을 때 함께 자리를 걷고서 "오늘 장사 잘했다."라고 하였답니다. 자신만의 참선 방법으로 참선한 것이지요. 아니 자신만의 장사 방법으로 장사한 것이지요.

이들의 공통점은 내 인생을 살면서 남의 아류亞流가 되기를 거부하는 것, 나만의 방식으로 사는 것입니다. 그리고 이것이 인생의 비의秘義를 담은 관건의 하나가 아닌가 합니다.

명리名利를 떠나 자기 삶의 주인으로 살기

그러나 도연명이 세속에 살면서도 은사일 수 있는 것은 역시 다음 구절 때문입니다. 그는 세속이란, 장소가 아니라 명리를 상징하는 수레와 말이라 보았습니다. 그는 세속에 살아도 세속과는 달리 수레와 말의 시끄러운 소리가 들리지 않는 삶을 살기에 은사인 것입니다. 여기에서 세속의 변두리는 도리어 은사의 훌륭한 삶의 터전으로 되살아나는 것이지요.

여러분은 세속의 변두리에 초가집을 짓고 싶으신가요? 그럴 듯한 전원주택이라도 갖고 싶으신가요? 어느 정도의 전원주택이면 만족하시나요? 모름지기 주차장을 만들지 마십시오. 도연명이 세속의 변두리에 살면서, 바로 다음 구절을 역접逆接을 뜻하는 '而'로 시작한 이유입니다. 거기에는 모름지기 부귀富貴를 상징하는 수레와 말의 시끄러운 소리가 없어야 합니다. 이때에만 그가 사는 세속의 변두리, 조촐한 시골의 초가집은 가장 훌륭한 은사의 거처가 될 수 있습니다.

실로 세속이 세속인 것은 그 장소 때문이 아니라, 그 세속의 삶이 부귀와 명리를 추구하기 때문입니다. 그러므로 아무리 깊은 산에 은거했어도 마음이 세속을 향해 달려가면 그 사람은 도리어 영악스러운 속인俗人일 뿐입니다. 번화한 시정 한가운데나, 한적한 시골이나, 엄청난 호사를 다한 궁궐이나 다를 것이 없습니다.

더욱이 그 부귀와 명리란, 세속적인 삶을 사는 사람들 대부분이 치열하게 바라는 것이니 당연히 그 속에는 아귀다툼 같은 시끄러운 시비와 분쟁이 사라지지 않는 것입니다. 조선 시대의 유명한 처사處士인 화담花潭 서경

덕徐敬德 선생의 "부귀富貴는 분쟁거리라 손을 대기 어렵다[富貴有爭難下手]."는 말은 그런 세속의 본질에 대한 통렬한 성찰을 보여 줍니다.

세속에 살면서 세속의 삶의 모습을 보여 주든지, 은사의 삶을 살 것이면 깊은 산중에 은거하든지 해야 한다는 관점에서 보면, 세속의 변경에 살면서 세속적 가치인 부귀의 추구를 포기한 도연명의 방식은 이해하기 어려운 것인지도 모르겠습니다. 그래서 누군가가 '어떻게 세속에 살면서도 명리를 추구하는 세속의 삶에서 초연할 수 있는지?'를 물어 온다면, 도연명은 이렇게 대답을 준비해 놓고 있습니다.

問君何能爾 그대에게 묻노니 어떻게 그럴 수 있는가?
心遠地自偏 마음이 머니 사는 곳은 저절로 한갓지네

인간의 삶이 환경에 영향을 받는다는 것은 아주 오래된 진리이며 대부분의 사람들의 삶에 적용되는 원리입니다. 순자荀子가 "제멋대로 자라는 쑥도 삼대 밭에서 자라면 부축해 주지 않아도 저절로 곧게 자란다[蓬生麻中不扶而直]."라고 한 말은 주로 친구를 잘 선택하라는 의미이지만, 넓게 보면 환경의 영향력을 가장 잘 보여 주는 대표적인 말입니다. 이런 관점에서 보면 세속의 환경은 역시 인간을 세속적인 것으로 만드는 것이요, 은사가 되려면 역시 적절한 은거지가 있어야 하는 것이겠지요.

그러므로 실제로는 은사가 아니고 부귀를 얻기 위해 가장 노심초사勞心焦思한 사람이었던 이백李白이 도연명의 이 구절을 흉내 내어 지은 "그대 무슨 이유로 푸른 산에 은거하는가 물어 오면, 빙긋 웃으며 아무 대답하지 않

아도 마음이 절로 한가롭다[問汝何事棲碧山 笑而不答心自閒 - 山中問答]."라고 한
것은 적어도 표면적으로는 은사다운 은사의 모습일 것입니다.

그러면 세속에 살면서도 세속의 환경에 구애받지 않고, 심산深山이란 환
경을 갖추지 않고도 은사처럼 살 수 있는 도연명의 삶은 어떻게 이해해야
할까요? 그것은 역시 인간의 삶이란 환경과 조건에 의해 규정되는 것이기
도 하지만, 그럼에도 불구하고 그 삶에는 자신의 능동적인 선택의 여지도
열려 있다는 것에 대한 단호한 믿음과 자신이 그런 삶의 주체이고 주인이
라는 선언이 아닐까요?

적어도 내 삶에는 나에게 주어진 숙명적인 조건도 있지만, 내가 자유롭
게 선택할 수 있는 여지가 열려 있고, 이 경우 나는 그 선택권을 절대로 양
보하지 않는다는 자기 삶에 대한 주인 선언, 이것이 그가 인생다운 인생을
산 두 번째 비밀의 관건이라 생각합니다.

우선 그에게 세속의 부귀와 명리를 추구하는 삶을 사느냐 아니면 그것
을 포기한 은사의 삶을 사느냐에 대한 선택은 반드시 사는 환경에 의해 결
정되는 것이 아닙니다. 아니 이런 의식은 도연명 이전에 이미 공자에게서
분명하게 확인되었던 것입니다. "부귀가 추구할 만한 가치가 있는 것이라
면, 비록 채찍을 잡고 수레를 모는 일이라도 내가 역시 하겠지만, 추구할
가치가 없는 것이기에 나는 내가 좋아하는 바를 하겠다[富而可求也 雖執鞭之士
吾亦爲之 如不可求 從吾所好 -《論語》,〈述而〉]." 이는, 나는 내가 좋아하는 삶을 살
겠다는 공자의 선택입니다.

현실적인 부귀를 포기하는 은사로서의 삶이 그의 삶의 조건과 환경이
강요한 것이 아니라 그의 주체적인 선택이라면, 그런 은사로서의 삶은 당

연히 사는 곳이 심산이냐 아니면 사람이 사는 세속의 마을이냐에 따라 규정되는 것이 아니라, 그 삶의 주인인 자신의 선택에 의해 결정되는 것입니다. 그러므로 관건은 마음이요, 그 마음이 세속의 부귀에 대한 관심에서 멀리 떨어져 있기에, 어디에 살든 이런 마음이 그가 사는 곳을 한갓지게 만드는 것입니다. 이것이 바로 '심원지자편心遠地自偏'입니다.

물론 부귀를 추구하는 삶을 선택하든 그것을 포기하는 삶을 선택하든, 그 은거지로 심산을 선택하든 세속의 마을을 선택하든, 그 선택 자체는 적어도 인간 주체의 자유입니다. 그것은 도연명이 선택한 '부귀를 포기하고 세속의 마을에 사는 삶'과 마찬가지로, '부귀를 포기하고 심산에 은거하는 삶'이나, '부귀를 추구하며 심산에 몸만 은거하는 삶'이나, '부귀를 추구하며 세속에 사는 삶'이 모두 인간에게 자유로운 선택으로 열려 있음을 의미합니다.

그렇다면 이런 삶의 다양한 선택들은 외형적으로 분명 서로 다르지만, 도연명이 선택한 삶의 모습이 다른 사람들이 선택한 삶들과 본질적으로 다른 의미를 갖는 것일까요? 아닙니다. 그것은 자기 선택이라는 점에서 본질적으로 같은 것이요, 그 차이는 오히려 이런 삶들을 선택한 인간 주체 자신에게 있을 뿐입니다. 도연명이 선택한 삶의 모습은 결국 그가 자기 인생의 주인임을 가장 분명하게 확인하는 삶의 한 가지 방식이지만, 동시에 그의 마음속에 담긴 세계와 사람에 대한 나름의 통찰과 인생관에 의해 선택된 것이지요. 이 점이 서로 다를 뿐입니다.

그러므로 후세의 수많은 선비들이 그의 삶을 진정으로 부러워하고 흠모하는 것은, 단순히 속세의 명리를 떠나 고고하게 자연과 벗하는 그의 삶의 방식 자체 때문만이 아닙니다. 그 핵심은 우선 앞에서 말한 대로 그러한 삶의 방식을 그가 주체적으로 선택함으로써 자신의 삶의 주인이 되었다는 점 때문입니다. 그리고 이것은 자신이 자신의 삶의 주인이라고 생각하는 우리들의 삶에서 우리가 주인이 아닐지도 모른다는 속삭임이기도 한 것입니다. 스스로에게 조용히 물어보시지요. 나는 과연 내 삶의 주인인가요? 여기까지는 불교와 유학이 같다고 생각합니다.

유학은 다시 묻습니다. 주인이어야 할 너는 어떤 모습이니? 혹시라도 왜소하고 냉혹하고 더럽고 굶주리고 칙칙하지 않니? 저는 십대 중반의 어느 여름날 한밤중, 온통 천둥 번개가 몰아칠 때 처음으로, 참으로 초라하고 겁쟁이인 저를 처음 만났습니다. 그 뒤로 드문드문 만난 저의 모습은 바로 맹자가 호연지기浩然之氣를 말하면서 언급한 '굶주린 자아'였습니다. 여러분은 어떠신지요?

스스로의 생명에 충실한 삶

저는 현실의 세속 속에서 단순히 개인의 부귀와 명리를 위해서가 아니라, 사회적이고 역사적인 정의와 진리를 위해 헌신하는 삶의 방식을 택한 많은 성현聖賢들을 진심으로 존경하며 배우고 싶습니다. 그리고 이런 삶의 방식이 얼마나 어려운 짐을 짊어지는 것인가를 어렴풋하게 짐작하기에, 이런 고결한 삶의 길을 가는 사람들의 선택은 당연히 주체적이 아닐 수 없다고 생각합니다.

도연명이나 원론적으로는 모든 사람들의 삶이 주체적인 선택이듯이, 정의롭고 거룩한 헌신의 삶들이 누군가의 강요에 의한 것일 수는 없다고 생각합니다. 그것은 적어도 제가 본 이런 분들은 그 어려워 보이는 헌신의 길을 억지로가 아니라 즐겁게 걸어갔기 때문입니다. 만에 하나 종교적, 정치적 신념이나 사회적 관습 또는 어떤 강제에 의해 그 길을 갔어도, 저는 적어도 이미 그 길을 가신 분들에게는 이런 전제를 달고 싶지 않습니다.

각 시대에 걸쳐 진정한 선비들이 언제나 모범으로 삼아 배우고 실천하고자 했던 그런 성현들의 삶과 비교하면, 도연명의 삶은 외형적으로 분명히 다릅니다. 그럼에도 불구하고 저는 이들 사이에는 각자의 삶의 방식을 주체적으로 선택했다는 점 이외에, 각자가 선택한 그 삶을 참으로 즐겁게 살아갔다는 보다 근원적인 공통점이 있음을 확신합니다. 그들이 선택한 삶이 행복했다는 말입니다.

깊은 산속의 난초가 향기를 풍기는 것은 세상을 위해서이기 이전에 그 스스로의 생명에 충실한 삶 자체이듯이, 정의와 진리를 실천하는 고결한 삶과 현실적 명리를 떠나 자연을 벗 삼는 도연명의 삶은 모두가 '무엇을 위한 삶'이 아닌 '스스로의 생명에 충실한 삶'이란 점에서 본질적으로 같은 것이 아닐까요?

그리고 바로 자신의 인생에 대한 이런 삶의 태도가 진정한 의미에서의 주체적인 삶이 되고, 그런 주체적인 삶의 태도가 다른 사람들의 삶과 그 선택에 대해서도 존중하는 모습을 갖게 된다고 봅니다. 공자가 거듭 강조하신 "사람은 제 각기 자신의 뜻대로 산다[各從其志]"는 의미입니다.

자신의 삶과 주체성에 대한 이런 열린 자세는 다른 사람이나 모든 세계의 다른 존재들을 객체화하는 대신에, 모든 사람을 형제처럼 대하고 모든 생명들을 공존하는 벗으로 삼아 항상 어떤 대상과도 만남의 통로를 열고, 나아가 모든 대상과 내가 하나가 된 확대된 주체성으로 주객主客의 경계가 사라진 경지를 체득하기에 이르는 것입니다.

모든 대상과 마주 선 자아가 아니라, 대상과 소통의 통로를 부단히 열어 가는 자아는 언젠가는 모두가 하나로 만나는 우주적 자아로 커져 가는 것입니다. 아니 본래가 하나였던 것이지요. 이것이 도연명이 보여 주는 우리 인생의 세 번째 비의입니다.

따뜻하고 소중한 만남의 터전

採菊東籬下 동쪽 울타리 아래 국화를 꺾다가
悠然見南山 문득 고개를 들어 남산을 바라본다

이 구절이 바로 이 시와 이 시에 도연명이 담아낸 세계관 전체를 지탱하는 핵심입니다. 그 수많은 유수한 시인들이 오랜 세월 동안 많은 한시漢詩를 남겼습니다. 그 모든 구절을 합친 무게와 비교해도 오히려 이 한 구절이 더 무거운 의미를 지녔다고 한다면, 제가 과문寡聞한 탓일까요? 적어도 저에게는 그렇게 느껴집니다.

국화는 도연명이 가장 좋아하는 꽃입니다. 사군자四君子 가운데 늦가을의 매서운 서릿발에도 의연하게 홀로 절개를 지키는 오상고절傲霜孤節은 도연명이 국화를 통해서 배우고자 했던 기상일까요? 많은 선현들이 그렇게 이해했고, 그런 이해에 대해 저는 잘못되었다고 생각하지 않습니다. 선비라면 오히려 더욱 이 점을 강조해야겠지요.

봄에 피는 매화가 군자가 되는 것은 그 아름다움과 향기에 있지 않습니다. 그것은 저 차가운 눈 속에서도 꽃을 피우는 설중매雪中梅의 강인한 생명력 때문입니다. 여름의 난초도 마찬가지입니다. 비에도 지지 않기 때문이지요. 서리 속의 국화나 매서운 겨울 바람 속의 대나무도 그렇습니다.

다만 이 구절은 그 이상의 의미를 가진 것도 분명합니다. 중요한 것은 국화와 도연명의 관계이며, 그 관계 맺음의 지평과 양상입니다. 도연명이 국화를 의인화擬人化하여 인간적인 의미 부여를 한 것일까요? 아니면 스스로를 자연화自然化하여 국화와 같은 지평으로 내려간 것일까요? 어느 쪽인들 무슨 문제가 있겠습니까? 이미 그들 사이에는 만남의 지평이 열려, 주객으로 대립된 수단화手段化, 사물화事物化의 위험은 멀리 사라졌다는 것이 가장 중요합니다.

시인 김춘수는 그의 시 〈꽃〉에서 서로에게 오직 소유와 수단으로서의 가치만을 찾고자 하는 현실의 관계 맺음에 절망하여, "내 향기와 소리와 빛깔에 걸맞는 이름을 붙여 달라."라고 절규하였습니다. 쓸쓸한 노래입니다. 수많은 사람들과 매일 어울려 사는 세속의 사람들이 얼마만큼의 소외와 고독에 시달려야 이런 절규를 하고, 그에 공감을 하는 것일까요?

그런 절규에도 아무런 메아리가 없는 우리 현실의 삶들은 또 얼마나 쓸쓸하고 허망한 것일까요? 화려한 현실의 가면 뒤에 숨은 우리 인간 존재의 아픈 모습입니다. 도대체 어디에서 잘못된 것일까요? 도대체 그 탈출구는 어디에 있는 것일까요? 무엇이 정답인지 저는 모릅니다. 그래도 어렴풋이 이 글귀에 그 해답의 하나가 있지 않을까 합니다. 우선 사람인 도연명에게 자연인 국화는 김춘수가 갈망한 꽃이라는 존재적 의미 이상의 인격적 의미를 갖는 것이었습니다. 동시에 국화에게도 도연명은 자신을 소유의 시각은 물론 존재적 시각조차 넘어선 더 높은 지평의 인격체로 보아주는 사람, 아니 벗이었던 것입니다.

그리고 그 인격의 지평인 동시에 자연의 지평에서, 도연명은 국화에게 벗으로서 손을 내밀어 만남을 시도하였던 것입니다. 이 뒤로 동아시아의 많은 선비들은 바로 그런 자연 속에서 수많은 벗들을 만날 수 있었습니다. 고산 윤선도의 〈오우가五友歌〉를 떠올려 보시기 바랍니다.

저 '채국동리하採菊東籬下'가 보여 주는 세계는 국화에 대한 도연명의 우정과 사랑이 불꽃이 되어 국화를 소중한 존재로 승화시키고, 국화에 대한 도연명의 존중이 스스로를 기꺼이 낮추어 국화의 자리로 다가가는 만남, 제각기 제 이름과 존재의 온전한 무게를 인정하고 인정받는 그러면서도 서로를 고양시키는 따뜻함이 흘러넘치는 만남의 순간인 것입니다. 이 얼마나 그리운 관계 맺음인가요? 부럽고 또 부럽습니다. 우리의 지나간 삶 어떤 고샅에 그런 추억들이 있었는가요? 그립고 또 그립습니다.

그러나 바로 그 순간에 새로운 세계에 대한 각성이 섬광처럼 찾아옵니다. 그것은 문득 찾아온 것일까요? '유연悠然'이란 일반적으로 오히려 유구悠久한, 또는 느린 시간을 표현하는 것입니다. 그러나 이 섬광처럼 문득 찾아온 각성의 순간은 마치 영원한 시간이 멈추어 선 것 같음을 표현하고 있는 것이 아닐까 합니다. 이 영원처럼 느껴지는 순간이 지난 뒤에, 도연명은 조용히 고개를 들어 문득 남산을 바라봅니다. 아니 남산이 언제나처럼 변함없이 도연명을 바라봅니다. 남산에게는 영원이라는 시간이, 도연명에게는 섬광 같은 찰나가 유연이지만, 그것은 본래 하나인지도 모릅니다.

다시 한 번 스스로에게 조용히 물어보시지요. 도연명이 남산을 바라보는 것인가요? 남산이 도연명을 바라보는 것인가요? 도연명이 주체이고 남산이 객체인가요? 남산이 주체이고 도연명이 객체인가요? 서로를 수단화, 객체화하는 세속의 관계 맺음은 말할 것도 없지만, 인격의 지평이나 자연의 지평을 열어 이루어지는 만남조차도 결국은 너와 나, 주체와 객체를 가르는 전제前提에서 출발한 것은 아닌가요?

너와 내가 그리고 우리가 살아가는 이 세계가 과연 이렇게 갈라질 수 있는 것인가요? 주체와 객체가, 남산과 도연명이 갈라지지 않은 하나의 세계가 세계의 진상眞相이 아닐까요? 이런 세계에 대한 새로운 각성이 섬광처럼 도연명에게 찾아온 것입니다. 영원과 순간은 하나가 되었고 남산과 나, 아니 우리 모두는 본래 하나였고 지금도 그리고 앞으로도 영원히 하나입니다.

하나이며 전체이며 바로 우리인 세계

이 뒤의 구절은 모든 가름과 대립이 사라진 세계가 보여 주는 파라다이스입니다. 이 각성 뒤에 찾아오는 삶은 어떤 변화가 있는 것일까요? 그 세계와 삶은 젖과 꿀이 흐르는 풍요의 모습도 아니고, 호랑이와 토끼가 함께 어울리는 평화의 모습도 아니고, 인의도덕仁義道德이 구현된 인류 사회의 이상도 아닙니다. 변화는 저 밖에서 시작하는 것이 아닐지 모릅니다.

山氣日夕佳 산기운이 맑아서 저녁노을이 고우니
飛鳥相與還 나르는 새와 더불어 돌아온다

도시의 잿빛 노을은 그만두고라도 얼마나 많은 아름다운 저녁노을들이 우리의 무관심 속에서 그냥 스러져 간 것일까요? 우리는 얼마나 많은 산뜻한 새벽을 그냥 흘려버린 것일까요? 구름에 비낀 달과 심산에 홀로 피어나고 져 간 이름 없는 풀꽃들과 하늘보다 더 푸른 가을의 강 물결들이 우리의 무심 속에 죽어 간 것일까요?

너와 나의 가름이 본래 없는 하나의 세계에서 그 아름다운 노을과 새벽과 달과 풀꽃들과 강 물결이 우리와 함께 있는 벗들이고 바로 우리입니다. 그러니 이 세상의 어떤 풍요가 이만큼 풍요로울 수 있으며, 이 세상의 어떤 평화가 이만큼 평화로울 수 있겠습니까?

그 속에서 오래 사실수록 고마우신 부모님과 겉모습은 이미 시들었어도 정든 아내와 재주는 없어도 사랑스러운 자식들과 함께 살아가니, 구태여 저 딱딱한 인의도덕仁義道德을 다시 들먹일 필요가 있을까요?

세상과 나를 가르고 또 갈라 가며 혼자서 높은 왕관을 뽐내는 어리석음도 멈추고, 모두 빼앗지 않고는 만족할 줄 모르는 탐욕도 잠재우고, 이 세상의 부귀를 저 세상까지 이어 가려고 악착을 부리는 짓도 멈추지요. 오히려 이런 것들은 맑은 산 기운과 아름다운 저녁노을로 온통 가득 찬 하나이며 전체이며 바로 우리인 이 세계가 진정한 파라다이스임을 눈멀게 하는 것이 아닐까요?

타고르는 재물에 대한 끊임없는 욕심이 결국은 자신을 보물 창고 속의 죄수로 만들고, 세상을 노예로 만드는 권력을 탐함이 결국은 스스로를 묶는 쇠사슬이 될 것이라고 풍자했습니다. 그것은 아마 부귀와 권력이 우리에게 무한정의 자유를 줄 것이라는 착각을 경고한 것이겠지요.

도연명은 하나이며 전체이며 바로 우리인 이 세계에 대한 각성이 우리에게 진정한 자유를 준다고 하였습니다. 저 '나르는 새[飛鳥]'는 인간이 오랫동안 꿈꾸어 온 자유의 상징입니다. 세속의 구속을 넘어서 자유로운 이상 세계를 향해 날아가는 비상의 상징이기도 하겠지요.

산 기운 맑고 저녁노을 아름다운 이 세계에서 무엇에도 걸리지 않는 창공을 나는 새처럼 자유로운 삶의 모습은 분명히 도연명이 꿈꾸는 이상일까요? 아니 그것은 이미 그가 살아왔고 살고 있으며 살아갈 현실 그 자체입니다.

그러나 더욱 중요한 것은 그 다음 구절에 이어지는 '相與' 즉 '더불어'의 세계가 아닌가 합니다. 시의 내용은 나르는 새와 '더불어'이니, 이것은 도연명이 새처럼 자유롭기를 꿈꾼 것으로 볼 수도 있겠지만, 앞서 말했듯이 그것은 도연명에게 더 이상 꿈이 아닙니다. 그것은 마치 일을 마치면 언제나 집으로 돌아오듯 자연스러운 삶의 일상입니다.

하필 새뿐이겠습니까? 하나이며 전체이며 우리인 이 세계에서 모든 것은 자연스러운 것입니다. 《중용中庸》에서는 "만물이 함께 자라면서도 서로 해를 끼치지 않고, 도가 함께 행해지면서도 서로 어긋나지 않는다[萬物竝育

而不相害 道並行而不相悖].'라고 하였지만, 도연명의 이 '더불어'의 세계에서 서로 해치고 어긋남을 구태여 말할 것이 있겠습니까? 맹자께서 하신 점잖은 표현을 빌리면, '위 아래로 저 천지와 함께 흘러가는 것[上下與天地同流 —《孟子》,〈盡心 上〉]'이지요.

그 속에 돌아옴과 돌아감은 아무런 차이가 없습니다. 저녁이면 새들이 집을 찾아 돌아오듯이 우리도 자연스럽게 집으로 돌아옵니다. 그러나 자유롭게 하늘을 나는 새들도 언젠가는 자연으로 돌아가듯이, 인간의 모습으로 살아가는 도연명의 삶도 언젠가는 자연으로 돌아갈 것입니다.

〈귀거래사〉의 표현을 빌리자면, '승화귀진乘化歸盡'입니다. 우리의 삶도 천지자연의 변화를 타고 티끌 먼지로 돌아갑니다. 그러면 또 어떻습니까? 결국 이 세계는 하나이며 전체이며 우리인 것을. 새들이 새의 몸을 받아서 새로서 즐겁고 자유롭게 살다가 더 큰 우리인 자연으로 돌아가듯이, 도연명은 인간의 몸을 받아서 인간으로 즐겁고 자유롭게 살다가 더 큰 우리인 자연으로 돌아가는 것입니다.

〈두이노의 비가悲歌〉에서 릴케는 이렇게 노래했습니다. "사물로서 태어나, 사물들 속에서 사물들과 더불어 사물로서 살다가, 사물로서 현금玄琴의 품을 벗어나 간다." 이 세계의 사물의 하나인 우리 인간은 인간으로 태어나 인간 속에서 인간과 더불어 인간으로 살다가 자연으로 돌아가는 것입니다. 거기에 자유로운 내 삶의 기쁨과 행복이 그리고 '더불어' 돌아오고 돌아감의 아름다움이 가득하니, 대장부大丈夫가 아니라도 우리의 삶이 이만하면 족하지 않겠습니까? 바로 여기 이 일상의 삶과 이 세계에 있는 파라다이스를 버리고 어디에서 무엇을 얻겠다고 찾아 헤매는 것인가요?

此中有眞意 이 가운데 삶의 참 뜻이 있으니,

欲辨已忘言 말로 가르고자 해도 이미 말을 잊었다

    이 세계와 삶의 진실 앞에서, 말은 때로 진실의 전체를 가르는 군더더기의 도구입니다. 그러므로 이 시도 그리고 이 시에 대한 저의 쓸모없는 군더더기도 끝.

2부

유학, 행복한 삶을
꿈꾸다

유학을 다시 소개합니다

유학, 시효가 다해 가는 동네북인가?

지난 20세기는 민족사적으로나 인류사적으로 엄청난 격동과 시련의 시기였습니다. 민족사적으로 보면 왕조의 몰락과 민족의 식민지화, 해방과 전쟁, 산업화와 민주화가 진행된 격동의 시기였습니다. 인류사적으로도 두 차례의 세계 대전과 동서 냉전, 공산주의의 몰락과 자본주의 세계화의 광풍, 무분별한 자원 낭비와 환경 파괴 등이 인류 전체의 생존을 위협하던 시기였습니다.

이런 큰 변화에 비하면, 이 땅에서 유학이 겪은 변화는 참으로 소소한 것인지도 모르겠습니다. 그러나 한 세기만 거슬러 올라가면, 유학은 우리나라는 물론 적어도 동아시아 사회에서는 가장 중요한 문화적 정신적 기둥이었음을 부인할 수 없습니다. 심지어는 정치적, 경제적 사상과 이념의 뿌리였습니다. 아니 개인과 사회 양면에 걸쳐 대부분의 사람들의 삶을 규정하고 인도하는 일상의 지표였습니다.

특히 우리의 경우, 유학은 이런 중심적 문화를 넘어서서 국가 건설과 운영의 기본 철학이었습니다. 특히 조선 시대 후기에는 유학에 대한 작은 비판조차 사문난적斯文亂賊으로 몰려 엄청난 억압을 받았던 현실이 반증하고 있듯이, 거의 맹목적인 추종을 강요하던 절대적인 이념이었습니다. 이런 유학이 20세기에 들어서며 일제의 침략이라는 민족적인 비극을 당하게 한 원흉으로, 또 해방 뒤에는 근대 사회로의 발전을 가로막는 봉건적 장애물로 전락하였습니다.

심한 경우에는 우리 사회의 모든 청산해야 할 문화가 모두 유학이라는 이름 아래 있는 것처럼 인식되어서, 유학은 동네북과 같이 우리의 한을 푸는 분풀이 대상과 같은 신세였습니다. 조선에서 근대로 이어지는 이 짧은 한 세기 동안 일어난 유학의 위상 변화는 실로 "산이 높아, 골이 깊다."라는 비유가 가장 어울리는 일대 사건이었습니다. 아마 인류사의 어떤 사상이나 종교도 이처럼 극단적인 성쇠를 경험한 것은 없을 것 같습니다.

물론 20세기 후반, 우리나라를 포함한 일부 아시아의 유교 문화권 국가들이 서구의 민주주의와 자본주의를 성공적으로 수용한 근거를 유학에서 찾기도 하였습니다. 여전히 유학이라 부르기보다는 '동아시아적 가치'라는 명목을 빌리기는 했지만, 집단에 대한 가족적 헌신과 인재를 길러내는 교학사상教學思想으로서 유학에 대한 긍정적인 평가가 이루어지기도 하였습니다.

그러나 외환 위기 이후에는 그런 평가도 상당 부분 퇴색하여, 이제 유학은 흐릿한 전통문화의 한 귀퉁이로, 또 사라져 갈 수밖에 없는 구식 관습으로 점점 현실적인 삶에서 소외되어 가고 있습니다. 당연히 한풀이의 대상인 동네북으로서의 역할도 거의 사라졌습니다. 그래도 가끔은 가정 폭력이나 가족 해체 등의 사회적 문제가 나타날 때, 가부장적 문화를 원인으로 진단하면서 유학을 말하는 것 같습니다.

아주 드물게 유학에서 우리의 미래와 희망을 찾으려는 노력들이 있습니다. 이런 흐름은 서구에서 시작해서 우리를 포함한 전 세계로 퍼져 나간 근대화의 엄청난 성공 속에 드리워진 갖가지 어두운 그림자들에 대한 반성에서 옵니다. 예를 들어 인간성 상실, 물신주의, 도덕적 타락, 공동체의 해체, 종교 전쟁, 자연 파괴 그리고 결국은 세계화라는 무한 경쟁의 패권 투쟁 등 개인과 사회는 물론 전 인류적인 차원에서 나타난 심각한 위기 상황에 대한 공감들이 동력이 되어, 그 대안을 찾으려는 노력의 일환으로 나타난 것입니다.

우리 사회에서도 유학에 대한 긍정적인 이해가 조금씩 생겨납니다. 제 개인적으로는 조선의 사대주의를 상징하는 부정적 의미의 소중화주의를 '문명 조선文明朝鮮'의 의미로 새롭게 가치 부여를 해 준 사학자인 정옥자 선생을 좋아하며, 특히《강의》등으로 유학을 비롯한 동양 사상에 대한 새로운 인식을 주도해 주신 신영복 선생에 대해서는 마음속에서 경의를 표합니다.

유학, 현대 사회 '살림'의 대안?

그러면 과연 지난 세기 저렇게 철저하게 경멸당하고 파괴당한 유학이 과연 현대 사회의 문제들을 해결하는 대안이 될 수 있을까요?

'인간이 현실의 문제와 위기를 해결하여 미래의 희망을 성취하기 위해서는 과거에서 교훈을 얻고 그 방법을 찾는다'는 방식은 인간 문화로서 역사가 갖는 존재 근거입니다. 간단하게 '역사는 거울'이라는 말입니다. 인류가 그 지난했던 굴곡의 삶들을 겪으면서 얻은 가장 뛰어난 지혜의 하나입니다. 유학적 개념으로 말하면 '온고지신溫故知新'이나 '법고창신法古創新'이겠지요.

그러므로 이 '온고지신'이나 '법고창신'의 원리가 제대로 작동할 수 있다면, 유학은 아마 의미 있는 대안 가운데 하나가 될 수 있을 것입니다. 아니 유학은 다양한 시대와 영역에 걸쳐 이런 도전들을 극복해 온 경험을 갖고 있으면서 동시에 사회와 문화 전반을 아우르는 종합 사상이란 성격을 갖고 있기 때문에, 다양한 영역에서 나름의 대안들을 찾는 데 적지 않은 도움을 줄 것입니다.

현재 주로 제안되는 여러 대안들, 예를 들어 생태주의에 입각한 여러 운동들이나 소규모의 조합주의 운동들은 나름대로 의미가 있는 것 같습니다. 그러나 제 개인적인 관점에서 말하면 이념적으로 노장 철학을 매우 닮은 이런 제안들은 그 운명도 노장 철학을 닮지 않을까 걱정됩니다. 즉 문명 비판적인 사상이 대안으로서 갖는 한계입니다.

저는 개인적으로 노장보다는 유학이 다양한 영역에 대한 부분적인 대안 이상이 될 수도 있다고 생각합니다. 대체로 당대의 모순이나 문제 현상 위에서만 존립하거나 그것만을 동력으로 삼는 비판이나 대안들은 대부분 '병을 치료하는 방법'이라는 한계를 갖게 마련입니다. 그런 대안들은 그 병이 치료되거나 병의 증상이 바뀐 뒤에는 그야말로 '더 이상 물레방아를 돌리지 못하는 흘러간 물'이 되거나 심하면 '새로운 병을 만드는 원흉'이 되기도 합니다.

토인비가 '창조성의 업보'라고 한 것이 이것을 말한 것이 아닌가 하는데, 유학도 물론 이런 모습으로부터 완전히 자유로운 것은 아닙니다. 그럼에도 불구하고 저는 이런 단순한 대안으로서의 실패와 한계를 극복하면서 보다 적극적으로 '새로운 살림의 방법'을 모색하고 제시해 온 유학의 '자기 혁신의 전통'과 이를 통해 성취한 인간과 사회와 세계 그리고 역사와 문화에 대한 근원적인 통찰에 대해 깊은 신뢰를 갖고 있습니다.

유교? 아니 유학!

또 하나 오늘날의 유학이 갖는 큰 장점은 오랜 전통을 가진 모든 사상이나 종교 가운데, 현실의 세속적世俗的, 종교적宗教的 권력으로부터 가장 자유롭다는 점입니다. 솔직히 말하면 유학은 현실적, 세속적 영향력을 거의 전부 잃었습니다. 세계에서 거의 유일하게 남은 유학 교단인 우리나라의 성균관은 소수 종교로 전락했고, 지방의 향교는 더 말할 것도 없습니다. 마음대로 비난하고 매도해도 현실적으로 어떤 심각한 반격과 위협을 거의 받지 않을 뿐 아니라, 도리어 비판적 지성인의 명예를 누릴 수 있는 유일한 종교가 유교라고 말하면 제가 과장한 것일까요?

유학을 세속적 권력화하려는 시도와 함께 종교적 권력화하려는 시도도 여러 차례 있었습니다. 중국의 한대와 우리나라의 조선조처럼 세속적 권력화가 부분적으로 성공한 사례들이 있었던 반면, 유교를 종교적 권력화하려는 시도들은 모두 실패했습니다. 저는 개인적으로 이런 실패들에 대해 전혀 유감이 없고, 죄송한 표현이지만 교조教祖로 받들어졌던 공자도 유감이 없을 것이라 생각합니다.

왜냐하면 종교적 권력화를 통해 내부를 통제하고 외부의 비판을 차단하는 유교보다는 차라리 필부필부匹夫匹婦조차도 자유롭게 비판할 수 있는 유학이 유학다운 것이기 때문입니다. 그런 측면에서 저는 세속과 교단으로부터 자유로운 오늘의 유학이야말로 공자 이래 가장 유학다운 유학이라고 생각합니다. 단언컨대 유교가 아니라 유학이어야 합니다.

그것은 무엇보다도 유학이 인간이 만들고 발전시켜 온 문화의 일부이기 때문입니다. 인간과 문화와 유학은 모두 본질적으로 상대적 가치를 가진 것이고 미숙한 인간이 만들어 가는 인간 역사의 산물입니다. 자신의 상대적인 존재성과 가치를 정직하게 인정하고 상대적 존재의 유한성이 주는 그 뼈저린 무상감을 순순히 받아들여 감당하며, 저 훗날의 누군가가 이어가고 키워 갈 것을 믿는 사람들이 가는 길이지요.

당연히 이들은 스스로의 완벽함을 절대로 강변하지 않고 미숙함을 겸허하게 인정하는 자기에 대한 정직성을 갖추고 있습니다. 더욱 당연히 다른 사람들의 맹종盲從을 요구하지도 않습니다. 도리어 다른 사람들의 비판에 대해 스스로를 열어 놓아 그런 비판을 지속적인 자기 발전의 계기로 삼습니다. 절대라는 거짓을 내세워 자행하는 폭력을 거부하고 정직성, 개방성, 성실성을 힘으로 삼아 이 무상해 보이는 상대의 세계를 개척해 갑니다. 절대를 표방하여 믿음을 강요하는 유교가 아니라, 미숙함을 전제로 성장해 가는 유학이어야 하는 이유입니다.

유학, 아니 인간

위대해 보이는 공맹孔孟의 길이나 평범한 필부필부가 살아가는 삶의 방식이나 진리성에 접근한 정도의 차이는 있을지언정, 모두 '절대적 진리 자체가 아님'에서는 동일한 것입니다. 이것은 유학이 '상대적인 존재이기 때문에 오히려 자유롭고 능동적인 인간'을 토대로 하는 진리, 즉 진리에 지배받는 인간이 아니라 진리의 주체가 되는 인간 중심의 '인도주의' 또는 인간학적 사상임을 의미하는 것입니다. "사람이 도道를 넓혀 가는 것이지, 도가 사람을 넓혀 가는 것이 아니다[人能弘道 非道弘人 一《論語》,〈衛靈公〉]."라는 공자의 표현은 유학의 이런 인간학적 특성을 가장 잘 보여 주는 말이지요.

다시 오늘 이 시대의 우리에게 유학은 무엇일까요? 저는 그것이 누구에게 어떤 의미로 이해되고 받아들여지건, 그 바탕에는 '미숙하지만 자유롭고 능동적인 인간'에 대한 긍정과 신뢰가 있어야 한다고 생각합니다. 그러므로 자신이 그런 인간임을 자각하고, 그런 인간이 가야 할 길을 걸어가는 사람들을 통해서만 유학은 의미 있는 것입니다.

그렇게만 된다면 문화로서, 사상으로서 유학을 제 나름대로는 정말 사랑하며 살아온 저는, 그런 정신을 지칭하는 것이 유학이라는 이름이 아니어도 좋습니다. 나아가 유학이라는 이름이 영원히 사라져도 아무 유감이 없습니다. 왜냐하면 '미숙한 인간에 대한 긍정과 신뢰'야말로 공맹 이래 진정한 유학적 지성들이 유학이라는 그릇에 담으려고 한 가장 소중한 정신이기 때문입니다.

절대적인 하늘이 아니라 상대적인 인간, 완전한 신이 아니라 미숙한 인간을 긍정하고 신뢰하는 것은 사실 녹록하지 않은 일입니다. 무엇보다 그 인간이 만들어 온 현실의 역사가 인간에 대한 긍정과 신뢰를 어렵게 하는 것도 명백한 사실입니다. 마찬가지로 그 정신을 토대로 형성된 유학 자체의 역사도 갖가지 한계와 모순을 벗어나지 못하였고, 심지어는 본래의 정신과 어긋나게 반인간적인 권력의 수단으로 쓰이기도 하였습니다.

그럼에도 모든 시대에 걸쳐 진정한 유학적 지성들은 이 인간에 대한 긍정과 신뢰를 지렛대로, 당대 현실의 모순을 극복하고 한계를 돌파하였습니다. 동아시아 역사상 가장 참혹한 인간상이 난무하던 시대는 아마 전국 시대戰國時代일 것입니다. 바로 이 전국 시대를 살았던 맹자는 인간에 대한 믿음을 표현한 성선설性善說을 근거로 평화로운 이상 사회의 건설이 가능하다고 보고 그 실천을 위해 분투하였습니다.

전국 시대에 못지않은 난세인 오대五代를 계승한 것이 송宋나라입니다. 그 송나라 사람인 주자朱子는 혼란의 극을 달리던 오대를 극복할 수 있었던 근거를 역시 사람에게서 찾았습니다. 그 근거는 '하늘이 끝나도 영원히 사라지지 않을 인간의 양심[幸玆秉彝 極天罔墜 — 《小學》, 〈小學題辭〉]'이었습니다.

우리 미숙한 인간의 생명 속에 품은 하늘을 자각하고, 그 빛을 인도자로 삼아 사람다운 삶과 문명한 사회와 역사를 만들어 간다는 인도주의 사상이 유학입니다.

인간은 이 세계의 모든 다른 생명체들과 같이 유한한 생명체입니다. 그래서 세대에서 세대로 생명을 이어 갑니다. 인간은 미숙한 존재입니다. 그래서 그 미숙한 삶의 기술과 지혜 들을 축적하여 세대에서 세대로 키워 갑니다. 그 때 저 온전한 하늘이 세대에서 세대로 키워 가는 길의 방향을 가르쳐 줍니다. 우리 자신 안에 있는 그 빛을 《대학大學》에서는 '명덕明德'이라 부릅니다. 모든 시대에 걸쳐 이 빛을 자각하고 밝히고 비춰 준 사람들이 있습니다. 공자는 이런 위대한 선각자 가운데 한 사람입니다.

본래 공자는 조상의 혈연으로 보면 종교적 색채가 강했던 은殷나라의 후예입니다. 태어난 노魯나라는 문화적으로 당대 인문적 문화의 정수인 '주례周禮'를 가장 잘 보전했던 나라입니다. 이 서로 다른 성격의 문화적 차이와 갈등을 경험하고 학습하면서 공자는 새로운 길을 모색합니다. 그리고 그 성취의 하나가 바로 상대적이고 미숙한 사람 안에 절대적이고 온전한 하늘을 담고 그에 대한 자각과 구현을 자신의 사명으로 삼은 것입니다. 그 경험과 실천 위에서 그는 그런 힘을 우리가 어떻게 얻고 그 방법을 우리가 어떻게 준비하고 어디에서 그 길을 실천할 것인가를 제안한 것입니다.

공자의 행복론

1. 공자孔子의 삶과 꿈

배우기 좋아한 사람

그러면 각 시대마다 이런 유학적 지성들의 상상력과 영감의 원천이 된 공자는 과연 어떤 삶을 산 사람일까요? 주지하는 바와 같이 유학은 공자의 삶과 가르침을 기반으로 하여 형성된 것입니다. 물론 유학은 공자가 처음 만든 것이 아닙니다. 맹자가 말한 대로 공자 이전의 문화적, 역사적 전통을 근거로 공자가 집대성集大成한 것으로 보는 것이 합당할 것입니다.

《중용》에서 공자는 "요순의 정신을 사상적인 근원으로 삼아 확충하고, 문왕과 무왕의 정치를 모범으로 삼아 밝혔다[祖述堯舜 憲章文武]."라고 하였는데, 적절한 표현이라고 생각합니다. 공자 자신의 표현을 덧붙이자면, 특히

'꿈에서도 그리워한 주공'의 인문주의적 문화 정신에 가장 큰 영향을 받았을 것입니다. 아니 제가 보기에 그는 수동적으로 영향을 받은 사람이 아니라, 능동적으로 학습한 사람입니다.

공자의 삶이 어떠했고 그 삶에서 학습한 지혜들이 어떻게 제자와 후세에 가르침이 되었는가 하는 것은 물론 간단하게 설명할 수 있는 것은 아닙니다. 그러나 제가 가장 주목하는 것은 그가 '진리를 얻어 이상을 이루고자 하는 희망과 열정, 그것도 집착에 가까운 열정, 스스로의 표현을 빌리면 늙어서 삶의 무상감이 가슴을 저며 오는 것도 잊어버릴 정도의 열정[葉公問孔子於子路 子路 不對 子曰 女奚不曰 其爲人也 發憤忘食 樂以忘憂 不知老之將至云爾 —《論語》, 〈述而〉]'을 지닌 학습자였다는 것입니다.

자기 표현에 참으로 겸허한 공자가 드높게 자부한 것은 배움을 좋아하는 자신의 열정이었으며 그 배움을 통해 진리를 얻을 수 있다면 당장 죽음이 닥치더라도 유감이 없을 정도로 행복할 것이라고 공언하였습니다. 널리 알려진 것처럼 공자가 수많은 제자 가운데 자신처럼 배우기를 좋아하는 제자로 인정한 것은 오직 안연顔淵뿐이었습니다.

'진실 되고 신의 있는 인간상'은 공자가 거듭 강조한 덕목입니다. 그러나 공자는 이런 자질을 가진 사람은 단 열 집으로 이루어진 조그만 마을에서도 찾을 수 있지만 자신처럼 배우기를 좋아하는 사람은 없을 것이라고 자부하였습니다. 도대체 공자에게 배움이란 어떤 의미를 갖는 것이기에 이처럼 호학好學을 자부하고 제자들에게 거듭 강조한 것일까요?

배움으로 얻은 자유와 행복

공자가 스스로 배우기를 좋아한다는 말은 《논어》 곳곳에 보이지만, 공자가 누구에게서 무엇을 배웠는지에 대한 기록은 많지 않습니다. 《춘추좌씨전春秋左氏傳》이나 《사기史記》, 〈공자세가孔子世家〉 등에 공자의 배움에 관한 기록들이 단편적으로 전하지만, 대체로 말하면 일정한 스승이 있었던 것은 아닙니다. 오히려 배울 수 있는 기회가 되면 무엇이든 배웠다고 보거나, 삶 자체가 배움으로 일관하여 천지 만물이 모두 스승이었다고 보는 것이 옳을지도 모릅니다.

앞에서 말한 것처럼 공자는 은나라의 후예인 송나라 공족公族 출신입니다. 그러나 송나라에서 정권 투쟁에 패배하여 노나라로 망명한 집안이었습니다. 춘추 시대 망명인의 신분은 본국에서의 신분에서 한 계급 강등되는 것이 일반적인 관례였고, 이 때문에 노나라에서 공자의 집안은 근근이 사士 계급을 유지해 온 것으로 보입니다. 실제로 공자는 어린 시절에는 사 계급으로조차 인정을 받지 못했던 일화가 전해집니다.

당연히 생존을 위해 여러 가지 직업을 전전해야 했을 것이고, 이런 과정에서 역설적으로 다양한 배움과 이를 통한 다양한 능력의 배양이 가능했습니다. 공자 스스로도 "내가 젊어서 신분이 천해서 여러 가지 재주를 배웠다."라고 하였지요. 공자 스스로는 배워야 할 것 가운데 가장 중요한 것은 군자라는 인격이라고 하였지만, 공자 자신은 다양한 내용들을 열정적으로 배웠고 이를 통해 다양한 능력을 갖춘 것은 분명해 보입니다.

공자는 '배움을 통한 삶의 행복'과 '배움의 열정 속에 행복이 커져 가는 삶을 함께 성취한 드물게 행복한 사람이었습니다. 이 점을 처음 간파한 사람은 안회顔回를 포함한 직전 제자들이었겠지만, 글로써 그 내용을 전해 준 것은 《태극도설太極圖說》로 유명한 송나라 때 학자인 염계濂溪 주돈이周惇頤였습니다. 그는 10대 초반의 명도明道와 이천伊川 두 형제를 가르치면서, "공자와 안자가 좋아한 배움이란 무엇이며, 즐거워한 경지는 무엇인지를 스스로 찾아보라."라는 말을 통해서 '행복한 삶'과 '배움'의 관계를 시사하였지요. 그리고 바로 이 문제의식을 통해 이천은 '안자가 좋아한 배움이란 어떤 것인가를 논함[顔子所好何學論]'이란 명문名文을 남길 수 있었습니다.

그러나 저는 공자 자신은 행복한 삶의 관건을 자유라고 생각했다고 봅니다. 더 노골적으로 말하면 '내 맘대로 살기'나 '내 멋대로 살기'가 그의 꿈이었으며, 배움이란 바로 그처럼 '하고 싶은 대로', '욕심나는 대로' 하고 살 수 있는 자유의 힘을 얻는 방법이며 과정이었지요. 공자는 당시의 신분적 제한이 많은 사회에서조차 사람의 능력은 그 사람에게 그 능력만큼의 자유를 부여한다는 점을 확신하였던 것입니다.

그는 꿈을 묻는 제자들에게 '노인들은 편안해하고, 벗들은 믿어 주고, 젊은이들은 그리워해 주는[老者安之 朋友信之 少者懷之]' 사람이 되고 싶다 했지만, 15세에 배움에 뜻을 두어 70세에야 성취한 '마음이 하고 싶은 대로 해도 법도를 넘는 일이 없는[從心所欲不踰矩]' 자유의 경지야말로 그가 필생을 두고 꿈꾸었던 경지라고 생각합니다.

배움을 통해 이룬 공자의 이 경지는 외형적으로는 '규범規範 안에서만 제한된 자유'인 것으로 보이지만, 저는 그것이 결코 규범에 매이거나 종속된 형태의 실천이 아니라고 생각합니다. 실제로 그의 삶에서 보여 준 어떤 행동들은 때로 당대의 규범적 관점에서 보면 아슬아슬할 정도로 자유로워서, 제자들의 의구심을 자아낼 정도로 규범의 경계를 넘나드는 모습을 보여 주었습니다.

이것은 가치와 규범을 스스로 만들어 가는 자유로운 인간 주체가 배움을 통해서 확립되었음을 의미하는 것이며, 그 주체의 모든 행위는 그 상황에 가장 적절한 가치를 창출하는 것임을 의미합니다. 맹자에 의하여 공자를 집대성集大成의 시중지성時中之聖이라 부르게 하고, 《중용》에서 '군자君子여서 시중時中'이라고 이름 붙여진 이 자유로운 인격과 실천의 원칙은 후대의 유학으로 하여금 규범의 절대화를 막으면서 사회적 규범과 인간의 자유 사이에 균형과 조화를 가능하게 한 근거가 되었습니다.

'좋은 세상을 위한 실천'의 열정

배움을 통한 능력의 확대와 그 자유가 주는 행복을 확인한 뒤에 공자는 아마 더욱더 배움에 대한 열정을 불태울 수 있었고, 이런 자유로운 삶의 행복을 모든 사람들과 함께 공유하고 싶었던 것 같습니다. 왜냐하면 자유의 희열을 맛본 사람은 더욱더 큰 자유를 위하여 노력하게 되고, 그 진정한 자유와 희열을 모두 함께 누릴 수 있기를 갈망하게 되기 때문입니다.

공자는 그런 길을 함께 갈 많은 벗들을 바랐습니다. 그래서 작은 노나라에는 만족하지 못하여 천하로 눈을 돌렸습니다. 비슷한 크기의 작은 위나라에 그런 벗들이 여럿 있었습니다. "나이 오십 세에도, 마흔아홉 살 때의 잘못을 알고 반성하여 고쳤다[行年五十 知四十九年之非]"는 거백옥遽伯玉이 그 대표적인 인물입니다. 천하로 부족하여 선배들과 지난 역사로 눈을 돌렸습니다. '상우천고尚友千古'라 하는 것입니다.

그래도 만족하지 못하여 공자는 동시대의 후배들을 그 길의 벗으로 인도하기를 바랐습니다. 공자의 이런 정신을 이해하고 그를 찾아온 경우가 얼마나 되는지는 알 수 없습니다. 심지어는 공자에게 상당 기간 배운 제자들도 이런 공자의 정신을 모두 이해한 것 같지는 않습니다. 그들은 각자 자신의 뜻에 따라 공자에게 배울 것이 있다고 생각해서 찾아온 경우가 대부분이었습니다. 대부분은 보통의 우리처럼 출세에 도움이 된다고 생각한 것이겠지요. 심지어는 자로子路처럼 시비를 걸기 위해 찾아왔다가 제자가 된 경우도 있었습니다.

공자는 자신이 배울 때와 마찬가지로 열정적으로 그들을 인도하였습니다. 배움에 한 번도 싫증을 내지 않은 것처럼 가르침에도 한 번도 게을리하지 않았음은 그의 자랑이었습니다. 그는 배우고 가르치는 과정에서 정말로 훌륭한 학생이고 위대한 스승이었습니다. 그러나 저는 그가 진정으로 바란 것은 따르는 제자가 아니라 함께하는 벗이었다고 생각합니다.

공자는 그를 찾아오는 제자들만이 아니라 당대의 모든 사람들과 나아가 훗날의 모든 인류가 함께 그런 행복한 자유를 누리는 삶을 살기를 꿈꾸었습니다. 그러나 그가 살아간 당대의 현실은 그런 꿈을 실현하기에는 정말 녹록하지 않았습니다. 그 자신은 가난 속에서도 자신의 행복을 충분히 누릴 수 있을 만큼 여유 있는 힘을 갖고 있었지만, 대부분의 사람들은 그런

자유는커녕 일상적인 생존의 질곡 속에서 고통을 받고 있었습니다. 무도無
道한 난세였던 것입니다.

이런 난세의 현실이 그의 행복을 빼앗아가지는 못했지만, 행복한 그는
불행한 난세의 현실을 방관할 수 없었습니다. 왜냐하면 무도한 난세의 현
실이란 백성들의 고통스러운 삶, 천하만민天下萬民들의 고통스러운 삶, 다
시 말해 그 자신과 같은 동시대 인류와 벗들의 고통스러운 삶을 의미하는
것이었기 때문이었습니다.

특히 선량하고 근면해서 당연히 행복한 삶을 누리고 자유롭게 역량을
키울 수 있는 자격이 있는 사람들의 고통스러운 생존은 공자를 당혹스럽
게 했습니다. 난세의 백성들에 대한 연민과 그런 현실에 대한 당혹감은 때
때로 그런 현실을 초래한 지배자들에 대한 분노와 질책 그리고 경멸로 드
러나기도 하였습니다. 심지어는 벗이기를 기대했었던 제자가 그런 자들
을 편들어 공자를 격노하게 만들기도 했습니다.

그는 자신이 열심히 배운 저 옛날의 거룩한 벗들의 정신과 진리, 자신의
삶을 행복과 자유로 충만하게 한 삶의 방식들을 가지고 좋은 세상 만들기
에 나서기로 하였습니다. '수기치인修己治人의 도道'라는 것입니다. 그는 이
상을 실현하기에는 이미 늦은 환갑을 바라보는 나이도, 풍진風塵을 뒤집어
쓰는 위험한 여행길도 두려워하지 않았습니다. 그는 정말로 간절하게 그
기회를 바랐습니다.

실로 공자의 삶은 '행복한 삶을 위한 배움의 열정'과 '좋은 세상을 위한
실천의 열정'으로 가득 차 있었습니다. 저는 이 공자의 열정이야말로 그가
제시한 여러 가지 사상들 ─ 인도주의人道主義, 군자론君子論, 시중론時中論,

정명론正名論, 교학사상敎學思想, 덕치주의德治主義보다 더욱 중요한 것이며, 도리어 그의 이런 사상들을 참으로 의미 있게 만들어 주는 것이라고 생각합니다. 그리고 바로 이런 열정과 꿈을 가진 인간으로서 공자라는 인간상이 후대의 진정한 유학적 지성들을 흥기興起시켜 그들로 하여금 자신들의 당대에서 공자의 '꿈과 희망'을 자신들의 '꿈과 희망'으로 노래하고 춤추게 하였던 것이라고 생각합니다.

정치, 교육 그리고 문화의 이상을 경전에 담아 전하다

난세를 바꾸어 좋은 세상을 만들기 위한 공자의 열정은 강렬하였지만 세상을 바꾸기 위한 그의 실천은 오히려 차분하였습니다. 아니 냉정할 정도로 현실적이었습니다. 그는 때로 당대의 은사들은 물론 제자들에게조차 비현실적 몽상가라고 비난을 받았지만, 사실 그의 사상은 어떤 다른 사상에 비해서도 인간과 사회 현실에 기반을 둔 제안들이었고, 그 실천은 능력의 문제가 아니라 의지만 있으면 누구나 따라 할 수 있는 평이한 것들이었습니다.

그는 우선 이처럼 무도한 난세를 초래한 원인을 탐색하였습니다. '주례周禮'라는 문화제도의 붕괴, 정의로운 사회관계의 해체, 따뜻한 인간애의 상실 등이 그가 진단한 병의 원인들이었습니다. 당연히 주례의 문화 정신을 계승, 발전시킨 새로운 문화제도의 건설, 모든 사회관계에서 각자의 본분에 충실한 실천을 통한 정의로운 사회의 건설 그리고 이 모두를 가능하게 하는 주체로서 모두가 '사람다운 사람'이 되는 것이 그가 생각한 해결 방안이었습니다.

앞에서 든 공자의 여러 가지 사상들은 모두 이런 내용들을 개념적으로 정리한 것입니다. 자신이 배움을 통해서 얻은 역량과 난세를 치세로 바꾸기 위한 이런 사상들을 방법으로 삼아서, 그는 실천적 행동에 나섰습니다. 그의 삶은 모두 이런 실천들로 일관되어 있지만 그것을 분야별로 구분하면 크게 세 가지 정도로 집약될 수 있을 것입니다. 그것은 정치와 교육과 문화 정리입니다.

정치는 당대當代에서 좋은 세상이라는 이상을 실현할 수 있는 가장 효과적인 실천 방식이었습니다. 그러므로 그는 정치적 기회를 얻기 위해 철환천하轍環天下를 마다하지 않았습니다. 백성을 위한 덕치德治와 예치禮治의 이상은 당대의 지배자들에게는 비현실적인 명분으로 여겨져, 받아들여지지 못하였습니다. 심지어는 안영晏嬰처럼 당대 제일의 현자라고 불리고 공자도 존경해 마지않았던 선배 현인들에게도 공감을 얻지 못하였습니다. 노나라에서 짧은 시간에 이룩한 큰 성공에도 불구하고 그의 제안들은 당대를 설득하지 못했습니다.

교육은 다음 세대에서 이상을 실현할 주체인 인재를 길러 내는 것으로 공자가 평생을 걸쳐 가장 주력하던 실천 가운데 하나였습니다. 그리고 이런 교육자로서 그는 안자顏子와 증자曾子 그리고 '공문십철孔門十哲'을 비롯한 삼천 제자를 길러 낸 꽤 성공적인 교육자였습니다.

그러나 역시 공자를 유학의 비조鼻祖로 만들어 역사 속에서 오래도록 살게 한 가장 결정적인 실천은 그 당대까지의 문화적인 성취들을 정리하고 거기에 자신의 꿈을 담아 경전經典으로 정립한 점에서 찾을 수 있을 것입니다.

그의 육경六經 정리整理는 상당히 초기에 시작된 것으로 보입니다. 왜냐하면 이들 경전 가운데 상당 부분이 제자들을 가르치는 교재로 쓰였기 때문입니다. 다만 보다 완성된 형태의 경전 정리는 정치적 실현의 가능성을 접고 철환천하로부터 고국인 노나라로 돌아온 뒤인 60대 후반 이후에 집중되었습니다.

전통적으로 공자의 경전 정리는 "시경과 서경을 정리하고, 예악의 문화를 제정하고, 주역을 부연하고, 춘추를 수정한다[刪詩書 定禮樂 贊周易 修春秋]." 로 표현되었습니다. 이런 그의 문화 정리 활동은 스스로의 표현을 빌리면 "계승하여 풀어내되, 새로 창작하지 않는다[述而不作]."라는 원칙에서 이루어진 것입니다.

그것은 기존의 문화적 성취와 업적에 대한 존중과 신뢰 위에 기존의 문화적 성취를 토대로 삼아 당대의 문화적 성취들을 키워 가는 방식입니다. 기존의 문화 가운데 한계에 부딪치거나 효용성이 다한 것은 과감하게 덜어 내고, 거기에 새로운 문화 가운데 바람직한 것을 더합니다. 공자는 우리 인류가 바로 이런 방식으로 미숙한 문화를 좀 더 성숙한 문화로 만들어 왔고, 자신과 당대도 바로 그런 방식으로 지난 문화를 계승繼承, 손익損益하여 새로운 문화의 지평을 열어야 한다고 생각했던 것입니다.

인계因繼 — 손익損益 — 계래啓來라는 그의 이 방식은 사실 공자의 판단에 의하면, 상대적인 존재인 인간이 상대적인 성취일 수밖에 없는 그들의 역사와 문화를 한걸음씩 진전시켜 온 방식이었던 것이지요. 중요한 것은 그 모든 운동이 바로 사람, 그것도 그 당대의 사람들을 주체로 해서 성공하거나 실패한다는 것입니다.

공자는 자신도 문화 창조, 전통적인 표현을 빌리면 제례작악制禮作樂의 역할을 성공적으로 담당했던 위대한 선성先聖들을 배우고 계승하면서, 각 시대에서 그 정신을 구현하는 역할을 담당해 온 인류 문화와 역사의 선배들의 길 위에 함께 서고자 하였던 것입니다. 제 개인적인 생각으로 공자는 아마 만년晩年에 자신의 유한한 생명을 절감하면서 이 일에서만은 반드시 성공하고 싶었을 것 같습니다.

공자는 결국 이 육경의 정리를 통하여, 그가 의도한 것 이상의 역할을 수행하게 되었습니다. 공자의 육경 정리는 동아시아의 고대 문화에 대한 단순한 정리가 아니라, 적어도 동아시아의 전근대 사회에서는 인류의 문화와 역사가 찾아가야 할 보편적인 이상과 지향을 담아낸 업적이 되었습니다. 동시에 육경 자체는 그런 공자의 꿈과 이상을 실현하는 방법과 내용을 담은 '거룩한 진리의 경전'이 된 것이지요.

2. 일상日常의 거룩한 진리, 일용평상日用平常의 길

경전, 평범한 사람들의 일상적인 행복을 추구하다

모든 위대한 사상과 종교는 모두 좋은 세상에 대한 꿈을 꿉니다. 아니 평범한 우리들도 행복하게 살아가는 좋은 세상에 대한 꿈을 꿉니다. 어느새 그 꿈을 잊어버리고 일상日常의 짐에 눌려 허덕이며 살아가지만, 그래도 우리 자신도 모르는 저 깊은 심연에서는 여전히 행복한 삶과 좋은 세상에 대한 꿈을 꿉니다.

다만 구체적으로 어떤 삶의 모습이 행복한 삶이고 어떤 모습이 좋은 세상인가에 대한 내용은 조금씩 다를 수 있지요. 그래도 거기에는 그 차이만큼 넓은 보편성이 존재하기에, 누구나 고개를 끄떡이는 공통의 모습을 찾을 수 있습니다. 그러므로 '상락아정常樂我靜의 극락정토極樂淨土'와 '젖과 꿀이 흐르는 가나안의 복지福地'와 '평천하의 대동 사회大同社會'가 크게 다르지 않은 것 같습니다.

공자가 거룩한 진리를 담은 육경에서 꿈꾸는 행복한 삶과 좋은 세상의 모습도 이런 모습들과 크게 다르지 않습니다. 물론 주지하는 바와 같이 육경의 본래 면목은, 공자가 정리할 가치가 있다고 생각한 몇 개의 중요한 문화적 성취들이었습니다. 《시경詩經》은 민요와 사회적 의식에서 쓰이던 음악과 종교적인 제례악을 수집하고 정리한 것이며, 《서경書經》은 요순堯舜 이래 천하의 정치적 흐름과 그런 역사를 진전시켜 온 성현들의 언행言行을 정리한 것이며, '《예악禮樂 – 예기, 악기》'은 인간의 삶이 주로 이루어지는 사회의 제도와 문화 활동들을 정리한 것이며, 《주역周易》은 우리의 삶의 터전인 자연의 변화 법칙과 그에 대응한 인간의 생존 지혜를 정리한 것이며, 《춘추春秋》는 공자가 살았던 제후국인 노나라를 중심으로 벌어진 당대의 역사 일부를 기록한 간단한 역사책입니다.

그러나 이런 기존의 문화적 성취들이 공자의 정리와 의미 부여를 통해 이른바 행복한 삶과 좋은 세상의 꿈과 그 실현 방법을 담은 '거룩한 진리의 경전'이 되었다는 의미는 무엇일까요? 저는 그 핵심이 경전의 정리 과정에서 공자가 모든 평범한 사람들의 일상과 그 일상의 행복을 주시하고, 이를 성취하는 것을 궁극적인 목적으로 삼았기 때문이라고 생각합니다.

유학을 다른 사상이나 종교에 비해 현세적, 현실적 사상이라고 말하는 것은 이유가 있습니다. 그것은 유학이 추구하는 가치가 현세에서 인간의 행복, 그것도 평범한 사람들의 일상적인 삶의 행복을 추구하기 때문입니다. 전통적으로 이런 관점에서 유학은 스스로를 '일용평상지도日用平常之道' 또는 '일용이륜지도日用彝倫之道'라고 하였습니다.

이 두 표현은 약간의 의미 차이를 보여 주지만, 그 공통점은 유학이 꿈 꾸는 좋은 세상의 구체적인 내용이 보통 사람들이 일상적인 삶에서 추구 하는 행복과 그것을 얻는 방법을 의미한다는 점입니다. 그것은 당연히 현 실에서 누구에게나 그것도 지속적으로 행복한 일상이 가능하다는 전제에 서 의미가 있는 것입니다.

그러나 과연 우리 보통 사람들의 일상과 현실은 우리들이 그렇게 갈망 하는 행복이 있는 곳일까요? 보통의 경우 일상의 행복이란 오히려 그런 행 복을 상실한 뒤에나 뒤늦게 눈치채는 것이지요. 아니 때로 우리의 일상이 란 갖가지 상처와 아픔 그리고 좌절과 시련, 절망으로만 점철된 고통스러 운 것이기도 합니다.

그러면 때로는 너무나 단조로워 권태롭기조차 한 이 일상의 삶 그러나 그것이 깨진 뒤에는 대개는 가슴을 저미는 회한으로 아쉬워하는 이 일상 의 삶 그리고 때로는 고통스러운 이 일상의 삶은, 우리 인간의 어떤 요구要 求를 바탕으로 만들어져 가고 있는 것이며, 구체적으로는 어떤 내용으로 이루어진 것일까요?

우리가 이 '인간의 요구'를 문제 삼는 것은 인간의 행복한 삶이 대개 그 요구와 요구가 충족되는 조건 속에서 결정되기 때문입니다. 그러므로 공 자의 육경이 모든 시대에 걸쳐 평범한 사람들의 행복한 삶에 대한 안내서 가 된다는 의미는 이 인간의 요구에 대한 통찰과 그 요구를 충족시킬 수 있 는 조건을 만드는 방법에 대한 제안들을 담고 있다는 뜻입니다.

생존의 요구와 사람다움

과연 공자가 정리한 경전은 인간의 요구와 그것을 충족시킬 조건을 만드는 모든 내용들을 담고 있을까요? 엄격하게 말해서 그것은 불가능한 것입니다. 심하게 말하면 온 우주가 동원된다 하더라도 단 한 사람의 요구조차 충족시킬 수는 없습니다. 왜냐하면 인간의 요구는 무한한 것이고 그 요구를 충족시킬 조건은 항상 부족한 것이기 때문입니다.

《중용》에서 "하늘과 땅이 갖춰 준 크나큰 조건으로도 사람은 오히려 부족하다는 유감을 갖는다[天地之大也 人猶有所憾 —《中庸》, 12]."라는 것입니다. 그러나 인간은 포기하지 않습니다. 천지가 갖추어 준 삶의 조건 위에 그것을 이용하여 더 나은 삶의 조건들을 보충합니다. 그렇게 우리 인간은 삶의 다양한 요구들을 충족시키기 위한 방법으로 갖가지 기술과 문화를 발전시켜 온 것입니다.

노자와 장자는 우리 인간의 이런 기술과 문화가 진정한 행복을 위해서는 폐기되거나 최소화되어야 할 것으로 봅니다. 반면에 유학은 인간의 이런 문화적인 진전을 긍정적으로 봅니다. 다만 관건은 그 기술과 문화가 반드시 인간을 목적으로 하고 인간의 일상적인 행복을 지키거나 증진시키는 것이어야 한다는 점입니다. 유학이 시종일관 인문주의人文主義를 표방하는 이유입니다.

그러므로 유학이 모든 시대의 평범한 사람들에게 행복한 삶을 위한 방법을 제시했다는 말의 함의는 모든 사람들의 모든 요구를 충족시킬 수 있는 방안을 제시한다는 말이 아닙니다. 그것은 모든 사람들의 삶 가운데 드러나는 가장 보편적인 요구를 주시하고 그것을 실현할 수 있는 합리적이고 실현 가능한 방안들을 제시한다는 말입니다.

인간의 요구는 참으로 다양합니다. 인간의 요구는 무한합니다. 이처럼 무한하고 다양한 삶의 요구 가운데 유학은 보통 사람들의 가장 일상적인 요구를 크게 두 가지로 파악합니다. 그것은 인간 존재가 갖는 두 가지 결정적 조건에서 기인합니다. 그 하나는 생명체로서 갖는 생존과 관련된 요구이며, 또 다른 하나는 인간으로 갖는 인간다운 삶의 요구입니다.

우선 생존의 요구는 생명체로서 인간이 갖는 살아남기라는 기본적인 요구에서 시작하여, 행복한 삶의 가장 중요한 조건인 풍요로운 삶과 평화로운 삶을 추구하는 방향으로 확장되어 갑니다. 그러므로 유학도 다른 대부분의 사상이나 종교와 같이 온 인류가 다 함께 고통스러운 가난과 참혹한 전란을 넘어서 풍요롭고 평화로운 세상을 이루기를 꿈꾸는 것입니다.

생존의 요구와 그 요구에 근거하여 이루어지는 생존 조건을 얻기 위한 활동은 인간을 포함한 생명체 일반의 일상적이며 동시에 필수적인 것입니다. 성선설을 강조한 맹자가 동시에 생존을 위한 식색食色의 요구도 인간의 본성임을 인정한 것도 이 점 때문이며, 백성들에게 항산恒産을 반드시 갖추게 해서 '일상의 삶에 유감이 없도록 해 줌이 지도자의 가장 첫 번째 의무[養生喪死無憾 王道之始也 —《梁惠王》, 〈上〉]'임을 강조한 것도 이 때문입니다.

그런데 유학을 유학이게 하는 더욱 중요한 점은 바로 그 두 번째 요구, 즉 인간다운 삶에 대한 요구를 매우 중시한다는 데 있습니다. 인간다운 삶이란 매우 폭넓은 의미를 갖는 말이지만, 전통적인 의미에서 사람다운 삶이란 사람이 맺게 되는 다양한 사회관계에서 사람된 도리를 다하는 삶이며, 그것은 대체로 '겸양謙讓, 효도孝道, 애경愛敬, 봉공奉公, 삼강오륜三綱五倫, 인의예지신仁義禮智信'과 같은 윤리적인 의미를 갖는 것이었습니다.

그것은 인간의 행복이 단순히 생존 조건의 충족에서만 오는 것이 아니라 바람직한 사회적 관계 속에서 이루어진다는 경험을 반영한 것입니다. 이 때문에 유학은 또한 스스로의 진리를 '일용이륜지도日用彝倫之道'라 하였던 것입니다.

이는 생존의 요구가 주로 인간과 그의 삶의 토대가 되는 자연과 세계와의 관계에서 시작된 것임에 비추어, 인간다운 삶의 요구와 관심이 주로 사회적인 관계에서 형성된 것임을 의미합니다. 그것도 지속적인 인간관계를 형성하고 유지하고 발전시켜야 할 삶의 조건 속에 있으면서, 이를 성취할 수 있는 관건인 평화로운 관계 맺음의 방식을 만들고 그런 실천을 할 역량을 갖추어야만 했기 때문입니다.

민民의 생존, 지도자의 인간다움

더욱이 어려운 난제는 이 인간다운 삶의 성취가 그동안 생존의 요구를 성취하는 방식과 다르고 필요한 역량도 달랐다는 점입니다. 우선 기존의 생존을 위한 방법에 대한 전면적인 반성이 필요했습니다. 특히 약육강식弱肉强食과 우승열패優勝劣敗라는 생존 경쟁生存競爭을 당연시하던 인식을 전환하지 않을 수 없었고, 세계와 다른 사람과의 관계를 맺는 새로운 방식을 모색하지 않을 수 없었던 것이지요. 그것은 인간으로 하여금 새로운 역량을 요구함과 동시에 그들이 만든 공동체를 유지하는 원칙과 규범을 필요로 했습니다.

유학이 처음부터 인간다운 삶의 요구를 강조한 이 길만을 중시하고 찾아간 것은 아니었습니다. 출발에서의 관심은 오히려 생존과 인간다운 삶이란 두 가지 요구 사이의 긴장과 갈등이었고 현실의 삶에서 어떻게 그 균형과 조화를 찾을 것인가 하는 점이었습니다. 이 때문에 《서경》에서는 정덕正德과 함께 이용후생利用厚生을 말한 것이며, 《주역》은 건도乾道의 주의主義와 곤도坤道의 주리主利를 대등한 짝으로 삼은 것이며, 공자는 사람들을 부유하게 한 뒤에 사람답게 사는 길을 가르치는 순서를 제시한 것이며, 맹자는 항산恒産과 함께 항심恒心을 언급한 것입니다. 그것은 이 두 가지 요구와 그 요구를 충족하는 외적인 조건을 균형 있게 성취하는 것이 인간의 일상적인 삶의 행복을 결정하는 관건임을 의미합니다.

그러나 이러한 이상은 원론적인 견해입니다. 그리고 이것이 이상적인 원론이라는 말의 의미는 대부분의 사람들의 일상에서 이 두 가지가 균형이 깨진 부조화 상태에 있거나, 때로는 양자택일을 요구하는 심각한 갈등과 경합 상태에 있다는 것을 의미합니다. 더 엄격하게 말하자면 도대체 인간의 생존의 요구와 인간다운 삶의 요구가 분리될 수 있는가 하는 것 자체도 문제가 되는 것이지만, 그 양면의 조화를 지향으로 설정한 유학의 입장은 역으로 이 두 요구 사이의 긴장이 일상을 살아가는 우리 인간에게 부정할 수 없는 자명한 현실이라는 점에서 기인한 것이기도 합니다.

사실 이것은 가치관의 문제입니다. 보통 유학은 인간다움의 가치가 생존의 가치보다 더 소중하다고 여기는 사상으로 알려져 있습니다. 맞는 말입니다. 다만 이 말은 두 가지 전제에서 이해되어야 합니다. 그것은 첫째, 인간다움의 가치를 강조하는 것이 생존의 가치를 소홀하게 여긴다는 의미가 아니라는 것이고 둘째, 생존의 입장을 중시할 수밖에 없는 사회적 약자들이 생존의 가치를 우선하는 삶을 사는 것을 인정한다는 것입니다. 다시 말해 인간다운 삶의 요구는 사회적 약자가 아니라 사회적 지도층에게 우선적으로 요구되는 가치인 것입니다

이런 이해에서 유학은 두 가지 서로 다른 일반적인 원칙을 제시합니다. 그것은 한 사회가 획득해야 하는 요구와 가치의 순서로 말하면 생존의 요구와 가치가 앞서며, 개인이 선택하는 가치의 중요성으로 말하면 인간다운 삶의 요구가 중요하다는 것입니다. 전자는 민民의 입장을 반영한 사회적 정의의 근거라면, 후자는 지도층의 자격을 묻는 도덕적 선의 근거입니다.

항산이 없으면 항심을 가질 수 없다는 것이 경합하는 두 가치價値에 있어서 순서를 제시한 것이라면, 공자의 살신성인殺身成仁이나 맹자의 사생취의捨生取義는 극단적인 상황이기는 하지만, 적어도 그가 군자나 선비와 같은 지도층이라면 인간다운 삶의 요구와 가치가 생명이나 생존의 요구와 가치보다 중요해야 함을 보여 주는 것입니다.

표면적으로 모순인 이 두 견해는 그러나 사실은 유학의 가장 중요한 정신 하나를 보여 주고 있습니다. 그것은 생존의 요구와 가치를 앞세우는 논의는 언제나 사회적 약자와 백성들 그리고 타인을 위한 견해인 반면에, 인간다운 삶의 요구를 따르고 가치를 선택하도록 제시함은 사회적 강자와 지도층 그리고 자신을 위한 선택의 기준으로 제시되고 있다는 것이지요. 이것이 선비 정신이고, 유학이 생각하는 사람다운 삶이란 가치의 본령本領

입니다.

일상의 요구를 토대로 하여 이루어지는 일상의 삶은 그 요구를 충족할 조건들과의 긴장 속에서 우리들 개인이 나름대로 그 삶에 소중한 가치들을 선택하고 성취하고 상실하는 과정입니다. 유학은 누구에게나 진실한 이 현실의 삶에 일용평상日用平常의 거룩한 진리가 있다고 봅니다. 그러므로 우리의 일상의 삶은 이 거룩한 진리를 성취해 가는 과정이며, 우리는 바로 그런 삶의 실천으로서 문명한 인간의 역사를 엮어 가는 주체가 되는 것이라고 보는 것입니다.

일상을 거룩하게 만드는 힘의 핵심은 무엇일까요? 공자는 그것을 인간애人間愛라고 하였습니다. 그래서 우리는 묻습니다. 들판에서 땀 흘리며 일하는 농부의 행동은, 갯벌에서 조개를 캐는 사람들의 몸짓은 생존을 위한 노동인가요? 가족을 위한 사랑인가요? 사회를 위한 경제적 가치의 창출인가요? 인류의 희망을 위한 헌신인가요? 문명한 세계와 역사를 위한 진리 실천의 일상인가요? 아니면 천지자연과 우주를 섬기는 거룩한 기도인가요?

3. 나에게서 너에게로, 수기치인의 길

나에게서 너에게로

생존의 요구는 민의 요구가 가장 중요합니다. 인간다움의 요구는 사회적 강자에게 합니다. 유학의 이런 제안은 약육강식과 우승열패의 현상이 벌어지는 정글 대신에 모든 사회의 구성원들이 각자의 역할을 하면서 평화로운 공동체를 건설하기 위한 것입니다. 이 경우 그 성패의 일차적 관건은 역시 사회적 강자가 지배자가 아니라 지도자가 되도록 하는 데 있습니다.

그러나 유학은 거기에서 한 걸음 더 나아가 지도자에게 사회적 약자를 자신들과 동등한 수준으로 끌어올리는 역사적 책무를 지웁니다. 그래서 공동체의 구성원 모두가 함께 생존을 확보하고, 나아가 모두가 함께 보다 풍요로운 삶의 조건을 만들어 가고 그리고 다시 모두가 인간다운 삶을 살아가는 세상을 향해 진보하고, 마지막으로 그런 인간다운 삶의 모습이 점점 더 강화되는 문명한 세계를 향한 역사를 만들어 갑니다.

　누가 그런 길의 주인이 되는 것일까요? 공자는 그런 사람을 군자君子라고 하였습니다. 그래서 공자는 모든 제자들에게 군자라는 인간상을 선택하도록 제안하였던 것입니다. 그것은 당연히 누구나 군자가 될 수 있다는 가능성을 인정하였기 때문입니다. 그 가능성이 바로 인간이 인간답게 살아갈 수 있는 본연의 모습인 것이지요. 그러므로 평범한 우리를 포함한 모든 사람은 군자가 될 수 있는 자질을 가진 예비 군자입니다.

　앞에서 저는 유학이 관심을 갖는 것을 생존의 요구와 인간다운 삶의 요구로 정리하였습니다. 그러나 사실 생존의 요구와 그 충족 조건에 대한 관심은 유독 유학만의 관심이라고 할 것이 없는 것이고 나아가 인간만의 관심이 아닌 생명체 일반의 기본적인 관심이라고 할 수 있습니다.

　그러므로 유학을 유학이게 하는 관심의 초점은 역시 인간다운 삶에 있는 것이며, 그것은 인간이 자신을 생명체 일반으로부터 구별하는 인간 자존의 상징이기도 한 것입니다. 그래서 송대의 염계 주돈이는 "인간 가치의 핵심은 천지天地 사이의 가장 존귀한 가치인 도덕道德을 갖추고 있기 때문이다 [《통서通書》, 〈사우師友 上〉]." 라고 하였던 것입니다.

　그러나 이 인간 자존의 상징인 도덕적인 삶, 인간다운 삶의 역사는 일반적인 생명체의 역사는 물론 인류의 전체 역사 속에서 보더라도 최근에 제기된 가치인 것은 분명합니다. 당연히 그 인간다운 삶의 구체적인 내용들이 무엇인가를 따져 보면 내용적으로도 매우 빈약합니다.

더욱이 우리들 대부분의 현실적 삶에서 그런 도덕적 실천이 갖는 무게의 가벼움을 고려하면, 이 인간다운 삶의 역사는 이제 겨우 걸음마를 뗀 정도인지도 모르겠습니다. 적어도 저는 이런 도덕적 가치로 제 행동을 선택하고 결정했던 경험이 많지 않음을 고백하지 않을 수 없습니다. 공자가 "군자는 정의에 민첩하다[君子喩於義]."라고 하신 말씀은 참으로 실천하기가 녹록하지 않습니다. 저는 제 인생의 대부분을 이익에 민첩한 소인으로 살았습니다.

그러므로 공자가 요순 이전의 성인들이 사람들에게 농사를 가르치고 불을 사용하게 하고 의술을 발전시키고 집을 짓고 도구를 사용하게 한 생존을 위한 오랜 분투의 역사를 모르지 않았으되, 겸덕謙德과 효도孝道라는 인간다움의 실천을 보여 준 요순을 《서경》의 첫머리로 삼아, 진정한 인간의 역사는 여기에서 시작했다고 선언한 것입니다. 또한 공자를 계승한 맹자는 "사람이 짐승과 다른 점이 매우 작다[人之所以異於禽獸者 幾希 —《孟子》, 〈離婁 下〉]."고 인정하면서도 그 작은 차이가 인간과 짐승을 가르는 인간다운 삶의 근거가 됨을 선언하고, 그 작은 꼬투리를 자각하고 확충하는 방법을 모색하여 우리들에게 제안한 것입니다.

그것은 공자나 맹자가 인간의 생존 요구가 여전히 그리고 그 후로도 계속 우리 인간의 삶에서 벗어날 수 없는 운명인 동시에 현실적으로 가장 강력한 힘의 토대가 되는 것임을 몰라서가 아니었습니다. 동시에 가장 기초적인 생존의 요구들조차 거절당하는 사람들의 상처의 아픔과 거기에서 터져나오는 참혹한 울음이 얼마나 간절한 것인가를 몰라서도 아니었습니다.

그것은 이 세계에서 인간 자존의 상징으로 출발한 이 어리고 작은 인간다운 삶의 요구가 그런 생존에서 나타나는 갖가지 상처와 절망을 딛고, 평범한 사람들의 풍요롭고 평화로운 생존과, 나와 네가 함께 행복한 문명한 세상을 만들어 갈 단 하나의 희망의 등불임을 간파했기 때문입니다.

그리고 이것이 바로 유학이 인간 속에서 찾아낸 행복한 삶을 건설할 힘과 길의 근거인 동시에 이 세계에서 문명한 세상을 건설할 힘과 길의 근거인 것이지요. 이 역량이 어떻게 만들어지는 것이며 그 역량이 어떤 길을 통하여 너에게로 가는가 하는 방법에 대한 유학적 표현이 바로 '수기치인지도修己治人之道'입니다.

"나를 닦아서 남을 다스린다[修己治人]."는 유학의 이 방식은 장자에 의하여 "내적으로는 성인의 덕을 갖추고 밖으로는 왕자가 되어 통치를 한다[內聖外王]."라고 표현되기도 하였는데, 현대적인 의미로 이해하면 "나의 역량을 키워서 다른 사람을 위해 쓰는 방식으로 좋은 세상을 만들어 간다."는 의미입니다.

공자가 요순의 방식에서 배워서 수기이경修己以敬, 수기이안인修己以安人, 수기이안백성修己以安百姓으로 정리한 이 방식은,《대학》에서는 다시 명명덕明明德, 친(신)민親(新)民, 지어지선止於至善의 삼강령三綱領으로 정리하였습니다. 명명덕은 수기, 친민은 치인, 지어지선은 이 두 가지가 최선을 향해 지속적으로 나아가는 활동이어야 함을 말한 것입니다.

《대학》에서는 다시 이 삼강령을 격물格物, 치지致知, 성의誠意, 정심正心, 수신修身, 제가齊家, 치국治國, 평천하平天下의 팔조목八條目으로 세분화하였는데, 이는 인간, 특히 나를 중심으로 하여 인간 내면과 사회를 일관하는 구조를 더욱 구체화한 이론입니다. 이 길은 인간이 자신의 내면에서 이루어지는 성장을 근거로, 나와 너를 평화롭게 잇는 관계 맺음의 방식을 통해 모두가 함께 행복한 좋은 세상을 만들어 가는 유학적 방식의 결정結晶인 것입니다.

나에게로, 수기修己의 길

전통적으로 '나를 닦는다'고 풀이되는 수기修己는 바람직한 나를 만들어 가거나 또는 회복해 가는 과정입니다. 이 수기의 구체적인 내용을 좀 더 세밀하게 분석하여 지적 역량, 도덕적 역량, 실천적 역량으로 이해한 것이 《중용》에서 삼달덕三達德이라고 규정한 지인용知仁勇입니다. 또한 지적인 역량과 정의情意적 역량 그리고 도덕적 역량을 얻는 과정과 단계를 격물치지格物致知와 성의정심誠意正心으로 순서화한 것이 《대학》이지요.

그러나 수기란 이런 긍정적인 역량들을 자각하고 쌓아 가는 것만을 의미하는 것은 아닙니다. 수기의 수修란 한자가 수리修理나 수선修繕 등의 의미로 쓰이는 것처럼, 수기란 동시에 우리 자신 속에 있는 부정적인 모습들을 제거하여 본래의 모습을 회복해 가는 과정이기도 합니다. 공자가 인간다움을 성취하는 방법으로 안연顏淵에게 제시한 극기복례克己復禮가 이런 의미입니다.

이때 가장 먼저 해결해야 할 것은 수기를 통해서 건설하고 회복할 바람직한 나 이전에, 그 토대가 되는 현실의 나를 정확하게 인식하는 것입니다. 그리고 현실의 나는 생존의 요구를 가진 생명체이고, 그 요구는 생존

을 위한 욕망으로 표출됩니다. 구체적으로는 음식飮食 남녀男女, 즉 식색食
色에 대한 욕망이 대표적인 것입니다.

우리가 생명체이고 그런 욕망을 가졌다는 것 자체는 사실 문제가 아닙
니다. 문제가 되는 것은 그 욕망 자체보다는 그 욕망이 갖는 속성이었습니
다. 그것은 욕망의 속성이 적절한 충족에도 멈추지 못하고 언제나 좀 더
많이 그리고 좀 더 좋은 것으로 무한하게 확대되어 간다는 것입니다. 옛
분들이 온 천하의 힘으로도 한 사람의 욕망을 채우지 못한다는 한탄을 한
것은 바로 이런 인간 욕망의 속성을 갈파한 것이지요.

그러므로 수기의 가장 중요한 내용은 이 욕망의 절제 또는 제거였습니
다. 대체로 유학의 수기는 욕망의 제거인 무욕無慾보다는 적절한 제한이라
는 절제節制를 그 방법으로 채택하였는데, 맹자가 "마음을 기름에는 욕심
을 줄이는 것 만한 것이 없다[養心 莫善於寡慾. ─《孟子》,〈盡心 下〉]."라고 한 것이
그 대표적인 예입니다.

이것은 문제를 욕망 자체가 아니라 그 속성으로 보고 이 속성을 조절하
는 인간의 능동적 역량을 신뢰한 것이기도 하지만, 동시에 욕망 자체는 그
대상을 정당하게 선택하기만 하면 도리어 선善을 획득할 수 있는 동력動力
으로 이해했기 때문이었습니다. 그래서 맹자가 "바람직한 것이 선이다[可
欲之謂善]."라고 한 것입니다.

그러나 역시 수기의 중심은 우리 인간 내면에 있는 긍정적인 힘, 특히
인간다운 삶을 가능하게 하는 힘을 자각하고 보존하고 회복하고 확충하고
실천하는 것이었습니다. 그 힘의 근원을 공자는 하늘이 주신 덕德이라 하
였고, 사람을 사람답게 하는 인仁이라 하였습니다. 따라서 수기란 그 덕을

회복하고 쌓아 가는 일이며, 사람을 사랑하는 힘인 '인을 찾아서 획득해 가는[求仁得仁]' 과정입니다. 맹자는 그 힘이 인간 속에 양지良知, 양능良能으로 있으며, 수기의 핵심은 "본래의 양심을 보존하고 본성을 길러 가는 것[存心養性]"이라고 하였습니다.

성리학자들은 좀 더 욕심을 냈습니다. 세계와 인간을 이기론理氣論의 철학으로 설명한 그들은 욕망 이외에 개인의 기질氣質이 바람직한 인간 주체를 건설하는 데 한계가 됨을 간파하였습니다. 그 기질 자체는 생명生命, 심지어는 본성本性을 담는 그릇으로 반드시 부정적인 것은 아니지만, 개인의 자질이 제각기 다름은 상당 부분이 그릇인 신체적 기질의 차이에서 기인한다고 보았습니다. 따라서 수기에는 당연히 그런 기질을 가장 바람직한 형태로 교정하는 내용을 포함하지 않을 수 없었던 것입니다. 이것을 교기질矯氣質의 공부라 합니다.

그러므로 유학에서 수기란 자기에게 있는 부정적인 속성들을 절제하거나 교정하면서 동시에 그 욕망과 기질을 동력과 그릇으로 활용하고, 나아가 인간다운 삶을 살아갈 수 있는 본연의 가능성들을 최대한 길러 내고 회복하는 과정입니다. 이 수기 전체가 바로 배움이고, 아이들이 이런 인간으로 성장하도록 돕는 것이 교육입니다. 이처럼 자신을 성장시키는, 배움이란 노력과 가르침이란 교사의 도움을 통하여 이루어지는 수기는 결국 자신의 주체적인 삶의 역량을 키워 가는 과정이지요.

물론 우리 인간이 이 수기의 힘만으로 사는 것은 아닙니다. 우리는 이 세계와 수많은 다른 사람들의 한량없는 도움으로 살아갑니다. 그럼에도 우리에게 이 자신이 연마하고 학습한 수기의 역량은 그것이 온전히 우리 자신의 능동적인 노력으로 성취한 힘이라는 자부심과 함께, 현실의 삶에서 그 힘만큼의 자유를 주어 우리를 행복하게 합니다. 오랫동안의 노력을 통하여 성취한 자신의 힘으로 소중한 무엇인가를 얻어 득의양양得意揚揚했던 경험을 가진 사람들은 모두 알고 있는 사실입니다.

너에게로, 치인治人의 길

수기를 통해 획득된 힘은 자신에게 자유自由를 줍니다. 앞에서 말한 공자의 '제멋대로 하기'입니다. 다만 제각기 제가 기른 힘만큼의 자유입니다. 더 정확히 말하면 각자가 가진 힘만큼의 자유입니다. 유학은 때로 냉정할 정도로 현실적입니다. 모든 인간의 보편적 성선을 그렇게 강조한 맹자가 "사물들이 서로 다른 것이 사물들의 실정이다[物之不齊 物之情也]."라고 갈파한 것처럼, 각자가 성취한 수기의 역량과 그에 따른 자유는 유감스럽게도 동일하지 않습니다.

더 비극적인 것은 개인의 총체적인 역량은 제각기이고 그 차이는 곧바로 사회적인 관계에서 힘의 차이에 의한 불평등不平等의 기울기를 만든다는 것입니다. 이 불평등의 기울기가 갖는 심각함은 그 차이가 있다는 자체가 아니라, 이것이 그 관계에서의 힘의 쏠림 즉 권력의 편중으로 이어진다는 점에 있습니다.

현실에서 모든 종류의 힘들은 대부분 권력적 관계에서 지배적 위치를 갖고자 하거나 그런 의도를 거부하고 저항하는 힘으로 쓰입니다. 경쟁이라는 것입니다. 그리고 이 관계 맺음의 방식이 자신의 의도대로 이루어지지 않을 때, 강한 힘은 약한 것에 대한 폭력暴力으로 변질됩니다. 당연히 그런 힘의 폭력화는 그 대상을 지배支配, 수탈收奪, 말살抹殺하는 모습으로 나타납니다.

유학에서 수기修己를 통해서 얻은 이 힘은 다를까요? 물론 유학적 관점에서는 수기가 갖는 본래의 의미, 즉 '존중하는 자세를 통해서 수기修己以敬'를 하고, 다른 사람들을 불편한 권력적 관계로 구속하지 않는 수기修己以安人'를 하는 방식을 통해서, 그런 가능성을 최소화하고자 합니다.

그러나 비록 그런 수기를 통해서 얻게 되는 힘이라도 그 자체가 언제든지 권력으로 전환될 수 있다는 것은 명백한 사실입니다. 당연히 그런 수기의 자세만으로는 그 역량이 권력적 형태로 변질되는 것과, 관계 맺음의 방식을 폭력적으로 유지하는 것과, 대상을 내 목적의 수단이나 이용물로 객체화하는 것을 모두 방비할 수 없습니다.

어떤 해결 방안이 있을까요? 유학은 나름대로 이런 문제에 대한 대안을 마련하였습니다. 그것은 첫째, 나와 너를 잇는 길의 선택과 그 관계의 성격을 내가 아닌 너에게 넘긴다는 것입니다. 아니 애초에 나는 나의 힘을 쌓은 것일 뿐, 너와 내가 이어진 길은 나의 힘을 필요로 하는 너의 능동적인 선택에 의해서만 만들어진 것으로 보는 것입니다. 저는 이것이 유학의 방법론이 갖는 가장 큰 문명성文明性이고 진리성眞理性이라고 생각합니다.

이 점을 가장 정확하게 표현한 것은 맹자입니다. 그는 수기치인의 관계 맺음이 가질 수 있는 봉건성과 권력적 변질의 가능성을 깊이 간파하였습니다. 이 때문에 그는 "나를 바르게 하여 다른 사람을 바르게 한다[正己而正

物."라는 말 대신에, '나를 바르게 함에, 다른 사람이 스스로 바르게 된다[正 己而物正]."라고 하여, 다른 사람의 주체성을 강조한 것입니다. 이것은 남을 나와 대등한 주체로 존중해야 한다는 원칙을 근거로 하여, 강자가 항상 약 자를 먼저 배려하고 약자의 주도성을 존중하는 의미로 제시된 수기치인론 修己治人論의 보충입니다.

그러나 유학은 좀 더 현실적인 대안을 제시하기도 하였습니다. 그것은 능력의 차이에서 오는 관계의 기울기를 변화 불가능한 본질적인 것이 아 니라, 언제든지 변화가 가능한 것 그래서 오직 과정으로만 의미가 있는 것 으로 봅니다. 즉 현실의 불평등한 기울기는 당연히 대등한 관계나 역으로 기울기가 가능하다는 전제에서 의미가 있습니다.

수기의 주체인 내가 너를 향해 이 길을 열어 가고 너와 나를 잇는 것은 본래부터 이런 상태를 지향하고 이를 실천하는 동안만 정당성을 갖는다고 보는 것입니다. 그러므로 여기에서는 멈추기와 끊기가 중요하며, 이런 과 정을 겪은 뒤에는 새로운 길과 관계 맺음의 가능성이 항상 열려 있어야 합 니다. 관계 자체를 고착화하지 않고 열어 놓음, 이것이 진정한 의미에서 위대한 자유정신이 아닐까요?

그러나 사실 모든 인간의 현실에서 이런 실천이 가능하려면 거기에는 하나의 전제가 필요합니다. 그것은 우리가 수기를 통해 성취한 힘을 우리 자신만을 위해 쓰는 대신에 너에게로의 길을 만들기 위해서 쓰겠다는 주 체적인 결단입니다. 그리하여 너와 나는 즐겁게 배우고 지치지 않고 가르 치는 대등한 벗으로서 서로를 끊임없이 키우고 살려 가는 것입니다.

맹자의 군자삼락

왕천하와 평천하

앞의 글은 《논어》의 첫머리가 행복幸福한 삶에 대한 이야기임을 말씀드린 것입니다. 아니 용어 자체로만 말하자면 열락悅樂에 대한 이야기입니다. 누구나 군자君子가 될 수 있다는 전제라면, '군자의 열락'에 대한 이야기라고 해도 좋을 것입니다. 그래야 우리 모두에게 의미 있는 이야기가 될 것이니 말입니다. 저는 이런 행복, 아니 열락이야말로 유학적 이상을 실현하는 방법으로 제시한 '수기치인修己治人의 도道'의 가장 중요한 동력이라고 생각합니다.

사실 유학을 공부해 오는 동안 저는 유학이 제 자신에게 얼마나 지겨운 자기반성을 끊임없이 요구하는 것인지 진저리가 날 정도입니다만, 그것은 사실 정직하게 말하자면 행복한 군자의 삶과 제 삶이 멀리 떨어져 있었다는 것에 대한 고백인 셈입니다. 그럼에도 불구하고 저는 이 공자의 열락론이 제 자신을 포함한 평범한 우리들에게 여전히 상당한 설득력을 갖고 있다고 생각합니다.

그것은 아마 제 가슴을 스쳐 가는 세월의 무상감에 치를 떨고, 돈과 권력과 명예가 행복을 가져다줄 것이라는 기대와 유혹에 이리저리 귀를 쫑긋거리고, 온갖 쾌락의 달콤한 유혹에 수도 없이 스스로를 내던지고, 이기적인 자기 합리화와 우스꽝스러운 자아도취에 빠져 허우적거리는 이 참담한 삶 속에서도 아직 진정한 행복의 꿈을 포기하지 못하는 이유인지도 모르겠습니다.

그런 면에서 저 높은 곳에서 즐거운 삶을 산 맹자는 이런 저에게는 너무나 부러운 분입니다. 다만 유명한 맹자의 삼락三樂은 군자라는 전제가 붙어 있는 것이니, 사실 제가 부러운 것은 그 열락이 아니라 그 군자라는 인간이라고 하는 것이 옳을 것입니다. 《맹자孟子》, 〈진심 상盡心 上〉에 나오는 이 말은 이렇게 시작됩니다.

군자에게는 세 가지 즐거움이 있는데, 천하의 왕자가 되는 것은 그 가운데 포함되지 않는다.
君子有三樂 而王天下 不與存焉.

이 구절 가운데 '왕천하王天下'라는 말은 요즈음은 이해하기 어려운 말입니다. 그러나 맹자가 사용한 이 말의 본래 뜻을 현대적인 의미로 풀어 보면, 그것은 인류적인 지도자가 되어서 전 인류에게 안정되고 행복한 삶을 가능하게 하는 세상을 만든다는 의미입니다. 그것은 사실 유학의 이상인 동시에 수많은 인류의 지성들이 꿈꾸어 온 이상입니다. 적어도 이런 노력을 해 온 진정한 지성知性들에게 이런 이상의 실현만큼 행복한 것이 또 있을까요?

물론 이 말의 세속적 의미가 절대 권력을 쥐고서 천하를 제 마음대로 요리하는 한 사람만의 절대 자유와 그 행복으로 이해되기도 하지만, 맹자의 본의가 이런 것이 아님은 분명합니다. 사실 이 말이 갖는 본래의 의미는 오히려 앞의 《논어》에서 공자가 추구한 '더불어 즐거운 삶'의 궁극적인 경지를 의미하는 것이라는 점에서, 평천하의 이상을 꿈꾸고 스스로 그런 능력을 자부한 맹자가 이런 경지를 군자의 삼락에 포함되지 않는다고 한 것은 쉽게 이해가 되지 않습니다.

다만 잘 알려져 있지는 않지만, 맹자는 이 구절의 바로 다음 구절에서는 여기와는 달리 "천하의 중심에 서서 사해의 백성들의 삶을 안정시켜 주는 것을 군자는 즐거워한다[中天下而立 定四海之民 君子樂之]."라고 하였습니다. 앞뒤의 다른 표현이 우리를 혼란스럽게 만들고 있지요.

그러면서도 맹자는 바로 삼락을 설명한 뒤에 다시 한 번 이 내용을 강조하여, 시작과 끝에 동일한 말을 되풀이하고 있습니다. 그래서 저는 이 구절의 의미를 "한 사람이 진정한 지성이 되어서 인류적인 이상을 구현하는 기회를 갖고 그것을 성취하는 것은 매우 즐거운 일이다. 그러나 군자에게는 이보다 더 큰 즐거움이 적어도 세 가지는 있다."라는 의미로 이해합니다.

첫 번째 즐거움과 낙천지명

- 땅에 걸려 넘어진 이, 땅을 딛고 일어선다

부모님들이 모두 살아 계시고, 형제들에게 아무런 탈이 없는 것이 첫 번째
즐거움이다.

父母俱存 兄弟無故 一樂也.

　우리가 즐거움의 조건들을 가치價値로 보는 것이라면, 이 말은 적어도
군자는 왕천하의 가치보다 부모님들이 모두 살아 계시고 형제들에게 아무
런 탈이 없는 것이 더 높은 가치이며, 더 중요한 행복의 조건이라는 의미입
니다. 그러므로 자신의 행복과 열락을 중시하는 개인주의적인 가치관을
가진 사람은 물론, 사회적 이상 실현에 높은 가치를 부여하는 지성인들에
게도 이 말은 녹록하지 않은 도발적인 제안입니다.

　차라리 '자식들에게 아무 탈이 없고'라는 말이 들어갔다면, 저처럼 자식
들을 길러 본 사람들에게는 꽤 공감이 가는 말이었을 텐데 말입니다. 물론
이 구절의 내용에 대해서도, 부모와 형제에게 다른 조건이 붙어 있지만 않
다면, 쉽게 공감을 하는 사람들도 많이 있을 것이라고 생각합니다.

　그러나 이 말의 부모와 형제가, 자신의 행복이나 오늘날 가족의 중심이
된 소가족의 행복에 어떤 형태이든 장애가 되는 조건이 달려 있는 경우라
면 어떨까요? 적어도 이 문장 자체에서 그런 경우를 배제한다는 전제가 없
으니 말입니다. 금방 생각을 바꾸어서 대가족이 함께 살 수 밖에 없던 과
거 시대에나 통하는 말이라고 할 수도 있겠지요.

참혹한 말이지만, 우리의 부모님들이 한창 나이 때에 입버릇처럼 탄식했던 "자식이 원수다."라고 하신 말씀은 거의 전부 진심이 아니라 말씀일 뿐이었지만, 그 말을 뒤집어서 말이 아니라 현실의 행동으로 부모님께 돌려 드리는 일이 너무 흔한 시대에 우리가 살고 있는 것은 아닌지요? 부모에 대해 이런 현실에서, 형제의 무고함이야 더 이상 말할 것이 있겠습니까?

오히려 저는 이 말의 가치를 더욱 절실하게 느끼는 사람들은 이 행복을 잃어버린 분들이 아닌가 합니다. 저는 다행하게 정말로 다행하게 이런 행복을 누리고 있지만, 강의 시간에 이 말을 할 때마다 조심스러운 것은 저보다 훨씬 젊은 학생들 가운데 누군가에게 이 말이 못을 박는 것이 아닌가 하는 느낌을 받기 때문입니다. 제 일이 아님에도 생각만으로도 정말 가슴이 저려 옵니다. 그리고 제가 그런 행복을 갖고 있다는 것이 절대로 미안할 수 없는 일이면서도 공연히 미안스러워 말을 주저하게 됩니다.

맹자는 정확하게 알려져 있지는 않지만, 아직 명성이 나기 이전에 아버지를 여의고 오늘날 교육열의 상징처럼 되어 있는 어머니를 모시고 살았습니다. 그러니 이 구절은 적어도 맹자가 아버지를 여읜 뒤에 나온 말이라고 할 수 있을 것이고 그렇다면 맹자는 이 말을 자신의 행복을 자랑하기 위해 한 말 같지는 않습니다. 오히려 그 행복의 결여에 대한 '쓰라린 가슴을 부여안고' 부러움에서 한 말이라고 보는 것이 옳을 것입니다.

그러면 맹자가 말한 '부모님께서 모두 살아 계시고 형제들에게 아무 탈이 없는' 이 행복의 실체는 무엇일까요? 저는 그것을 '사랑받고 사랑했던, 그것도 무조건적인 사랑의 체험'이라고 생각합니다. 우리들의 전 삶의 영역에서 두 번 경험하기 참으로 어려운 이 사랑의 주인공들이 계시다는 것은, 설혹 우리가 이미 그 사랑을 받음을 더 이상 필요로 하지 않을 만큼 성장했다고 해도 얼마나 우리를 따뜻하게 만들어 주는 것일까요?

세상에서 제일 불쌍한 사람은 어려서 부모를 잃은 사람이라고 합니다. 불쌍하다는 말은 한자로 '불상不祥'이라고 씁니다. 복이 없다는 말입니다. 그것이 왜 복이 없는 것이겠습니까? 한창 부모의 사랑으로 자라야 할 나이에 바로 그런 조건 없는 사랑을 줄 사람을 잃은 것만큼 복이 없는 것이 어디에 있겠습니까?

그래서 일찍 부모님을 여읜 아이들에게는 작은 사랑이라도 받았던 추억이나마 기억해 보라고 권하고 그 기억마저 없는 아이들에게는 그 사랑을 상상이라도 해 보라고 권하기도 합니다. 그러나 그 얼어붙은 가슴을 녹이는 일은 그래도 제가 할 수 있는 일이 아님은 너무나 분명하지요. 하물며 그 아픔을 스스로 이겨 내라고 잘난 체하는 소리를 할 수 있겠습니까?

더욱이 지금 세상에는 차마 말하기도 겁나는 더 참혹한 경우도 없는 것이 아닌 것 같습니다. 그래서 이 구절은 마지막으로 이런 행복이, 아니 그것을 갖지 못한 아픔조차도, 모두 하늘이 준 조건임을 암시하고 있습니다. 이상한 논리일지 모르겠지만, 인간은 참으로 아플 때 원망할 것이라도 있으면 도리어 그 원망의 대상이라도 있는 것이 의지거리가 되는 것이 아닌가 합니다. 그런 하늘에 비하면, 우리 인간은 그 원망을 받아 줄 수 있는 하늘을 닮기에는 아직도 너무 멀었습니다.

맹자가 말한 첫 번째 즐거움은 사실 인간의 자유로운 의지에 의한 선택의 여지가 거의 없는 것입니다. 그것은 하늘이 결정하고, 그 결정된 조건이 인간에게 주어지는 것에 가깝기 때문입니다. 누가 부모를 선택하고 자식을 선택할 수 있겠습니까? 그러므로 우리 인간의 현실 조건이 감당하기 힘들고 참혹할 때, 하늘이 그 원망을 받는 것이겠지요.

그러나 사실 이 경우에도 인간에게 선택의 여지餘地가 전혀 없는 것은 아닙니다. 맹자가 말한 '부모님 모두 살아 계시고 형제들 아무런 탈이 없는' 이런 조건이 축복을 받은 모습임에는 틀림없고, 그것을 갖지 못한 경우에 인간이 불행함을 느끼는 것도 사실이지요. 다만 현실의 모습을 보면 의외로 훨씬 좋은 조건을 받고 있으면서도 끊임없이 주어진 조건에 대해 불만을 느끼고 불행하다고 여기는 사람도 있고, 역으로 분명히 다른 사람과 비교해서나 심지어 객관적으로 보아서 나쁜 조건을 받고서도 그것을 축복이라고 여기는 사람도 있는 것입니다.

그것은 우선 하늘이 주신 조건을 받아들이는 인간의 자세에 의해 결정됩니다. 가장 바람직한 것은 우선 그 조건을 스스로의 현실과 운명으로 받아들이고 긍정하며 한 걸음 나아가 사랑하고 즐거워하는 자세라고 합니다. 니체는 이것을 '운명에 대한 사랑'이라고 말했지만, 동양에서는 이것을 '낙천지명樂天知命'이라고 하였습니다. 예를 들어 하늘이 좋은 부모와 마찬가지로 더 좋은 자식을 주시지 않았더라도, 이런 부족한 자식일지라도 축복이라고 여겨서 감사하고 행복해하는 것과 같은 것입니다.

그러나 이런 자세가 중요한 이유는 일반적으로 오해하는 것과 같이 단지 이런 천명에 순종하는 소극적인 숙명론적 태도에 있는 것이 아닙니다. 이런 자세가 중요한 가장 큰 이유는 이 '낙천지명' 하는 자세야말로 그 주어진 조건을 우리에게 주어진 현실의 유일한 조건임을 자각하고 인정하여, 바로 그 가운데서 우리 자신이 소중하게 생각하는 것들을 창출해 가는 터전과 출발점으로 삼는 것이기 때문입니다.

부모가 되어서 가장 완벽한 자식을 가져야만 부모로서 자식을 사랑하는 것이 아니라, 어떤 부족한 모습의 자식이라도 바로 그 자식을 사랑하는 것이 우리 인간이 주어진 조건 속에서 만들어 갈 수 있는 인간의 정의正義인 것입니다. 바로 이 길 위에만 부족한 자식이라는 주어진 조건을 바꾸어 갈 수 있는 유일한 기회가 있는 것이 아닌가 합니다. 옛날 분들은 이것을 '명중현의命中顯義'라고 하였습니다. "땅에 걸려 넘어진 사람은 땅을 딛고 일어선다[因地而敗者 因地而起]."라는 교훈입니다. 자식과 부모 이외에 우리가 선택하지 않았으되 우리의 숙명으로 주어져 있는 여러 가지 조건들을 대입시켜 보시기 바랍니다.

두 번째 즐거움과 천명
- 스스로에게 정직하기, 타인의 미숙함 감싸 안기

앞에서 주로 우리 인간에게 주어진 조건에 대해서 말씀을 드렸지만, 우리 인간이 갖는 내외의 조건은 모두 결정되어 주어진 것만은 아닙니다. 의외로 인간은 그 자신의 선택에 의하여 스스로의 내외적인 조건들을 만들어 가기도 합니다. 이것은 인간에게 자유 의지에 의한 선택의 영역이 있음을 의미하는 것입니다. 물론 이것도 그 선택의 출발점에서는 주어진 조건을 근거로 하고 있다는 점에서 처음부터 완전히 자유로운 것은 아닐 것입니다.

그럼에도 불구하고 분명한 것은 미래를 향한 매 순간에 우리들 앞에 다양한 선택의 가능성이 있다는 사실입니다. 그 선택의 주체가 비록 과거에 주어진 조건들로부터 완전히 자유롭지는 않고, 그 조건에 의해서 규정되는 모습을 갖고 있다고 하더라도 그 선택의 순간에 우리에게는 다양한 선택의 여지들이 주어지고, 우리는 그 가운데 하나를 선택할 수 있는 자유를 갖고 있다는 사실입니다. 그것도 거의 인생의 매 순간마다 말입니다.

그런 면에서 이 지점이야 말로 진정한 의미에서 우리 인간의 자리인 것 같습니다. 불교에서 '일체유심조一切唯心造'라고 하는 말이 주는 의미는 바로 이것이 아닌가 합니다.

그러나 이 선택들은 동시에 인간에게 매우 엄중한 선택의 책임을 물어오는 자리이기도 합니다. 그것이 단순히 주어진 조건에 의해서 결정이 되는 것이라면 우리는 그 결과들에 대해 그 조건들에 핑계를 돌릴 수가 있지만, 이 자유 의지에 의한 선택의 영역에서는 책임을 돌리는 것이 쉽지 않고 그 스스로가 책임을 짊어져야 하기 때문이지요.

이 두려움은 의외로 녹록하지 않아서 인간은 때로 그 자유 의지의 주인으로서의 역할을 기꺼이 포기하기도 합니다. 선택 자체가 보이지 않는 미래를 결정하는 것이라는 사실에 대한 두려움에다, 그 선택의 결과가 실패로 드러나는 상황이 되풀이될 때 그리고 그 책임을 감당하기 어려운 처지에 빠지게 되었을 때, 인간은 차라리 이 자유 의지의 주인이기를 포기하고자 하는 유혹에 흔들리게 되는 것이 아니겠습니까?

저는 개인적으로 이러한 두려움과 자포자기가 다른 사람의 삶과 그 삶의 조건들을 자신의 의사대로 휘두르고자 하는 탐욕스러운 지배 의지와 함께, 우리들의 삶과 사회와 세계를 왜곡된 형태로 굴절시켜 온 인간의 잘못된 의식의 두 장애라고 생각합니다. 바로 이 두 가지 내외의 질곡을 모두 거부하는 그 자리에, 맹자의 두 번째 즐거움의 출발점이 있습니다.

> 우러러 하늘에 부끄럽지 않고, 굽어서 다른 사람들에게도 부끄럽지 않은 것이 두 번째 즐거움이다.
>
> 仰不愧於天 俯不怍於人 二樂也.

스스로 자신의 삶의 주인임을 선언함은 그 어떤 다른 것에도 그 주인의 자리를 내주지 않음이며, 그것은 당연히 나를 대신하여 나의 삶의 주인이 되려고 하는 모든 것에 대해서 단호하게 거절하는 것입니다. 그러나 너무나 미숙하고 너무나 나약한 우리는 그런 것들의 유혹과 위협을 거부하는 것이 얼마나 힘든 것인지를 잘 알기에, 맹자의 이 말 속에 담긴 자유인의 드높은 기상이 얼마나 부러운 것인가 하는 것도 분명하게 알고 있습니다.

그런데 이 자유인의 드높은 기상은 사실 앞에서도 말씀드린 바와 같이 이 즐거움의 출발점에 불과할 뿐입니다. 아니 전에 말씀드린 것으로 말하면, 그것은 더불어 함께하는 즐거움이기보다는 자신만의 희열에 속하는 것이겠지요. 그것이 진정으로 더불어 함께하는 즐거움이기 위해서는 당연히 이 자유의 기상과 그것이 주는 자기 희열에 머물러서는 안 될 것입니다.

그래서 이제 맹자의 글을 다시 읽어 봅니다. '하늘을 우러러 부끄럽지 않음'이나 '굽어서 다른 사람들에게 부끄럽지 않음'은 하늘과 마주 선 '나'와 다른 사람과 마주 선 '나'의 부끄럽지 않음인 것입니다. 그 부끄럽지 않는 나의 출발점은 이미 말씀드린 자유인과 그 자유인의 희열이지만, 이 희열이 우선 다른 사람을 마주해서 더불어 함께하는 즐거움이 되기 위해서는 다른 사람을 나와 대등한 자유인으로 인정해야 가능한 것이 아니겠습니까?

그것은 역시 다른 사람을 독립된 자유인이 아닌 나의 소유로 만들어 지배하려고 하는 참으로 끈질기고 무서운 유혹을 이겨 내는 것이며, 그런 모든 제안과 유혹을 담담하게 거절하는 용기를 필요로 하는 것이 아닌가 합니다. 정자程子께서 이 글을 공자가 인간다움을 성취하는 방법으로 제시한 '극기복례克己復禮' 가운데, 극기克己로 이해한 것은 참으로 뛰어난 통찰이라고 하겠습니다.

우리가 누군가를 소유하고 지배할 수 있어서 즐거운 것이 아니라, 다른 사람을 소유하려는 우리 스스로의 유혹과 권유와 제안들을 담담하게 거절할 수 있어서 즐거우며, 나아가 다른 사람들을 어떤 경우에도 자유인으로 인정하고 존중하여 자유인과 자유인의 대등한 어울림을 만들어 갈 수 있어서 즐거운 것이라고 생각합니다. 공자가 무엇인가가 필요해서 찾아오는 사람들을 벗이라고 불렀다는 점을 다시 상기해 보시기 바랍니다.

이 구절은 일반적으로 자신의 양심에 아무런 부끄러움이 없는 즐거움을 표현한 것으로 이해하고, 또 그것은 상당한 정도 올바른 해석입니다. 그러나 자신의 양심에 부끄러움이 없다는 실체가 과연 무엇이겠습니까? 과연 현실의 우리는 우리 자신의 모든 행동을 정직하게 비춰 보는 온전한 양심과 양심의 눈을 갖고 있다고 자부할 수 있을까요? 또 그것이 가능한 것일까요?

제가 몹시 부러워서 배우고자 하는 옛날 분 가운데 사마광司馬光이라는 분이 있습니다. 그는 중년이 훨씬 지난 나이에 "내가 평생 한 일 가운데 남에게 말 못 할 일은 아무것도 없다."는 말을 하여 저를 절망시킨 일이 있는 사람입니다. 그 글을 읽었을 때, 저는 겨우 20대 초반이었지만 남에게 말하기 어려운 부끄러운 일이 헤아릴 수 없을 만큼 많았기 때문입니다. 맹자의 두 번째 즐거움, 둘째 구절과 다른 모습입니다.

참 많은 세월이 지난 뒤에야 저는 겨우 이 사마광의 말이 그가 평생 아무런 잘못도 범하지 않았다는 의미가 아님을 눈치챘습니다. 아니 사실 사마광은 이런 의미로 한 말인지 몰라도, 그렇게 해석하지 않아도 되는 것이 아닌가 하는 생각을 하게 되었습니다. 그것은 아마 이렇게만 해석한다면 제 자신이 너무나 부끄럽고 무엇보다도 그 잘못된 지난날을 돌이킬 수 없다는 절망에서 탈출하고 싶었던 것인지도 모르겠습니다.

어쨌든 저는 사마광의 이 말을, 그는 그가 한 행동에 대해서 어떤 사람을 마주해서도 당당하게 말할 수 있었다는 의미이며, 이는 그가 자신은 완전한 인간이라는 오만의 표현이 아니라 스스로의 행동을 비록 미숙하거나 부족한 것이라도 용기 있게 드러내고 당당하게 책임지겠다는 자존의 선언이라고 이해했습니다.

그러자 비로소 저와 사마광의 차이는 자신의 미숙한 모습을 정직하게 직시할 수 있는 용기가 있느냐 없느냐의 차이가 되었습니다. 그 당당한 자존심의 관건은 지나간 과거에 아무런 잘못 없이 완전한 삶을 살았다는 자랑이 아니었습니다. 그것은 돌이킬 수 없는 과거의 삶의 모습이 아니라,

내가 살아가는 모든 현재의 결단이 문제였던 것입니다.

옛 분들은 맹자를 완전에 가까운 성현으로 보았고, 이는 저도 인정합니다. 그래도 저는 맹자의 이 말은 자신이 완전한 인간이라는 자부의 표현이 아니라, 오히려 부족한 자신이라도 솔직하게 드러내는 당당한 자존의 희열과, 바로 그런 눈으로 다른 사람들의 부족한 모습을 너무나 분명하게 보면서도 그를 당당한 자유인으로 보아 주고 대접해 주며 더불어 함께하는 즐거움을 표현한 것이라고 이해합니다.

그래서 이 말을 인용하는 많은 분들도 자신의 삶을 부끄러움이 없는 완전한 삶이라는 자부심의 표현으로 쓰지 마시고 부족해도 자신에게 정직하라는 용기를 주는 말이며, 다른 사람들의 미숙함을 너그럽게 감싸 안으라는 말로 받아들이시기를 넌지시 당부합니다. 미숙한 사람과 미숙한 사람이 어울려 살아가는 것이 이 세상이 아니겠습니까?

첫 번째, 하늘을 우러러 부끄러움이 없다는 말은 더욱 두려운 말입니다. 우선 누가 하늘을 알겠습니까? 물론 저 '푸르고 푸른 하늘[蒼蒼者天]'의 색을 누가 모르겠으며, 그 창공이 무한하게 크다는 것을 누가 모르겠습니까? 제 말은 도리어 우리가 일상에서 너무나 쉽게 끌어다 대는 하늘에 대한 것이지요. 그런 의미에서 저는 이 맹자의 하늘에 대해서 정확하게 말할 자신이 없습니다.

어떤 사람이 "나의 진심을 하늘은 아실 것이다."라고 하는 글을 지었는데, 이 글을 보고 정자程子께서 그를 준엄하게 질책하시기를, "하늘은 존엄하신 것이니, 하늘을 함부로 끌어다 대지 마라."라고 하였습니다. 그래서 저는 오히려 하늘을 함부로 말하지 않는 사람들만이 하늘을 조금이나마 더 아는 사람이라고 생각합니다. 오죽하면 공자 같은 성인께서도 나이 오십 세가 되어서야 하늘의 명을 아신다고 하셨겠습니까?

제 나이 이미 오십이 넘었지만, 저는 아직도 하늘이 무엇인지, 또 그 하늘이 나에게 명하신 것이 무엇인지, 온전하게는 물론 대충도 잘 모르겠습니다. 어떤 제자가 주자朱子에게 천명天命이 무엇인지 물었더니, 주자가 대답을 하지 않았습니다. 잘 알아듣지 못하신 것으로 생각한 제자는 좀 더 큰 소리로 다시 물었습니다. 그러자 이 위대한 인격과 학문의 소유자인 주자는 노여운 목소리로 "내가 천명을 모르는데, 어찌 대답을 할 수 있겠는가?"라고 하였습니다. 그러니 제가 하늘을 잘 모르는 것은 너무나 당연한 것이 아니겠습니까?

다만 옛 분들의 글을 보면, 맹자의 이 말 이외에도 여러 곳에 하늘을 말하고 있으니, 사서의 주석을 낸 주자가 하늘이나 그 하늘의 의미를 전혀 몰라서 이런 말을 한 것이겠습니까? 그래서 저는 주자의 이 말을 조금 다르게 이해합니다. 그것은 주자가 무엇보다도 하늘을 자신의 경험과 지식에 가두어 두거나 제한하려고 하지 않은 자세를 가지고 있었음을 의미하는 것이라고 생각합니다.

하늘을 말함은 바로 인간이 자신의 미숙함과 온전하지 않음에 대한 자각인 것이며, 동시에 자신의 한계에 대한 정직한 인정을 의미하는 것이라고 생각합니다. 그것은 저 같은 사람이 꿈속에서도 도달하기 어려운 학문적 경지와 인격의 깊이를 갖고 있는 주자에게도 마찬가지였던 것입니다. 어찌 하늘을 가볍게 말할 수가 있겠습니까? 차라리 조용한 침묵이 필요할 것 같습니다.

그러나 바로 이 '하늘을 가볍게 말하지 않기' 속에 담긴 자세는 실로 진정으로 하늘을 알고 닮아 가기의 첫걸음이 아닌가 합니다. 자신의 미숙함과 부족함을 정직하게 인정하고 겸허한 마음으로 하늘을 마주할 때, 우리는 우리의 완전함이 아닌 이 미숙하고 나약한 현존 속에서, 언뜻언뜻 그 하늘의 편린들을 만나게 되는 것이 아닌가 합니다. 아니 우리 자신 속에서만이 아니라 다른 사람들과 온갖 사물들과 현상들 전체 어디서나 하늘을 만나게 되는 것이 아닌가 합니다.

그래서 "우러러 하늘에 부끄러움이 없다."라는 맹자의 말, 겸허하고 정직한 마음을 담은 외경의 눈길로, 사람만이 아닌 이 수많은 하늘들을 있는 그대로 정직하게 만나고 함께하는 즐거움을 말한 것이라고 생각합니다. 이것은 하늘이 나에게 주신 것들과 바라시는 것들을 자각하고 실현해 가는 '낙천지명樂天知命'의 터전 위에서, 이 세계의 모든 것들과 함께 하늘이 주시고 바라시는 것을 더불어 완성해 가는 즐거움을 의미하는 것이 아니겠습니까?

세 번째 즐거움과 '진리의 지평'
- 온 인류가 모두 꽃다운 인재

저는 하늘을 두려워하여 맹자의 두 번째 즐거움을 순서를 뒤집어서 말씀을 드렸지만, 논리적으로 말하면 역시 맹자의 순서가 옳은 것이 아닌가 합니다. 주어진 조건과 그 조건을 주신 하늘을 말한 뒤에 사람과 사람의 자유 의지에 대해서 말하는 것이 바른 순서일 것이니 말입니다. 그리고 이 순서에 따라 다음의 세 번째 즐거움이 있는 것입니다.

다시 정리를 해 볼까요? 두 번째 맹자의 즐거움은 이 세계의 모든 것들과 함께 하늘이 주시고 바라시는 것을 더불어 완성해 가는 구체적인 실천의 시작을, 그 모든 것들 가운데 우선 나와 같이 미숙한 존재이면서도 가장 가까운 사람들과 더불어 사람들의 삶 속에서 만들어 가는 것을 말하는 것이지요. 저는 여기서 맹자의 인간에 대한 사랑과 신뢰를 보게 됩니다.

왜냐하면 맹자가 살았던 시대의 사람들 대부분은 사실 맹자가 이러한 벗으로 삼기에는 너무나 참담한 모습이었으니 말입니다. 여기서 앞의 구절을 다시 한 번 돌아볼까요? 두 번째 구절에는 오해하기 쉬운 내용이 들어 있습니다. 그것은 하늘과 사람을 마주하는 맹자의 시각의 차이에 대한 것입니다. 맹자는 하늘에 대해서는 '우러러본다'는 의미의 '앙仰'이란 글자를 쓰고, 사람에 대해서는 '굽어본다'는 의미의 '부俯'라는 글자를 썼습니다. 이것은 하늘을 보는 맹자의 시각과 사람을 보는 맹자의 시각의 차이를 보여 줍니다. 그리고 그것은 당연히 그 행동을 하는 마음과 의식 그리고 가치의 차이를 드러내는 것이지요.

더욱이 우리는 많은 현실에서 하늘을 섬기고 우러르는 시선들이 사람을 얕잡아 보는 시선들이었던 경험을 가지고 있기 때문에, 맹자의 이 시각의 차이에 대해서 더욱 의심스러운 눈초리를 거둘 수가 없는 것도 사실입니다. 그리고 온전하신 하늘과 비교해서 우리 사람들의 행태를 보면 이런 시각을 자초한 측면이 너무나 많은 것도 사실입니다. 더욱이 굽어본다는 표현이 아래를 향한 시각이라는 점에서 오해의 가능성은 더욱 커집니다.

그럼에도 불구하고 저는 이 맹자의 시각을 다른 의미로 읽어 보고 싶습니다. 그 근거는 무엇보다도 앞에서 말씀드린 맹자의 인간에 대한 애정과 신뢰입니다. 적어도 맹자의 두 번째 즐거움이 단순한 자기도취나 자아 만족의 즐거움이 아님을 인정한다면, 이 시각의 차이는 우리들의 일반적인 오해와는 전혀 다른 것임을 인정할 수 있을 것입니다.

그러면 이 맹자의 시각의 이동은 도대체 무슨 의미를 갖는 것일까요? 그것은 우선 위로 하늘을 우러러보던 시선에서 아래로 사람을 굽어보는 시선으로의 단순한 시각의 이동으로 이해할 수 있을 것입니다. 그러나 우리가 "마음이 가는 곳에 눈길이 가는 것이고, 눈길이 가는 곳에 마음이 가는 것이다."라는 단순한 사실을 인정한다면, 저는 이 시각의 이동은 마음의 이동을 담고 있는 것이라고 생각합니다.

그래서 '굽어본다'는 '부俯'라는 글자는 우선 낮은 곳을 본다는 의미로 읽어 봅니다. 저의 은사 가운데 한 분이신 안병주 선생님께서는 맹자의 정신을 한마디로 표현하면 '전국 시대의 참혹한 현실에서 백성을 건져 내려는 간절한 마음'이라는 의미의 '절어구민切於救民'이라고 하셨습니다. 그것은 이 땅 위에서 가장 고통받는 낮은 곳의 사람들에게 시선을 돌린 것입니다. 그리고 백성이란 우리 자신이며 동시에 수없이 많은 낮은 곳에 있는 것들 가운데, 우리 인간에게 가장 가까운 곳에 있는 존재이기도 합니다.

그래서 저는 맹자의 이 시각의 이동을 단순히 하늘을 외면하고 나보다 낮은 곳으로 시선을 돌려 자만하는 내려다봄이 아니라, 오히려 하늘의 시선을 따라 내려와 우리에게 가깝고 낮은 곳으로 시각을 낮춘 것이 아닌가 합니다. 바로 그 곳에 우리들이 더불어 즐거움을 함께할 사람들이 보였던 것이며, 그것이 결국은 하늘과 더불어 즐거움을 함께하는 것이 아니겠습니까? 아니 낮은 곳과 가까운 곳의 아픔과 고통을 더불어 함께함으로써 하늘과 더불어 즐거운 것이라고 하는 것이 정확할지 모르겠습니다. 군자라면 말입니다.

이제 맹자의 세 번째 즐거움을 말할 수 있는 준비가 된 것 같습니다. 군자는 하늘과 더불어 즐겁기 위해, 가까우면서도 낮은 곳에 있는 사람들과 더불어 즐겁기 위해, 하늘의 시선을 따라 내려왔습니다. 거기에서 그는 혼자가 아니었습니다. 그 즐거운 일을 누구와 더불어 해야 하는 것일까요? 아마 하늘의 시선이 가 계신 더 낮은 곳도 있을 것입니다만, 우선 먼저 이 즐거움을 함께해야 할 것은 바로 사람들이기 때문에, 맹자의 시선이 그 사람들에게서 일단 멈춘 것이 아니겠습니까?

천하의 꽃다운 인재를 얻어 가르치는 것이 세 번째 즐거움이다.
得天下之英才 而敎育之 三樂也.

교육에 종사하시는 분은 물론이고 또 적어도 교육에 대한 관심이 있는 분들은 이 유명한 말에 대해서 나름의 이해와 공감이 있으실 것입니다. 아니 어쩌면 영재라는 말에 대해서는 거부감을 가지신 분도 꽤 있으실지 모르겠습니다. 제 추측이 틀리지 않는다면, 그것은 아마 현실에서 이 영재라는 말이 둔재鈍才라는 말과 상대적으로 이해되고, 그것이 사람에 대한 차별을 정당화하는 근거로 악용되는 경험들이 너무나 많기 때문일 것입니다. 차별을 당한 당사자인 경우는 더 말할 것이 없겠지요.

옛날 분들이 말씀하시기를, 사람은 자신이 한 말에 대한 책임을 져야 한다고 하셨습니다. 한문으로 '입언지책立言之責'이라고 합니다. 특히 맹자처럼 뛰어난 인물이어서 그 영향력이 큰 사람은 당연히 그 말에 대한 책임을 더 많이 지셔야 하겠지요. 옳은 말입니다. 그래도 만약 그 말의 본의가 아닌 것으로 오해를 받거나 왜곡을 당한 것이라면, 사실 그 중요한 책임은 오해하거나 왜곡한 사람들이 더 많이 져야 하는 것도 사실이겠지요.

특히 글을 전체의 문맥에서 읽지 않고 앞뒤를 끊어서 의미를 찾는 것을 '단장취의斷章取義'라고 하는데, 그것이 보다 높은 가치를 부여하는 것이라면 나름의 의미를 갖는 경우가 없는 것은 아니지만, 대부분의 경우는 자기합리화를 위한 왜곡인 경우가 너무나 많은 것이 현실이기 때문입니다. 이것의 무서움은 사실 그들이 이런 왜곡을 했다는 사실만이 아니라, 그 왜곡이 본래의 의미를 정당하게 이해하는 것을 심각하게 가로막는다는 점입니다. 맹자께서도 참 난처하고 속이 상하실 것입니다.

어쩔 수 없이 맹자를 위한 변명을 하게 되었습니다. 우선 '천하의 꽃다운 인재'라는 말을 주목해 주시기 바랍니다. 천하라는 말은 '하늘 아래'라는 의미이지만, 그것은 사실 '하늘 아래 그리고 땅 위' 즉 '천하지상天下地上'으로 사람의 세계, 그것도 사람의 세계 전체를 의미하는 개념으로, 맹자 이전부터 그들이 아는 전체 인류 사회를 의미하는 개념으로 사용되던 용어였습니다.

그러면 과연 인류 전체를 통틀어서, 그런 큰 사회 단위에서 꽃다운 인재라고 불릴 사람은 누구이고, 또 그런 사람은 과연 몇이나 되겠습니까? 우리 교육계에 떠도는 말 가운데 좋은 스승이 좋은 제자를 기르는 것이 아니라, 좋은 제자들이 좋은 스승을 키운다는 말이 있습니다. 나름대로 일리가 있는 말이라고 생각하지만, 적어도 교직에 몸을 담고 있는 사람들의 입에서 이 말이 나올 때, 저는 대개의 경우 그것은 비겁함이나 탐욕스러움의 무의식적인 발로가 아닌가 하는 의구심을 갖게 됩니다.

사실 저의 경우도 이런 비겁함과 탐욕스러움에서 전혀 자유스럽지 못한 것이 사실이니, 이는 아마도 제가 들어야 할 질책이며 부끄러운 고백일 것입니다. 문제는 맹자의 이 구절을 긍정적으로 보든 부정적으로 이해하든, 우리 모두가 바로 이런 부끄럽고 탐욕스러운 시각으로 맹자의 이 구절을 이해하고 있지 않은가 하는 것입니다. 하늘을 우리의 작고 더러운 그릇 속에 가두어 두듯이, 맹자를 우리의 못나고 탐욕스러운 그릇 속에 가두는 것이지요.

그래서 저는 '천하의 꽃다운 인재'라는 이 구절을 '온 인류가 모두 꽃다운 인재'라고 읽고 싶습니다. 현실의 저처럼 이 구절을 부끄럽고 탐욕스럽게 이해하는, 말만 하면 스스로 거룩한 성직에 종사한다고 자랑스럽게 내세우는 우리들을 포함해서, 대부분의 사람들은 분명히 너무나 미숙하고 너무나 초라한 존재이지만 그래도 맹자가 따라왔던 참으로 거룩하신 하늘의 시선이 바로 이 미숙하고 초라한 우리에게 와 있는 것이 아니겠습니까? 인류 하나하나가 거룩하신 하늘이 소중하게 바라보시는 존재인데, 정말로 하늘에 대한 외경을 아는 사람이라면 누가 감히 그들 가운데 누군가를 꽃다운 인재가 아니라고 부정할 수 있겠습니까?

이제 저에게 그리고 우리 모두에게 있는 그래서 하늘이 소중하게 보시고 맹자께서 그 시선을 따라 소중하게 보아 주신 우리들의 '꽃처럼 아름다운 모습'이 무엇인지를 찾아보아야 할 때입니다. 우선 우리 모두에게 똑같이 있는 그리고 우리가 아무리 스스로를 탐욕으로 더럽히고 미숙함으로 가려도 변함없이 여기에 있는 것이 있다고 합니다. 공자는 그것을 "하늘이 나에게 덕을 낳아 주셨다[天生德於予]."라고 하셨고, 맹자는 그것을 인간의 본성이라고 하면서 그 꽃다움의 실체는 선善한 것, 그것도 절대적으로 선한 것이라고 하였습니다.

우리가 그 누군가에서 이 꽃다운 모습을 찾아내서 인정하고 가르쳐서 길러 줄 수 있다면 참으로 즐거운 일이 아니겠습니까? 아니지요. 그 누군들 이런 꽃다운 모습을 갖지 않는 사람이 있을 수 있겠습니까? 참으로 완강하게 스스로의 이 꽃다움에서 눈을 돌리고 다른 사람들에게서도 그 꽃다운 모습을 인정하지 않으려고 발버둥을 치는 경우를 제외하고 말입니다. 거짓된 자유 의지의 무서운 함정이고 쓸쓸한 현실이 우리에게 강요한 것이겠지만, 저를 포함해서 이 함정에 의도적으로 심지어는 기꺼이 뛰어든 경우가 적지 않은 것 같습니다.

그러나 꽃다운 모습으로 우리에게 있는 것은 이것만이 아닙니다. 그것은 제각기 다른 것입니다. 물론 비슷한 모습도 있지만, 제각각의 그릇에 담겨 있으니, 결국은 제각기의 것일 수밖에 없는 것입니다. 마치 꽃들이 모두 꽃이고, 또 같은 종류의 꽃들이 있어도 결국은 하나하나가 제각각의 꽃이 되는 것과 같습니다. 그것은 각자의 개성적인 재능이고 가능성입니다.

그런데 사실 이 두 가지를 길러 주는 것이 교육자의 참 큰 즐거움이고 참으로 의미 있는 진정한 교육이기는 하겠지만, 과연 우리는 그런 즐거움과 의미를 누릴 만한 자격이 있는 것일까요? 도대체 우리는 누구입니까? 우리는 그 꽃다움으로 가득한 그들을 길러 주기는커녕, 도리어 우리들의 미숙함과 더러움으로 그 꽃다움을 망치고 더럽히는 것은 아닐까요?

그러면서도 태연하게 '내가 누구를 키웠다'고 으스대고, 국민들의 피땀 어린 세금을 더 달라고 칭얼대고, 심지어는 아이를 볼모로 삼아 돈을 갈취하기까지 합니다. 세상에 더 큰 도둑과 강도들이 많아서 우리의 그런 모습이 폭로되지 않는 것을 다행스럽게 여기다가, 결국은 아무런 부끄러움과 두려움도 느끼지 못한 채, 조금이라도 그렇지 않은 모습을 가진 사람들을 바득바득 헐뜯으면서 말입니다.

그래서 저는 맹자의 이 교육이라는 말을 바꾸어 읽기로 했습니다. 그것은 우선 이 꽃다운 모습을 '알아주기', '믿어 주기', '바라보아 주기'이며, 그것이 참으로 꽃답게 피어날 때 까지 '참아 주기', '기다려 주기', '함께 아파해 주기', '함께 울어 주기'일 뿐 아니라, '끝없이 속아서 바보되어 주기', '모르는 체 눈감아 주기'이며, 때로는 '보채기', '닦달하기', '꾸짖어 주기' 심지어는 '냉정하게 돌아서기'인 것이라고 생각합니다. 오직 그 아름다운 모습을 믿고 사람을 사랑하는 마음으로써만 말입니다.

그래도 부족하지요. 정말로 중요한 것은 우리가 이런 사랑의 마음과 그 사랑에서 나온 행동을 하기에는 너무나 미숙하고 부족한 사람임을 정직하게 인정하고, 그들이 스스로 그 아름다운 모습을 피어 낼 힘과 의지가 있음에 대한 믿음을 잠시도 잊어서는 안 되고, 그들이 장래에 아름답게 피어나 우리의 미숙함을 넘어서서 우리를 도와줄 뿐 아니라, 바로 지금도 우리의 미숙함을 끊임없이 채워 주는 벗들임을 인정해야 할 것입니다.

왜냐하면 저는 '더불어'라는 말이 갖는 진정한 의미는 오직 대등한 벗들에게 있는 것이고, 벗들 속에 함께 있지 않고는 더불어 즐거움은 없는 것이라고 생각하기 때문입니다. 이 더불어 즐거움이 가능한 '우리들을 함께 있게 하는 지평'은 어디일까요? 하늘의 시선이 머무시는 곳, 맹자의 시선이 따라 내려온 곳, 우리들의 시선이 머물러야 할 그곳을, 주자는 '진리의 지평'이라고 했습니다.

저는 우선 사람과 사람이 만나는 '사람의 지평'이라고 해 두고 싶어서 이것을 인간의 진리라고 말해 봅니다. 다만 이 지평이 너무 인간 중심적으로 고착되면 때로는 도리어 세계와 사물에 대한 우월감이 될 위험이 있어 보입니다. 따라서 그 사람의 지평은 역시 출발점이고 그 지평의 더 넓은 토대를 생각한다면 사람과 세계와 모든 사물을 감싸는 '진리의 지평'이라는 주자의 말씀에 동의하지 않을 수 없습니다.

그 모두는 바로 모든 시대에 걸쳐 모든 우리의 일상을 이루는 전부입니다. 한 시대 한 지역에서 성취한 왕천하의 가치가 큰들, 어찌 이 거대하고 거룩한 우리 모두의 일상만큼 가치 있고, 또 즐거울 수 있겠습니까? 하물며 저 신기루 같은 탐욕의 허망함과 노예와 같은 자존의 상실에 무슨 즐거움이 있겠습니까?

3부

일상의 길,
대동 사회의 꿈

예절과 인사

무례無禮와 비례非禮의 시대

요즈음은 예禮나 예절禮節이라고 하면 사람들이 일상에서 지켜야 할 사회적 규범으로 이해를 합니다. 대체로 강제적인 규범인 법과 상대적인 것으로 보아, 예절이 바람직한 것이기는 하지만 반드시 지키지 않아도 된다고 생각합니다. 타인에게 실질적인 피해만 주지 않으면 어떤 무례라도 공적인 불이익은 없으니, 당연히 개인의 선택에 맡겨 두는 것이지요.

다만 오랫동안 서로 어울려야 할 집단에서는 오히려 과도한 예의를 요구하고, 그에 따르지 않는 사람들에게는 가혹한 규제와 심하면 폭력이 가해지는 경우도 있는 것 같습니다. 이처럼 우리 사회는 개인의 선택을 강조하여 무례無禮를 버려두는 개인주의적인 풍조와 집단에서 예절이란 이름을 빌린 강제와 폭력이 혼재하는 비례非禮의 이중적 모습을 갖고 있습니다.

예절을 포기한 무례와 예절을 빙자한 비례를 넘어서 올바른 예절과 그에 대한 사회적인 합의가 필요한 상황이지요. 그것은 아마 전통적인 예절은 이미 붕괴되고 새로운 시대에 적합한 예절은 아직 정착되지 않은 사회적 전환기에서 겪는 혼란의 양상이겠지요. 그래도 이런 전환기가 너무 오래가면 안 될 것 같습니다. 왜냐하면 이런 무례無禮와 비례非禮의 상황은 우리들이 생각하는 것보다 훨씬 더 크게 개인들에게 상처를 주고 사회적인 갈등을 키우기 때문입니다.

공자는 하夏나라의 문화를 하례夏禮, 은殷나라의 문화를 은례殷禮, 주周나라의 문화를 주례周禮라고 부르고, 그 나라들의 예禮가 어떤 인간 정신을 추구했는지를 나름대로 정의하였습니다. 이것은 예가 단순히 사회적인 규범規範이나 의식儀式에 그치는 것이 아니라, 그 시대의 문화 정신文化精神과 그 시대가 추구하는 가치가 담겨져 있기 때문입니다. 따라서 우리 시대가 겪는 이 무례와 비례의 현실은 이런 문화 정신과 시대 가치의 상실과 혼란을 의미하는 것이 아닌가 합니다.

이런 무례와 비례가 판을 치는 예의禮義 부재不在의 상황이 초래하는 문제는 또 있습니다. 그것은 자발적인 예의의 부재는 반드시 강제적인 법률의 성행과 법 집행 기관의 비대와 사회적인 비용의 폭발적인 증가를 초래한다는 것입니다. 거기에서는 모든 사람을 품위 있는 예의를 지키는 문명인이 아니라, 잠재적인 죄인으로 취급하게 되는 것입니다.

적어도 우리는 이 예와 법의 관계와 그 사회적인 역할에 대한 인식에 있어서 전혀 문명적이지 못합니다. 공자나 맹자는 말할 것도 없거니와, 평범한 선비분들도 모두 알고 있었습니다. '예란 나쁜 일이 일어나기 전에 막아주는 것이고, 법이란 잘못된 일이 일어나고 난 뒤에 막는 일이라[禮 防於未然 法 施於已然]. — 이 말은 본래 가의賈誼가 한 말로 알려졌는데, 사마천이 그의 《사기》 서문에 인용하여 유명해졌습니다.'는 점과 '미연에 방지하는 것은 평범한 능력의 사람이라도 가능한 것이지만, 잘못이 만연된 뒤에 고치는 것은 성인의 능력으로도 쉽지 않다'는 평범한 진리를 말입니다.

저 평범한 진리를 망각하고 무례와 비례를 횡횡하게 만들어, 법의 강제가 우리의 삶 전체를 휘두르는 상황을 초래하고 말았습니다. 그래서 평범한 우리들은 저 무서운 법의 그물 아래 손발을 둘 곳 몰라 전전긍긍하고, 심지어는 그 법조차 무시하는 금력과 권력의 횡포를 자초하고 말았습니다. 예의를 잃어버린 우리와 우리 시대의 슬픈 자화상입니다. 여러분은 슬프지 않으신지요? 그런 사회에서도 여전히 행복하신지요?

인간의 한계를 넘어 신에게 의지하다

이 시대의 무례와 비례를 어찌해야 할까요? 옛날 분들이 어떤 문제에 부딪쳤을 때, 그 문제를 해결하기 위한 방안을 찾는 가장 대표적인 방법 가운데 하나는 그 본질과 근원으로 돌아가 보는 것입니다. 물론 거기에 모든 대답이 있는 것은 아니지만, 때로는 거기에 지금의 상황이 어떤 문제를 갖고 있는 것인지와, 그 본래의 취지와 목적이 무엇인지를 성찰할 수 있게 해 줍니다. 그래서 새삼 우리 동아시아에서 예의 기원이 어디에서 시작한 것인지를 살펴보고자 합니다.

동아시아, 아니 사실은 거의 모든 인류 사회의 문화는 종교적인 문화에서 시작합니다. 가장 기본적인 생존조차 인간 스스로의 힘만으로 성취하기 어렵고 우연에 기댈 수밖에 없는 상황에서, 인간이 그 우연을 결정한다고 여겨지는 그 어떤 초월적인 존재를 상정하는 것은 어쩌면 자연스러운 것입니다. 거기에 지금 사람들의 합리적인 잣대를 들이대는 것은 무의미합니다.

대학 시절이었습니다. 제가 아는 분 가운데 상당히 합리적인 분이 있었습니다. 신앙과는 거리가 멀었죠. 그러던 어느 날 이분이 갑자기 교회를 나가면서 독실한 신자가 되었습니다. 얼마 뒤에 그 이유를 알았습니다. 그분 어머니께서 당시 불치로 알려진 병에 걸리신 것입니다. 그분은 학업을 소홀히 할 정도로 교회 활동과 기도를 하면서 하느님이 반드시 어머니를 낫게 해 줄 것이라고 믿었습니다.

여전히 합리적이었던 저는 그분에 대해 아무런 말도 할 수 없었습니다. 더구나 그분의 행동이 비합리적이라는 판단이나 설득은 더욱 할 수 없었습니다. 그것은 제게 인간의 합리적인 사고와 그를 통해 성취한 문제 해결의 방법이 모두 유한한 것이라는 뼈아픈 자각과 인정을 요구하는 경험이었습니다. 그 뒤로 저는 유학을 공부하면서 다른 신앙을 갖지는 않았지만, 모든 종교와 신앙에 대해 꽤 유연한 인식을 갖게 되었습니다.

물론 현실의 종교와 신앙에 나타나는 부정적인 행태들을 감쌀 생각은 별로 없습니다. 그러나 제 대학 시절의 경험에다 최근에 겪은 제 개인적인 경험까지 더해져서 제 나름대로는 종교의 역할과 진지한 신앙에 대한 경의는 잃지 않으려고 애씁니다. 무엇보다 제 인생에서 훌륭한 종교인들을 만난 것이 저의 그런 생각을 굳게 해 주었습니다.

몇 년 전 저는 건강이 좋지 않아 제 집 근처에 있는 절에서 한겨울을 났습니다. 그곳의 주지 스님은 평소부터 제가 존경한 '환성'이란 법명을 가지신 분인데, 몸이 아프니 의지거리가 필요해서 스님이 계신 절을 요양지로 선택한 것입니다. 몸이 아프다는 것은 괴로운 일입니다. 본래는 집에서 치료를 하려고 했는데, 참으로 쉽지 않았습니다.

병을 의미하는 한자에 병病 말고 질疾이라는 한자가 있습니다. 그런데 이 질이라는 한자에는 질시疾視라는 말처럼 미워한다는 뜻이 있고, 질주疾走라는 말처럼 빨리라는 뜻이 있습니다. 모두 병에서 온 개념입니다. 병든 사람은 그 병과 그 병의 원인에 대한 미움을 가질 수밖에 없고, 빨리 병이 낫기를 바라는 조급한 마음을 모면할 길이 없습니다. 당연히 평소라면 너그럽게 대할 일에도 짜증이 나고, 사랑하는 가족에 대해서도 자신도 모르게 괴롭히게 됩니다.

이런 이유로 들어간 그 절에서 제가 본 가장 거룩한 신앙의 모습입니다. 추위가 꽤 매서웠던 날 어스름으로 기억합니다. 허름한 중년의 사내가 팔십도 넘어 보이시는 할머니를 모시고 절에 왔습니다. 할머니는 힘든 발걸음으로 절 곳곳을 다니면서 예불을 올리고, 중년의 아드님은 그런 할머니를 따라다니며 시중을 들고 있었습니다. 할머니의 예불과 아들의 시중 그 모두가 참으로 거룩하고 경건하여, 저도 모르게 경의를 표하고 닮고 싶었습니다. 그때까지 저는 절에서 요양을 하면서도 선비로 인정받고 싶다는 오만이 남아 있었지만, 그날부터 저는 부처님에게 정말로 기도를 하고 예불을 할 수 있었습니다.

예禮라는 한자는 신神에게 바칠 제물을 그릇에 담아 올리는 모습을 그린 글자입니다. 자신의 능력으로는 해결하기 어려운 상황에 빠진 사람이 간절한 바람을 가지고 신을 섬기는 의식을 통해서 도움을 간구하는 것입니다. 유학에서는 이런 의식儀式을 전통적으로 기복양재祈福禳災의 목적을 위한 제사祭祀라고 부릅니다. 그렇습니다. 초기의 예는 신의 도움을 얻기 위해 제물을 올리는 의식인 제사에서 시작한 것입니다.

예禮의 본질, 하늘을 섬기던 마음으로 사람을 존중하다

인간의 힘으로 어쩔 수 없는 문제에 부딪쳤을 때, 간절한 마음으로 올린 기도와 제사는 신의 응답을 받았을까요? 기도와 제사를 올린 사람들의 경험은 아마 응답을 받기도 하고 응답을 받지 못하기도 했을 것입니다. 사람이 어쩌겠습니까? 지성이면 하늘도 감동시킬 수 있다고 믿으면서, 정성을 다해서 더욱 간절하게 기도하고 제사하는 것 이외에 무엇을 할 수 있겠습니까?

그러면 더욱 간절한 기도와 제사는 응답을 받았을까요? 역시 마찬가지였을 것입니다. 사람들은 점차 지쳤습니다. 왜냐하면 기복양재를 목적으로 한 제사는 일종의 거래去來인데, 사람이 올리는 정성과 비용에 대한 신의 보답은 공정해 보이지 않기 때문이었습니다.

사람은 그렇게 타산적이고, 누구와의 주고받음에서도 공정하기를 바랍니다. 신앙을 가지신 분들은 이런 사람을 신을 모독하는 불신자라고 비난하시겠지만, 그런 분도 다른 사람을 설득할 때는 자신이 믿는 신이 가장 복을 많이 주고 재앙을 물리치는 힘이 있다고 하시는 것이지요.

당연히 하늘과 신에 대한 회의가 생겼습니다. 특히 사람들을 힘들게 한 것은 인간의 선행을 지지하고 보답하는 하늘과 신의 기능이 제대로 작동하지 않는 것이었습니다. '선행에 대해서는 복을 주고 나쁜 짓에 대해서는 재앙을 준다'는 복선화음福善禍淫은 아주 오랫동안 하늘에 대한 인간의 신뢰를 지탱해 준 가장 큰 기둥이었습니다.

사람들은 이런 믿음으로 부지런히 노동을 하여 가을의 결실을 얻었고, 사람의 도리를 다하여 화목한 가정과 사회를 건설하였고, 그 결실에 감사하여 하늘과 신에게 제사를 올렸습니다. 그런데 점차 그 믿음의 토대가 무너지는 현상이 발생했습니다. 특히 사회 현실에서 나타나는 양상들이 심각했습니다. 도둑질하고 강도질하고 남을 속이는 자들이 재앙을 받지 않고 부귀영화를 누리고, 신을 모독하는 자들도 아무런 재앙을 받지 않았습니다. 도리어 착하고 정의로운 사람들은 복을 받는 대신 재앙을 당하고 손해를 보았지요.

재난에 간절히 기도하던 순수한 사람들과 복선화음을 믿고 착한 삶을 살던 사람들은 모두 시험에 들었습니다. 이미 하늘과 신에 대한 회의는 걷잡을 수 없이 커진 상태에서, 그들은 저 하늘과 신을 믿는 신앙과 그 신을 섬기는 제사에 대해 어떤 선택을 해야 했습니다.

여기에서 크게 두 가지로 대응의 길이 갈라졌습니다.

첫째는 인간의 기도에 대한 하늘의 응답이 우리의 바람과는 다른 형태로 나타난다 하더라도 그것을 천명天命으로 순응順應하면서, 신을 섬기는 사람의 정성과 기도의 자세를 계속 지켜 가는 방식의 태도입니다. 이것은 무엇보다 제사에 대한 신의 응답 여부를 떠나 정성을 다해 기도하고 섬기는 과정 자체에서, 인간이 이미 소중한 무엇인가를 얻었기 때문입니다. 여기에서 하늘과 신을 배제하지 않는 형태의 독특한 인문주의人文主義가 형성되었습니다.

바로 그 자리에 공자孔子가 있었습니다. 공자는 하늘과 신을 섬기는 인간의 경건한 자세와 그런 자세로 행하는 제사 의식祭祀儀式의 경험 자체를 종교 문화가 인류에게 준 축복이라고 보았습니다. 다만 하늘과 신이 중요한 이유는 더 이상 그들의 능력, 즉 복을 달라는 기도를 들어주고 재앙을 물리쳐 달라는 인간의 요구에 부응하기 때문은 아닙니다.

도리어 저 하늘과 신에 대한 제사가 중요한 것은 이미 받은 은혜에 감사하고 그 고마움을 잊지 않을 수 있도록 우리 인간의 마음과 정성을 표현할 수 있는 기회이기 때문입니다. 여기에서 제사의 의미는 신에게 기복양재를 위해서 올리는 거래 행위가 아니라, 사람이 받은 은혜를 잊지 않고 보답하는 추원보본追遠報本의 정성을 표현할 수 있는 인간의 문화로 바뀌었습니다.

이로부터 큰 변화가 왔습니다. 저 하늘과 신을 섬기는 의식의 경건함과 기도하는 마음의 정성스러움은 하늘과 신을 섬길 때만이 아니라, 인간의 일상적인 삶 전체를 관통하는 가장 중요한 문화 정신文化精神이 되었습니다. 나아가 이런 경건함과 정성은 인간의 모든 사회적 관계를 평화적으로 풀어 갈 수 있는 도덕적 역량으로의 가치를 새롭게 인정받게 되었습니다.

하늘을 섬기던 마음과 자세로 모든 사람을 존중하고, 자신이 맡은 일은 경건하게 수행하고, 사물들을 소중하게 다루고, 결국에는 자기 자신을 존엄하게 지켜 가게 된 것입니다. 그 모두가 바로 예가 되고, 경건함과 정성스러움을 담아 대상을 존중하는 것은 바로 그런 예의 본질이 된 것입니다.

예禮의 형식, 사회적 안정을 성취하는 규범

하늘과 신의 역할에 대한 인간의 회의懷疑에서 나온 또 다른 방식의 대응은 전혀 다른 모습으로 나타났습니다. 그들은 저 하늘의 일은 인간이 간여하여 변하지 않는 것이니 하늘에 맡겨 두고, 사람이 할 수 있는 일이나 열심히 하자는 태도입니다. 이런 흐름은 시기적으로는 종교 문화의 폐단 속에 인문주의 문화가 대두한 은말주초殷末周初의 전환기에 시작되었고, 춘추 시대가 되면 정鄭나라의 자산子産, 제齊나라의 안영晏嬰 같은 지식층을 중심으로 하여 크게 확산되었습니다.

이런 흐름의 정점에 있는 것이 순자荀子입니다. 그는 "하늘에 기우제를 지내면 비가 오는 경우가 있는데, 왜 그럴까?"라고 묻고, 스스로 답하기를 "아무 이유가 없다. 기우제를 지내지 않아도 비는 왔다."라고 하였습니다. 인간의 행위는 어떤 목적을 기대하고 이루어지는 것인데, 당연히 그에게는 신을 섬기거나 신에게 기도하는 행위는 어떤 효과를 기대할 수 없는 것이었습니다.

문제는 저 하늘과 신을 대신해서 개인의 선행이나 사회적인 정의를 유인할 무엇인가가 필요해졌다는 점입니다.

거기에다 더 나쁜 상황이 전개되었습니다. 아니 도리어 어떤 측면에서는 좋은 상황이 도리어 문제가 된 것입니다. 그것은 바로 농업 사회에 들어선 이후 비약적으로 개선된 생존의 조건이 생존이 아니라 욕망의 대상이 되고, 사회적 지위와 권력은 그런 욕망을 충족하는 수단이 되어 심각한 분쟁이 벌어지게 된 것입니다.

생존의 수단인 음식과 주거와 의복은 사치와 탐욕의 대상이 되어 한없는 욕망을 자극하고, 종족의 번식을 위한 남녀의 결합은 보다 힘 있고 아름다운 대상을 찾고 독점하는 싸움의 빌미가 되었습니다. 그리고 이 모두를 가능하게 하는 사회적 지위와 부와 권력을 차지하기 위한 난투장이 벌어지게 된 것입니다.

종교적인 사회에서 신에 의지해 '추길피흉趣吉避凶'을 하던 양상은 사회적 권력을 얻어 '추리피해趣利避害'를 하고자 하는 양상으로 변하였고, 그런 난투장에서는 개인의 선행이나 사회적인 정의를 유인하는 것은 물론 구성원들 사이에 통합과 질서를 찾아서 안정적인 사회를 건설하고 유지하는 것 자체가 불가능했습니다.

타인과 공동체를 해치는 행태의 '추리피해'에 대해서는 강제적인 법률이 적용되었습니다. 그러나 참혹할 정도의 형벌이 시행되었지만, 형벌의 사회적인 효용성은 크지 않았고 무엇보다도 사회적인 비용이 만만하지 않았습니다. 그들은 좀 더 효과적이면서도 문제를 보다 근원적으로 예방할 수 있는 방법을 찾았습니다. 그렇게 예라고 하는 사회 규범과 제도가 만들어졌습니다.

그들은 개인의 삶을 중심으로 말하면 관혼상제冠婚喪祭의 사례四禮를, 공동체의 질서로 말하면 길흉군빈가吉凶軍賓嘉의 오례五禮를 설정하여 그들이 같은 문화를 가진 공동체라는 사회 통합의 기반으로 삼았고, 동시에 현실적 힘의 차이를 인정하고 이에 따른 계급을 설정하여 권리와 의무의 차등을 두는 봉건 질서를 구축하였습니다.

이런 사회 통합과 질서의 봉건적 정점에 주례周禮가 있었습니다. 춘추 시대라는 혼란의 시대에 공자가 회복하고자 한 주례는 개인과 개인의 관계, 개인과 집단의 관계, 집단과 집단의 관계 등 갖가지 사회관계에서 개인과 각 공동체가 어떤 역할을 해야 하는지를 제시한 봉건 사회의 모범 답안입니다. 거기에서 공동체와 지도자의 가장 중요한 역할은 통합과 질서를 통한 사회의 안정입니다.

이렇게 하여 예는 인류의 문화 정신과 인간 내면의 도덕성을 드러내는 동시에 사회적 안정을 성취하는 규범을 담아내는 형식이라는 양면을 갖추게 되었습니다. 그것이 예의 본질과 형식입니다. 주자朱子가 예를 "하늘이 주신 인간의 본성이 상황에 따라 적절하게 드러나는 표현이요, 사회적 존재인 인간의 보편적인 행동 양식을 규정한 형식적인 규칙이다天理之節文 人事之儀則."라고 한 것은 바로 이런 양면성을 정확하게 지적한 것입니다.

예禮의 회복, 진심이 담긴 인사로부터

우리 시대의 무례와 비례에 대한 과한 걱정 때문인지 몰라도 제 글이 너무 학술적이 되지 않았는지 걱정스럽습니다. 다만 우리 시대가 겪는 무례와 비례에서 초래된 상처들과 갈등들을 바로잡기 위해서는 역시 그런 야만적인 행위들이 어떤 정신을 잊어버린 것이고, 어떤 사회적인 합의에 따른 행동 양식을 어기고 있는 것인가를 살펴볼 필요가 있었던 것입니다.

무엇에서 그런 예의 회복을 시작해야 할까요? 공자는 당시의 혼란을 주례의 파괴에서 찾아 그 회복에서 치세治世의 실마리를 찾으려 했지만, 저는 사회적인 제도로써보다는 우리들의 가장 보편적인 일상에서 시작해 보고 싶습니다. 예란 사람이 다른 사람과 맺는 모든 관계의 바람직한 행동 기준이라면, 그 시작은 당연히 만나고 어울리고 헤어지는 방식에서 시작합니다. 그것이 인사人事입니다.

요즈음의 연구를 보면 동물들 가운데도 서로 인사를 하는 경우가 있다고 합니다. 아마 그들 사이에 나름의 사회적 관계가 형성되고 의사 소통이 이루어지는 것을 말하는 것 같습니다. 그래도 저는 그것은 인사는 아니라고 생각합니다. 왜냐하면 인사란 말은 '사람의 일'이란 뜻이 그 본래의 의미이기 때문입니다.

다만 사회적인 관계를 형성하고 거기에서 의사 소통이 필요하다는 점에서는 사람이나 동물이나 마찬가지라는 점은 사실인 것 같습니다. 이런 면에서 인간 사회에서 가장 기초적이고 일상적인 만남과 소통의 방식이 바로 인사입니다. 사실 우리 사회에서 인사란 대단히 광범위한 의미를 가진 말입니다. 그 말 자체가 '인간이 하는 모든 일'이라고 이해할 수 있으니, 세상에 이보다 광범위한 의미를 가진 말이 있을 수 있겠습니까?

예절의 한 방식으로 인사의 말은 당연히 상대에 대한 친애와 공경을 표현해야 합니다. 나의 진심과 정성스러운 자세가 담긴 인사의 말은 반드시 그 진심이 전해지고 서로의 따뜻한 관계가 형성됩니다. 심지어 언어가 서로 통하지 않는 사이라도 진심이 담긴 얼굴빛과 정성스러운 자세는 서로를 믿고 존중하게 만듭니다. 그러므로 상대에 대한 친애와 존경의 진심이 담긴 인사만이 예절이며, 그것이 없는 인사의 말은 의례적이고 성의 없는 무례한 행동이 됩니다.

그러면 우리가 사용하는 인사의 말에는 어떤 의미가 담긴 것일까요? 우리는 대부분 인사의 말을 제대로 음미하지 않고, 습관적으로 사용하는 것 같습니다. 그래서 예전에 사용되던 인사말들이 어떤 사회적인 배경에서 나오고, 또 어떤 의미를 담은 것인지를 먼저 살펴보고자 합니다.

아주 오래전 사람들이 아직 지금처럼 안전한 집에서 살지 못하고, 동굴이나 초지草地에서 노숙을 하던 시절이 있었습니다. 아니 집이 있어도 때로는 들판에서 야숙을 해야 할 때가 있었지요. 그때 사람들은 아침에 만나면 "지난밤에 뱀이 없었니?" 하고 인사를 했습니다. 혹시라도 뱀에게 물려 상처를 받을 것을 걱정해 주는 인사입니다. 그 뱀을 의미하는 한자인 사蛇 자의 원형은 타它였습니다. 그리고 타它라는 한자는 사蛇 자가 생긴 뒤에, 타他와 같은 의미로 쓰였습니다. 그러므로 "뱀이 없었니?"란 인사가 바로 '무타無他', 즉 "별일이 없었니?"란 인사의 원형이고, 이런 전통에서 우리는 오늘날도 한참 만에 만난 사람에게 "그 동안 별 일 없었니?"라는 인사를 하게 된 것입니다.

이처럼 사람이 서로 만나서 나누는 인사는 반드시 상대편의 안부를 묻고 관심을 보이는 표현이 담깁니다. 우리 전통 시대, 굶주림이 가장 고통스러웠던 시기에는 먹는 문제가 가장 큰 관심사였습니다. 여러분들이 다아시다시피 그때의 인사는 "밥 먹었니?"나 "진지 드셨습니까?" 였지요. 또 사회가 불안할 때는 정말 '밤새 안녕'이 절실한 인사였던 시절도 있었습니다. 사실 안녕은 누구나 바라는 것이라 모든 시대 어디에서나 일반적으로 쓸 수 있는 대표적인 인사입니다.

또 다른 인사의 말들은 상대의 바람을 헤아려 그것을 축복祝福의 말로 기원하는 것입니다. 특히 이런 인사는 헤어짐에서 다음을 기약하는 인사로 중요합니다. 지금과 같은 자본주의 사회에서 돈의 위력이 크고 사람들이 부자가 되기를 바랄 때, "부자 되세요." 같은 인사가 그런 것입니다. 조금 천박하고 그래서 통속적이지만, 이 시대 사회상의 한 단면을 보여 주는 인사입니다. 그래도 인사가 예의 중요한 일부라면 조금은 품위가 있는 축복의 인사였으면 합니다.

따뜻한 말 한 마디는 따사롭기가 솜옷과 같다

저는 우리 시대에 축복의 인사가 매우 중요하다고 봅니다. 왜냐하면 그것은 우리 현실에서 사용하는 언어들이 너무 거칠어졌고, 그런 거칠어진 언어들에 나타난 거칠어진 심성들을 조금이라도 가라앉게 하려면, 가장 좋은 방법이 축복의 말들을 많이 하는 것이라고 생각하기 때문입니다. 아이들에게 이런 축복을 담은 좋은 인사말을 반드시 가르쳐야 할 것입니다.

인사에서 주의할 것 가운데 하나는 상대의 마음과 사정을 고려하지 않는 인사나 질문을 던지는 것입니다. 우리 사회의 미숙한 모습 가운데 하나인데, 요즈음은 상대를 배려하지 못하는 철부지들 말고 어른이라는 분들도 참 멋없는 인사를 하는 경우가 많은 것 같습니다. 본인들은 격려고 관심이라고 주장하지만, 다른 사람의 입장이나 상처를 배려하지 못하는 혼자만의 독선적인 행동이고 말입니다.

왜 이런 상황이 벌어진 것일까요? 역시 우리 시대의 이기적인 사회 풍조가 우리 자신도 모르는 사이에 인사에도 침투한 것입니다. 모든 인사는 반드시 상대를 배려하고 존중하는 마음을 담아내야 한다는 예절의 원칙을 잊었기 때문이며, 그냥 상투적인 관계에서 쓰던 상투적인 인사말에 습관이 들어 버렸기 때문인 것 같습니다.

저는 개인적으로 한동안 건강이 좋지 않았는데, 가장 듣기 좋은 인사말은 역시 제 건강을 진심을 담아 걱정해 주는 말이었던 것 같습니다. 더욱 고마운 것은 그런 건강에 도움이 되는 정보나 약을 소개해 주거나 심지어 지어 주는 경우인데, 건강에 대한 간절한 바람만큼 그런 분에 대한 고마움은 잊기 어렵습니다. 반대로 제 건강에 대한 배려가 없는 말이나 행동에 대한 서운함도 역시 잊기 어려웠습니다. 이성적으로 그런 말과 행동에 악의가 있다고 생각하지는 않았지만, 감정적으로는 절대 친해지지 않고 유감스러운 것은 어쩔 수가 없었습니다. 제가 그동안 다른 분들의 아픔을 공감하지 못하고 배려하지 못한 업보인 듯합니다.

여러분은 어떤 인사말에 깊은 감명이 있었거나 아니면 유감이 있었던 경험이 있으신지요? 사람의 인정이란 모두 같아서, 역시 진정에서 나온 따뜻한 말 한 마디는 따사롭기가 솜옷과 같다고 하신 옛날 분들의 말씀이 사실인 것 같습니다. 따뜻한 마음으로 따뜻한 눈길로 따뜻한 말로 따뜻한 손길로 사람을 만나고 대하고 보내시기 바랍니다. 그런 온기가 우리가 살아 있는 생명이고 인간이라는 징표가 아니겠습니까?

우리나라에서 특히 유명한 《이십오 시》라는 소설은 게오르규라는 신부님이 지은 소설입니다. 이 신부님의 일화로 기억합니다. 이 신부님이 어느 비구니 스님의 절에 갔을 때, 그 절의 비구니 스님이 신부님 복장을 한 게오르규 신부님을 마중하면서 성호를 그어 인사를 했답니다. 그 모습에 놀란 신부님이 이유를 묻자, '당신의 종교를 존중해서'라고 대답했고, 게오르규 신부님은 그 행동에 큰 감명을 받았다고 하였습니다. 정말 멋지지 않나요. 인사의 정신을 제대로 안 스님입니다.

끝으로 제가 읽은 가장 간절한 헤어짐의 인사를 소개하겠습니다. 옛날 중국의 한나라 때 지어진 것으로 알려진 이름 없는 사람이 지은 〈행행중행行行重行行〉이란 고시古詩에 나오는 마지막 구절입니다. 전쟁터에 끌려가는 남편을 생각하며 사랑하는 아내가 그 남편에게 보내는 인사말이지요. "억지로라도 식사 넉넉하게 하세요." 원문으로 '노력가찬반努力加餐飯'입니다. 그 글을 읽는 순간 가슴이 먹먹했습니다. 얼마나 많은 절절한 말들이 이 한 구절에 담겨 있는지 모르겠습니다. 누군가에게 간절히 부탁드리고 기도합니다. 이런 인사 다시는 누구의 입에서도 나오는 일 없기를…….

무엇을 하지 않을 것인가?

단발령의 추억

공주 방면에서 봉현리에 있는 충남교육연구소를 가 본 분들은 그 중간에 있는 저수지와 그 저수지를 앞에 두고 있는 모덕사를 알 것입니다. 처음에야 웬 절[寺]이 있는가 하겠지만, 몇 번 드나들다 보면 이곳은 절이 아니라 구한말에 의병 활동을 하다가 대마도에 끌려가 단식절사斷食節死한 면암 최익현 선생을 모신 사당祠堂이라는 것을 알게 됩니다.

무슨 인연일까요? 처음 제가 선생에 대해서 들은 것은 아마 고등학교 국사 시간이었을 것입니다. 그 내용을 모두 기억할 수는 없지만, 대략은 서세동점西勢東漸의 도도한 흐름과 일본 제국주의의 침략이라는 민족과 국가 생존의 위기 앞에서, 너무나 당연해 보이는 개화의 요구에 대해 선생은 수구파의 우두머리로 개화 정책을 반대하였다는 것이었습니다.

그러나 이런 내용보다 제 기억 속에 선명하게 남아 있는 내용은, 선생이 개화를 반대한 가장 중요한 정신이나 의미가 무엇이었는가 하는 것이 아닙니다. 그것은 개화 정책의 자잘한(?) 조목 가운데 하나인 단발령을 거부하면서 내세운 주장, 즉 "이 목은 벨 수 있어도 이 머리털은 벨 수 없다此首可斷 此髮不可斷."라는 말이었습니다. 상투는 당연히 해 본 일이 없고 까까머리 학생으로 아무런 의심 없이 살아가던 저에게, 이 말은 상식적으로는 도무지 이해할 수 없는 코미디와 같은 것이었습니다. 동시에 이런 말을 한 선생 자체가 시대착오적 사고와 말로 사람들을 웃기는 코미디언 정도로 받아들여졌던 것으로 기억합니다.

어찌 선생과 선생의 이 말뿐이겠습니까? 우리는 지난 세기 내내 우리의 조상들과 그들의 문화 전통을 모두 시대착오적인 코미디 정도로 생각해 왔고, 지금도 많은 부분을 그렇게 보고 있는 것은 아닐까요? 아니 목을 베일지언정 머리칼을 자르지는 못하겠다는 이 말은, 생명이 달린 목과 생명이 없어 잘라도 아프지도 않고 그냥 두어도 수시로 빠지는 머리칼 사이의 가치의 차이를 모르는 정신병자가 아니고서야(그런 정신병자가 있는지는 잘 모르겠지만) 할 수 있는 말이겠습니까?

우리는 선생과 달리 개화된 문명한 사회에 산다는 자부심을 만끽하면서, 이 말을 시대착오적인 우스갯소리나 미치광이의 말쯤으로 가볍게 치부한 것은 아닌가 합니다. 물론 조금 식견이 있는 경우에는 선생의 인격과 행적을 고려하여 그 말이 나름의 상징성을 가진 것임을 인정하겠지요. 그러나 그 상징적 의미의 사상적 기반인 유학에 대해서는 우리 사회가 여전히 시대착오적인 사상이나 가치로 치부해 왔기에, 이 말은 여전히 시대의 변화를 거부하는 수구적인 유학자의 고집스러운 주장에 지나지 않는 것이었습니다.

선생과 선생이 살았던 구한말의 우리 민족과 국가는 서세동점의 국제적인 흐름과 일본 제국주의의 침략 앞에서 참담한 패배자였습니다. 현실적으로 개인이든 집단이든 패배자는 승자에게 경멸을 당하게 되는 것이지요. 아니 경멸 이상의 참혹한 대가를 치르기도 하는 것입니다. 그리고 이런 상황에서 패배자에게 남은 길은 대개 저항과 굴종의 선택뿐입니다. 그리고 굴종을 선택할 수밖에 없게 되었을 때, 이런 굴욕을 합리화할 자기변명의 희생양이 필요해지는 것입니다.

그런데 대부분의 경우 평범한 개인의 말이라도 그것이 생명을 걸고 하는 경우에 대해서는 진지한 이해의 자세나 적어도 경청의 자세가 필요한 것입니다. 왜냐하면 생명을 담보한 주장은 이미 단순히 일상적인 주장에 대해서와 같은 평범한 반응을 요구하는 것이 아니라, 그 사람의 전 생명을 건 그래서 생명보다 더 소중한 그 무엇을 알아달라는 요구를 담은 것이기 때문입니다. 하물며 면암 선생 정도의 인격과 실천을 보여 준 선비들의 주장인 경우이겠습니까?

그럼에도 우리는 유학을 시대의 희생양으로 삼아 우리 책임을 전가한 전력 때문에, 당시는 물론 그 이후에도 오랫동안 진지하게 그 말에 담긴 의미를 성찰하기를 회피했습니다. 당연히 그런 우리들에게 있어 이 말을 다시 상기하는 것은 역시 괴로운 일이었는지도 모르겠습니다. 그러나 저는 여전히 반성이야말로 지성의 첫째 조건이고 반성 없는 삶과 반성 없는 시대는 희망이 없다고 보기에, 늦었지만 더 늦지 않게 이 말의 참된 의미를 다시 새겨보고자 합니다.

저는 그 출발에서 우선 이런 의문 하나를 던져 봅니다. 단발령은 국가가 임금의 명을 빌려서 국민에게 내린 명령입니다. 그리고 면암과 일군一群의 선비들은 단발령을 주장한 개화파를 포함해서 대부분의 사람들이 순종하거나 적극적으로 수용한 이런 국가와 임금의 명령을 거부했습니다. 현실적인 정치 상황에서 그들은 반역자까지는 아니라 해도 적어도 당시 정치 권력에 대해서 충신으로 보이지는 않습니다.

그러므로 아무리 소중한 부모가 주신 것이라고는 하지만 겨우 머리칼을 지키는 것이 효도이기 때문에 국가의 명령이라도 거부한다고 주장하고, 이를 끝끝내 포기하지 않은 그 많은 선비들의 행동은 참으로 이해하기 어려운 것입니다. 그러나 사실 더 이해하기 어려운 일은 이처럼 효도 지상주의자 같은 그들이, 어떻게 망국의 상황에서는 머리칼보다 비교할 수 없을 만큼 더 소중한 목숨은 도리어 초개草芥처럼 내던지는 행동을 할 수 있었을까 하는 것입니다.

아시나요? 단발령을 주도한 개화파 가운데는 국권 침탈의 시기에 항일 의병 활동을 한 사람들이 거의 없었습니다. 오히려 친일의 길을 걸은 자들도 많았지요. 반대로 목숨을 내놓고 의병 활동을 한 분들은 대부분 단발령을 거부한 선비들이었고, 망국 후에는 망명을 하면서 독립에 헌신했습니다. 정말 이해하기 힘든 일이 아니겠습니까?

몸에 상처 한 번 나지 않는 삶이 가능한가?

그러면 단발령을 거부한 선비들의 주장은 도대체 어떤 정신에 근거한 것인가요? 아마 대부분의 사람들은 이미 그 주장의 근거가 된 한문 구절에 매우 익숙할 것입니다. 그것은 《효경孝經》에 나오는 공자의 말에 근거한 것입니다.

> 사람의 신체와 터럭과 피부는 모두 부모에게서 받은 것이니, 감히 헐거나 상처내지 않는 것이 효도의 시작이다.
> 身體髮膚 受之父母 不敢毀傷 孝之始也.

이 말은 본래 사서의 하나인 《대학》의 저자이면서 유명한 효자로 알려진 증자曾子에게 공자가 한 말입니다. 증자의 아버지인 증점曾點도 공자의 제자입니다. 증자는 통칭 삼천 제자라고 하는 공자의 많은 제자 가운데 비교적 어린 제자에 속하였을 뿐 아니라, 공자가 '노둔하다'고 평가할 만큼 총명하지도 못한 제자였습니다.

다만 그는 "다른 사람들이 한 번에 할 수 있는 일을 나는 백 번 해서 할 수 있고, 다른 사람들이 열 번에 할 수 있는 일을 나는 천 번 해서 겨우 할 수 있었다. 그러나 할 수 있게 되면 같은 것이다(人一能之 己百之 人十能之 己千之 及其能則一也)."라고 할 정도의 노력파였습니다. 재능은 부족하지만 거기에 좌절하지 않는 노력파인 어린 제자에게 처음으로 가르친 공자의 이 말은 어찌 보면 참으로 평범한 것이었습니다. 아니 이 말 뒤에 이어지는 다음 구절은 도리어 통속적이기까지 합니다.

> 입신출세하여 후세에 이름을 드날려서 부모를 현창함이 효도의 끝이다.
> 立身出世 揚名於後世 以顯父母 孝之終也.

물론 공자가 여기에서 말한 입신양명이 설마 오늘날 우리가 보는 현실의 모습과 같이, 수단과 방법을 가리지 않은 개인의 영달을 말한 것이겠습니까? 그러나 세속적인 모든 가치를 부정하는 노장사상을 가진 사람은 말할 것도 없거니와, 자신의 삶의 가치를 고상하게 갖는 선비들의 입장에서 보더라도 이 말은 너무 통속적인 가치를 담고 있는 것이 아니겠습니까?

표면적으로 보면 공자가 증자에게 말한 이 두 구절 가운데, 앞의 내용은 효도의 시작으로서는 너무나 자잘한 것이고, 뒤의 내용은 효도의 최고 경지를 의미하는 끝으로서는 너무나 통속적으로 보입니다. 아무리 공자의 교육 방식이 이른바 "그 사람의 수준에 따라 가르친다[因人施敎]."라는 것이었다 하더라도, 이 말은 증자를 너무 무시한 것으로 보이기까지 하는 것이 사실입니다.

어쨌든 증자는 이 공자의 가르침을 평생 실천하였습니다. 뒤의 구절이야 적어도 증자의 입장에서는 증자의 노력만으로 되는 것이 아니고 세상의 여건에 따라 달라지는 것이지만, 결과적으로 보면 세속적인 입신양명에서는 아니라 해도, 증자만큼 그 본래적 의미의 측면에서 성공한 사람도 드물 것입니다. 역대의 수많은 효자 가운데 '지극한 효자'라는 평가를 받는 것은 그만두고라도, 지금도 제가 그에 대한 글을 쓰고 있다는 것이 명백한 증거가 아니겠습니까?

특히 앞의 구절은 그가 의식적으로 노력해서 할 수 있는 일이었고, 그는 이 가르침을 글자 그대로 실천하였습니다. 물론 글자 그대로라면 첫째 구절의 실천인들 자신의 의지와 노력만으로 가능한 일이 아닐 것입니다. 터럭이야 시간이 지나면 빠지기도 하는 것이고, 몸의 상처인들 내고 싶은 사람이 누가 있겠습니까마는 살다보면 불가피하게 상처가 날 수도 있는 것입니다. 그래서 이 말은 스스로의 의지로 헐거나 상처내지 않는 것을 의미하는 것으로 이해할 수도 있고, 그것으로도 충분히 의미가 있다고 생각합니다.

그런데 믿어지지 않겠지만, 증자는 실제로 평생 단 한 번도 자신의 몸에 상처를 내지 않았습니다. 공자의 이 가르침을 실천하려고 애쓴 정도가 아니라, 실제로 그 말 그대로 실천한 것이며, 그것도 평생을 실천한 것입니다. 《논어》에 보면 증자가 임종하실 때 일화가 나옵니다. 가족과 제자들이 보는 가운데 임종을 맞은 증자가 그들에게 마지막으로 한 말이, 바로 앞의 공자의 가르침을 평생 실천한 증거를 보여 주는 것이었습니다.

증자가 위독하자 문하의 제자들을 불러서 말하기를, '내 발을 걷어 보고, 내 손을 걷어 보라. 시경에 이르기를, '언제나 전전긍긍하여, 마치 깊은 연못가를 지나듯이, 마치 얇은 얼음 위를 걷듯이 하라.' 하였는데, 내가 이제야 더 이상 내 몸을 훼상하지 않을 수 있게 되었음을 알았노라. 얘들아." 하였다[曾子有疾 召門弟子曰 啓予足 啓予手 詩云 戰戰兢兢 如臨深淵 如履薄氷 而今而後 吾知免夫 小子].

저는 아직도 이 글을 처음 읽었을 때의 당혹감을 기억합니다. "평생 자신이 한 일 가운데 남에게 말 못 할 일은 없다."라는 사마광의 글을 처음 읽었을 때의 당혹감과 비슷한 것이었습니다. 사람이 평생 자신의 몸에 단 한 번도 상처를 내지 않고 산다는 것이 가능한 것인가요? 도무지 가능할 것 같지 않다는 회의는, 이어서 그런 삶에 대한 야릇한 선망과 함께, 20대 초반의 저 자신은 이미 셀 수 없을 만큼 상처를 경험한 상황이라서, 그것은 이미 불가능한 일이 되어 버렸다는 회한과 자괴감을 금할 수 없었던 것입니다.

그러면서도 인간이란 그 자신의 삶의 어떤 모습이든 적어도 스스로에게 그것을 정당화하고 합리화하면서 자신을 납득시키지 않고는 살 수 없는 존재이기 때문에, 또 누구에게도 지고 싶어 하지 않는 드높은 자존심을 가진 우리나라 사람들의 특성을 조금이나마 가진 저였기에, 이 증자의 삶에 대한 선망과 이미 불가능이 되어 버린 저 자신에 대한 회한을 어떻게든 풀어내지 않을 수 없었습니다.

그 첫걸음은 증자의 삶에 대한 선망을 포기하는 것이었습니다. 그리고 그것은 의외로 간단한 일이었습니다. 왜냐하면 그 방법은 증자의 이런 삶의 가치를 깎아내리면 되는 것이었고, 그렇게 깎아내릴 빌미를 찾는 것은 너무나 쉬운 일이었기 때문입니다. 증자 스스로도 《시경》의 글을 인용하여 표현하였듯이 그가 전전긍긍하는 조심스러운 삶을 산 사람임을 인정한다고 해도, 바로 그 말은 그가 평생 스스로의 몸에 상처를 무릅쓰고 용기 있고 과감하게 행동을 해 본 일이 없다는 것이며, 결국 그는 한 평생 소심한 겁쟁이로 살았다는 것을 의미하는 것이 아니겠습니까?

하지 않는 것이 있는 사람만이 무엇인가를 한다

그 부럽던 증자에게서 용기 없는 겁쟁이의 모습, 스스로의 신체에 상처를 내지 않기가 마치 가장 소중한 삶의 목적인 것처럼 행동하는 좀생이의 모습을 찾아낸 저는 적이 안심하였습니다. 그래서 이미 증자와 같은 삶이 불가능해진 스스로의 삶에 대한 회한도 풀어 버리고, 제 삶이 증자에 비해 적어도 과감하고 용기 있는 삶이라는 자위를 할 수 있게 되었습니다. 여유를 찾은 저는 한걸음 더 나아가 그의 그런 삶을 그의 개성적 가치로 인정해 준다 하더라도, 저는 저의 개성적 가치를 추구하는 삶을 살면 되는 것이 아닌가 하는 마음이었지요.

그러나 우리가 살아온 시대가 그런 시대이고, 또 제가 처했던 자리가 그런 자리라서, 이런 저의 과감성과 용기는 여러 번 시험에 들 수밖에 없었습니다. 특히 80년대 초반 대학에 부임한 뒤에는 이런 시험에 수없이 들게 되었고, 그 대부분의 경우에 저는 두려움에 뒷걸음을 치거나 갖가지 회피의 변명을 찾기에 골몰하는 비겁한 스스로와 부딪쳐야 했고, 그때마다 증자에 대한 저의 변명과 자부심은 형편없이 무너져 갔습니다.

이런 자괴감을 통해서 저는 소심한 겁쟁이로 매도한 증자의 모습을 다시 돌아보기 시작하였습니다. 그리고 다시 스스로에게 물음을 던져 보았습니다. 소심한 겁쟁이인 증자와 그동안 그런 증자를 조소하면서 과감하고 용기 있게 내 몸에 상처 내기를 주저하지 않았던 제가, 만약 동시에 부모나 국가, 민족이나 인류를 위해 목숨을 내놓아야 할 상황에 함께 부딪쳤다면, 과연 누가 기꺼이 생명을 내놓을 수 있을까?

스스로에게 열 번을 물어도 저는 아닌 것 같은데, 소심한 겁쟁이인 증자는 기꺼이 생명을 내놓을 것 같았습니다. 도대체 왜 그런 것일까? 도대체 이 모순의 해답은 무엇일까? 증자는 겨우 별 가치도 없어 보이는 몸에 상처 내지 않기를 평생을 두고 실천한 것뿐인데, 그는 도리어 정말로 소중한 정의를 실천할 수 있는 힘과 용기가 있는 사람이라는 신뢰를 받는 것이고, 나는 그런 상처 내기쯤은 별 볼일 없는 사소한 것으로 치면서 굉장한 일을 할 수 있는 능력과 용기를 가진 것 같은데, 진정으로 용기를 낼 일에 대해서는 다른 사람은 물론 저 자신조차 스스로에 대한 믿음을 갖지 못하는 것일까?

오랜 자괴의 시간을 거치면서, 저는 그 해답의 실마리를 맹자에게서 찾았습니다. 맹자는 이렇게 말했습니다.

하지 않아야 할 일을 하는 일이 없고, 바라지 않아야 할 것을 바라는 일이 없는 것, 단지 이 두 가지 일뿐이다.

無爲其所不爲 無欲其所不欲 如斯而已矣.

그랬구나, 그랬구나. 나는 그동안 내가 무엇을 하고 무엇을 바라는 것에만 관심을 갖고 있었을 뿐, 무엇을 하지 말아야 하고 무엇을 바라지 말아야 하는가에 대해서는 별로 관심이 없었던 것이구나.

무엇을 하고 무엇을 바라는 것에 대한 관심은, 자연 그 무엇을 할 수 있는 능력과 무엇을 바라고 얻을 수 있는 다양한 형태의 권력에 대한 관심으로 저를 이끌어, 저로 하여금 그 조건과 힘을 얻는 것에 대한 맹목적인 집착을 갖도록 한 것이구나. 저 나름대로는 제 능력만큼의 정당한 대가를 얻으려고 하는 것이고, 이는 부끄러울 것 없는 정당한 욕망이고 행동이라고 자만했지만, 그게 아니었구나.

성현들께서 가르치신 정의로운 삶이란 '할 수 있는 일 가운데[可能之中], 마땅히 해야 할 일을 하는 것[行可當之事]'이라고 학생들에게 그럴듯하게 가르쳤지만, 나는 그 말의 진정한 의미도 제대로 모르고 떠벌인 것이구나. 할 수 있는 일인가에 대한 판단은 할 수 없는 일에 대한 판단과 반드시 함께인 것이고, 마땅히 해야 할 일의 선택은 마땅히 하지 않아야 할 일에 대한 선택과 반드시 함께라는 이 당연하고 단순한 이치조차 몰랐구나. 아니 모른 것이 아니라 내 무지와 욕심이 그것을 보지 못하게 했구나.

'무엇을 할 것인가', '무엇을 바랄 것인가'에 관심을 갖는 것을 적극적이고 능동적이고 진취적인 자세라고 부르고, '무엇을 하지 않고, 무엇을 바라지 않을 것인가'에 대한 관심은 소극적이고 수동적이고 퇴영적인 자세라고 매도하는 선전에 나도 모르게 맹목적으로 추종한 것이구나. 이 단순한 이치를 모르고 살아온 스스로에 대한 부끄러움과 회한 그리고 저를 이런 무지 속에 가두어 제 소중한 삶의 가능성을 망쳐 온 그 무엇인가에 대한 미움과 분노가 한꺼번에 파도처럼 밀려왔습니다.

감히 증자를 소심한 겁쟁이라고 치부하다니, 저는 얼마나 파렴치한 자입니까? 저를 이렇게 파렴치하게 만든 저 자신 속의 무지와 탐욕은 또 얼마나 가증스러운 것입니까? 그런 저의 부끄러운 모습을 별로 부끄럽게 여기지 않게 여길 수 있을 만큼 충분히 더러운 현실의 모습은 또 어떠하며, 그 모습을 부끄러운 것이 아니라고 갖가지로 합리화해 주는 이론들은 또 왜 그리 많은 것입니까?

솔직하게 말하면 저는 아직도 저의 부끄러움을 가려 주는 현실 속에 더러운 모습들이나 저를 합리화해 주는 갖가지 이론들에서 편안함과 위안을 얻는 것을 단호하게 중지할 만한 용기가 없습니다. 그래도 적어도 한 가지, 저 위대한 증자에 대한 터무니없는 경멸을 중지하고, 진정으로 그를 배우고 싶다는 바람만은 잃어버리지 않기를 다짐해 봅니다. 그 바람 속에서 그동안 증자가 속삭여 주신 몇 마디의 말씀들은 이런 것입니다.

* 어떤 경우에도 절대로 하지 않는 것이 있는 사람이라야, 진정으로 소중한 어떤 일을 할 수 있는 사람이다.

* 무슨 짓인들 못 할 일이 없다고 말하는 사람은 진정으로 소중한 일은 아무 것도 할 수 없는 사람이다.

* 하지 않는 일이 점점 더 많아지는 사람이 성장하는 인간이다.

* 세상에서 별로 문제 삼지 않는 자잘한 행동까지도 스스로의 판단과 선택으로 차마 하지 못하는 사람이 아름다운 사람이다.

* 하지 않아야 할 작은 일을 작게 여겨서 함부로 하는 사람은 점점 더 함부로 하는 일이 많아지고 커져서 결국은 못 할 짓이 없게 되기 쉽다.

* 많은 일을 할 수 있는 능력이 있으니 기회를 달라고 주장하는 사람은 많은 약속을 쉽게 하는 사람이 지킬 의지가 없는 것과 같아서, 대체로 그 기회가 주는 권력에 집착하여 이를 얻고자 하는 것이다. 그 기회가 주어지기 전에도 그리고 그 기회가 주어지지 않은 뒤에도 그가 있었던 자리와 그가 있는 자리에서 그 능력을 세상을 위해 사용하는 사람만이 신뢰할 수 있는 사람이다.

* 사회적 지도자를 선택할 때, 무엇을 할 수 있는 사람인가를 따지기 전에 먼저 그가 어떤 일을 하지 않은 사람인가를 보아야 한다.

사족 1 위의 *표한 말들은 한번 읽으신 뒤에 모두 잊어 주시기 바랍니다. 제가 좋아하는 성경 구절 가운데 하나가 "다른 사람을 판단하는 죄악에 빠지지 말라."라는 것인데, 또 이 교훈을 잊고 사람에 대한 판단을 제멋대로 내린 것 같습니다. 역시 중자의 속삭임이 아닌 제 미숙한 인격의 울림이었나 봅니다. 타인을 심판하고자 하는 이 끈질긴 시선을 멈추고, 그 방향을 자신에 대한 반성으로 돌리는 것은 참으로 어려운 일인 것 같습니다.

사족 2 단발령을 거부한 그 정신을 이해해 주시겠습니까? 지난 세기 우리들은 별것 아니라고 생각한 머리카락을 가볍게 여겨, 점점 더 더 소중한 것들까지 마구 내던져 왔고, 그 결과 우리가 어떤 것들을 상실했는가를 생각하면 참혹하다는 느낌을 금할 수 없게 됩니다.

사족 3 자신의 몸에 상처를 내는 것이 어떤 의미를 갖는 것인가요? 아마 자식을 두어 본 사람, 그 자식의 몸에 난 상처를 바라본 사람은 모두 알 것입니다. 정말 하고 싶지 않은 말이지만, 부모를 버린 사람은 버리지 못할 것이 없습니다. 불효자는 믿을 수 없습니다.

■
■
■

부자유친, 조건 없는 사랑의 힘

오륜五輪과 오륜五倫

처음 컴퓨터를 사용해서 글을 쓰기 시작할 때였습니다. 오륜을 한자로 변환하려고 했는데, 처음 나온 것은 오륜五倫이 아니라 오륜五輪이었습니다. 유학을 공부한 저로서는 오륜五輪에서 오륜五倫으로 커서를 옮겨야 하는 그 순간의 당혹스러움을 어떻게 감당해야 좋을지 몰랐습니다. 그것은 아마 제가 제 자신도 모르는 사이에 시대에 뒤쳐진 존재가 되었다는 두려움이기도 하고, 우리 시대가 유학을 어떻게 생각하는가에 대한 새삼스러운 확인에서 오는 자괴감이기도 하였습니다.

"하늘과 땅 사이에 있는 만물 가운데 오직 사람이 가장 귀하다[天地之間 萬

物之中 惟人最貴]." 전통 시대 초학 교재인 《동몽선습童蒙先習》의 첫 구절입니다. 이 인간 존엄성에 대한 선언은 바로 다음과 같은 구절로 이어집니다.

> 사람을 가장 귀하게 여기는 이유는 사람에게는 오륜이 있기 때문이다.
> 所貴乎人者 以其有五倫也.

적어도 오륜五倫은 전통 사회에서는 처음 공부를 시작하는 아이들조차 인간 자존과 존엄성의 징표임을 알았는데, 이 시대의 우리들은 올림픽을 상징하는 부호인 오륜五輪보다 가볍게 여기고 있는 것이 분명한 현실입니다. 물론 인간의 전 역사를 통해서 각각의 시대는 그 시대가 소중하게 생각하는 가치들이 있습니다. 전통적 표현을 빌리면 시대가 숭상하는 가치라는 의미의 '시상時尙'이라는 표현을 씁니다. 오륜五倫보다는 오륜五輪이 시상이기 때문이라고 자위해 봅니다.

이처럼 지금 시대에는 시상이 되지 못하는 오륜五倫은 대략 오천 년쯤 전에 형성된 개념입니다. 처음에는 오전五典, 오교五教, 오서五敍, 오상五常 등으로 불렸는데, 맹자에 이르러 '사람이 지켜야 할 다섯 가지 윤리'라는 이름의 오륜五倫으로 정착하였습니다. 그것은 주로 인간이 농업 생산을 기반으로 한 정착 사회를 형성한 뒤에, 오랜 기간 하나의 공동체를 건강하게 유지하며 살아야 할 필요성이 대두되었고, 그런 요청에 따라 형성된 대표적인 사회 규범이었습니다.

물론 이 오륜의 규범들이 모두 같은 시대에 만들어진 것은 아닙니다. 왜냐하면 오륜에서 언급한 다섯 가지 인간관계는 이때 처음 형성된 것이 아니고, 비록 성격이 다르고 관계의 중요성이 달랐다 해도 이미 인류 초창기부터 존재하는 것이었기 때문입니다. 부모와 자식, 개인과 사회, 남편과 아내, 어른과 젊은이, 친구 사이라는 관계는 시공을 초월한 보편적인 인간관계이기 때문에, 《중용》에서는 이것을 '다섯 가지의 보편적인 인간관계'라는 의미에서 오달도五達道라고 부른 것입니다.

물론 인간은 훨씬 다양한 인간관계를 맺고 살아갑니다. 더욱이 현대에 와서 인간이 맺게 되는 사회적 관계는 과거에 비할 수 없을 만큼 다양해지고 복잡해졌습니다. 그리고 이런 복잡한 인간관계 속에서 오륜이라는 인간관계의 상대적 비중은 과거에 비해 크게 준 것이 사실입니다. 저는 여러분들이 대체로 그렇게 느끼고 공감하실 것이기에 '사실'이라고 말씀드렸지만, 과연 사실일까요?

인륜人倫과 천륜天倫

인간이 존엄한 존재라는 의식은 동아시아에서 꽤 오래된 정신인데, 의외로 대부분의 사람들은 이것을 근대 서구적 가치로 이해하는 것 같습니다. 그것은 아마 인간의 존엄성을 윤리보다는 개인의 자유와 평등의 관점에서 생각하기 때문이 아닌가 합니다. 근대 개인주의의 소산이겠지요. 물론 이런 개인의 자유와 평등의 가치가 소중하다는 것은 우리 시대의 사상이기도 한 것이기 때문에, 사람들 사이에 어떤 인간관계와 거기에서 요구되는 윤리적 가치라 하더라도 이 사상을 부정하는 것은 옳지 않다고 봅니다.

예를 들어 자신의 생명을 해치고 존엄성을 해치는 사람에 대해서 그와 맺은 인간관계나 윤리의 이름을 빌려, 그런 관계를 여전히 강제하거나 부당한 행위를 정당화하는 것은 역시 옳은 것이 아닙니다. 왜냐하면 우리가 살아가면서 맺는 대부분의 인간관계는 상호 선택적인 것이고, 그런 인간관계에서 윤리는 쌍무적인 것이어서 일방적인 희생이나 책무가 정의로울 수 없기 때문입니다. 문제는 인간이 맺는 관계 가운데는 개인적 선택의 여지가 없는 경우가 있다는 것입니다.

부부나 친구나 장유의 관계는 개인의 자유로운 선택과 거절이 상대적으로 쉽습니다. 물론 과거의 여성들에게는 부부 인연의 선택과 거절이 쉽지 않았지만, 그래도 전혀 불가능한 것은 아니었습니다. 이런 관계에서 관계 자체를 유지하는 것이 서로에게 불행일 때는 그 관계를 끊는 것이 좋고, 한쪽의 일방적인 희생을 요구하는 경우에도 희생을 강요받는 쪽에서 시도하는 관계의 단절이 비난받을 일은 아닙니다.

개인과 국가 사회는 어떨까요? 과거에는 개인의 국가에 대한 관계 단절이 거의 불가능했습니다. 사실 《시경》이나 《맹자》를 보면 우리들의 선입관과 달리 고대 사회에서는 개인에게 국가 선택의 자유가 있는 경우도 많았습니다. 본래부터 정착한 백성을 민民이라 하고, 이주해 온 백성을 맹氓이라 부를 정도로, 백성들의 이주 자유권이 있었던 것입니다. 그것이 전제 군권 국가가 된 뒤에는 반역이라는 큰 죄가 되어 버려, 국가에 대한 무조건적인 복속을 강요했던 것입니다. 그런 면에서 오늘날 이민 등을 통해 개인의 국가 선택권이 어느 정도 인정된 것은 인간 권리의 증진이라는 측면에서 보면 큰 진보라고 할 수 있겠습니다.

오륜 가운데 개인의 선택과 거절이라는 자유에서 가장 어려운 것은 바로 부모와 자식의 관계입니다. 특히 자식에게는 출생 자체부터 선택권도 거절권도 존재하지 않습니다. 사람은 대체로 혼인을 선택할 수도 거절할 수도 있고, 자식을 갖는 선택을 할 수도 있고 포기할 수도 있습니다. 모두가 누군가의 자식이지만, 모두가 누군가의 부모는 아닌 이유입니다. 오직 자식에게는 부모를 선택할 권리도 거절할 권리도 없습니다.

누군가가 자식을 갖고자 하는 선택을 하고 그 선택이 결실을 맺어 자식이 태어났을 때, 그들은 비로소 부모가 됩니다. 그러나 그가 부모가 되는 것은 그의 선택만으로 이루어지는 것은 아니며, 더욱이 어떤 자식의 부모가 되느냐는 더욱 그들의 선택과는 관계가 없습니다. 그래서 부모 자식의 관계를 하늘이 맺어 주는 관계라는 의미로 천륜天倫이라고 합니다. 이 관계로부터 장유 관계長幼關係의 특수한 예이면서 가장 중요한 관계인 형제자매兄弟姉妹도 천륜이 됩니다. 형제자매는 오직 부모를 통해서만 관계를 맺을 수가 있습니다. 부모와 자식이 일촌一寸이라면, 형제자매가 이촌二寸인 이유입니다.

가장 큰 불의不義, 불효不孝

인간이 자유로 선택하는 인륜人倫과 하늘이 운명으로 맺어 주는 천륜天倫 가운데 어느 쪽이 더 중요할까요? 전통 사회에서는 대체로 천륜인 부모와 자식의 관계를 가장 중시하였습니다. 부자유친父子有親이 오륜의 으뜸으로 꼽힌 이유입니다. 오늘날에 와서는 부모와 자식의 관계보다 부부의 관계를 더 중시하는 사회가 되었지만, 그것은 아마 주어진 운명보다 개인의 선택을 더 중시하는 시대적 흐름을 반영하고 있는 것 같습니다. 역시 앞에서 말한 시상時尙이겠지요.

그래도 저는 이 글에서 전통적인 순서에 따라 먼저 부모와 자식의 관계에 대한 얘기를 하고자 합니다. 그것은 사실 지난 몇 달간 우리를 가슴 아프게 만들었던 세월호의 비극을 보면서, 다시 한 번 부모와 자식의 관계를 돌아볼 수 있었기 때문입니다. 이 사건은 비극적인 재난에서 시작했지만, 그 과정에서 드러난 것은 책임 회피의의 관료주의, 고질적인 부패 유착 구조, 종교 재벌의 백화점식 비리 경영, 무능한 정부의 대중주의적 처리 관행 등 우리 사회에 만연한 불의不義의 양상이었고, 이런 현상의 본질에는 교황께서 지적한 대로 고통받는 사회적 약자를 돌아보지 않는 사회 정의의 파탄 상황이 있었습니다.

나름대로 정의가 강물처럼 도도하게 흐르는 사회를 꿈꾸며 살아온 저로서는 교황의 말씀에 십분 공감하면서도 한편으로는 부끄럽기 짝이 없었습니다. 수백 명의 희생자를 내고도 바뀌지 않아 교황의 충고를 들어야 하고, 그 충고를 듣고도 부끄럽게 여기지 않는 이 파렴치한 불의의 상황은 도대체 어디에서 온 것일까요? 저는 정말 이상하게 들릴지 모르겠지만, 자식들의 불효에 가장 큰 원인이 있다고 생각합니다.

우리는 정의를 말할 때는 대개 사회의 정의를 전제하고, 이 경우 암묵적으로 가족은 사회 정의의 영역에서 제외하는 경우가 있습니다. 그러나 정의의 기초가 '주고받기의 공평함'에 있다고 인정한다면, 가장 넓고 큰 불의는 바로 가족, 그것도 부모와 자식의 관계 속에 있습니다. 이 세상의 모든 자식들은 대부분 그 부모를 향해서는 정의를 말할 자격이 없습니다. 대부분의 자식들은 자신들이 그 관계를 선택하지 않았다는 이유로, 적어도 성인이 될 때까지 부모에 대해 오로지 권리를 주장할 뿐, 거의 어떤 의무도 지지 않으려고 합니다.

역으로 대부분의 부모들은 그의 자식들에게 정의롭지 않은 사람이 드뭅니다. 설혹 세상에서 정의롭지 못하다는 지탄을 받는 사람들이라도 마찬가지입니다. 누군가의 부모로서 그들은 적어도 자식들에게는 정의롭습니다. 유학에서는 이것을 두고 "하늘 아래 옳지 않은 부모는 없다[天下無不是底父母]."라고 합니다. 주자의 선생님의 선생님뻘이 되는 나종언羅從彦이라는 분의 말입니다.

상식적으로 맞지 않는 말이겠지요. 아니 아마 우리 시대의 경험들이 이 말이 옳지 않다는 것을 보여 주고 있으며, 자신이 부모답지 않은 부모 때문에 고통받은 자식이라고 항변할 사람도 많을 것입니다. 사실 공자도 난세亂世를 걱정하시면서 부모다운 부모를 강조하셨으니, 그 당시에 부모답지 못한 부모가 없었다면 이런 말씀을 하셨을 리가 없습니다.

짐승들조차 그런 경우가 많지 않은, 부모답지 못한 부모가 생긴 이유는 무엇일까요? 제 경험에 비추어 보면 그것은 두 가지 이유가 있는 것 같습니다. 첫째는 내면에 숨은 자신의 욕망 때문에 대리 만족을 위해 과도한 기대로 자식을 괴롭히는 경우입니다. 둘째는 더욱 비극적인 것인데, 약육강식의 정글과 같은 사회에서 받은 영혼의 상처로 인해 자식을 잠시 약자로 착각한 경우일 것입니다. 두 번째 경우의 대표적인 예들이 왕조 시대에 권력의 유지를 위해 자식을 죽이는 것입니다.

그러나 이런 특수한 상황을 모두 인정한다고 해도 저는 여전히 자식들의 불효가 이 시대에도 여전히 가장 큰 불의라고 생각합니다. 전통 시대에 초급 교재 가운데 시를 배우는 《추구推句》라는 교재가 있습니다. 《천자문》과 《사자소학》을 배우고 이어 《동몽선습》과 《계몽편》을 배운 뒤에, 아이들에게 시를 가르치는 교재로 쓰이는 책입니다. 거기에 나오는 글입니다.

부모는 천 년 장수를 누리시고   父母千年壽
자손은 만세토록 영화를 누린다   子孫萬世榮

별로 흥미를 끌 내용이 없지요. 저도 처음에는 무심하게 읽었습니다. 아니 정직하게 말하면 세속적인 가치의 상징인 장수長壽와 부귀영화富貴榮華를 누리는 내용이라서, 정의로운 체 하는 제 입맛에 맞지 않았습니다. 거기에 나오는 다른 멋진 구절들과 고상한 구절들과 어울리지 않는 것 같았지요. 아이들에게 가르치고 싶지 않았습니다. 여러분들의 입맛에는 맞는지요?

그러다가 한참 뒤에야 이 글은 주어가 따로 있고, 동사가 생략된 문장이라는 것을 알아챘습니다. 이 시는 본래 이런 문장입니다.

자식은 부모께서 천 년 장수하시기를 바라고   子願父母千年壽
부모는 자손들이 만세토록 영화롭기를 바란다   父願子孫萬世榮

이 글은 부모에 대한 자식들의 소원과 자손들에 대한 부모의 소원을 노래한 것입니다. '간절한 소원'이란 말이 있지요. 자식과 부모 둘의 소원 가운데 어디에 붙여야 이 말이 적절한 수식어가 될 수 있을까요? 낳아 주고 길러 주고 돌봐 주고 가르쳐 준 사랑의 실천 뒤에 있는, 자식들이 잘되고 영화롭기를 바라는 부모의 그 간절한 소원에 비해, 자식들의 부모에 대한 하찮은 보답 뒤에 있는, 정말 하찮은 부모에 대한 소원은 얼마나 정의롭지 못한 것일까요?

조상弔喪을 다니다가 당혹스러웠던 경험은 호상好喪이라는 말이었습니다. 호상이 있나요? 특히 돌아가신 분들의 자식들에게 호상이 정말 있나요? 모든 죽음과 상사는 나쁜 일입니다. 평생 거문고 연주에 맞춰 노래를 즐기신 공자께서 연주를 멈추고 노래를 부르시지 않은 것은 조상弔喪을 한 날이었다고 합니다.

그 중에서도 가장 나쁜 것은, 입에 올리기도 두려운 말, 자식들의 죽음입니다. 조상이라는 말은 본래 슬픈 상사喪事를 당한 가족을 위로한다는 의미인데, 이런 경우는 위로 자체가 불가능합니다. 오죽하면 옛날 분들이 가장 나쁜 죄인 불효 가운데서도, 자식이 먼저 죽는 것이 가장 큰 불효라고 했겠습니까?

부자유친父子有親, 그래도 살 만한 세상을 만드는 힘의 근원

모든 자식들은 적어도 그 부모에게 정의로울 수가 없습니다. 그러므로 이 세상에는 자식들에게 옳지 않은 부모는 없습니다. 자식들은 사회에 나가서 비로소, 아니 나가기 이전에 이미 알게 됩니다. 다른 형제자매에 대한 부모님의 편애나 다른 친구 부모와의 비교 때문에 부모님에게 받은 상처나 아쉬움은 정말 아무 것도 아니었다는 것을 말입니다.

부모님이 주시던 무조건은커녕 내가 준 것만큼조차 돌려주는 정의로운 사람이 별로 없으며, 내게 무엇인가를 주는 사람들은 반드시 그 이상의 대가를 정의라는 이름으로 요구한다는 것을 말입니다. 아무도 부모처럼 주기만 하는 사람은 없습니다. 아니 대개는 주는 것 없이 빼앗아 가려는 사람들로 가득 차 있습니다.

보통 사람들은 이때쯤 철이 들어 부모의 고마움을 새삼 느끼게 됩니다. 그래도 삶은 그 은혜에 보답하며 살기에 너무 빡빡해지고, 간혹 여유가 생길 때쯤은 이미 보답을 받으실 부모가 생전에 계시지 않기도 합니다. 풍수지탄風樹之嘆이라는 말입니다. 어찌 되었건 자식들은 본래부터 부모에게 정의로울 수 없습니다. 그래도 맹자가 말씀하시기를 정의롭게 살고자 하는 것은 인간의 본성이라고 하셨으니, 자식들도 부모에게 받은 것에 대해 최대한 보답을 하고자 할 것입니다. 얼마나 갚아야 할까요?

저는 앞에서 말씀드린 《추구》의 시 구절에 근거하여, 삼백 분의 일을 갚을 것을 제안합니다. 자식들이 부모에게 바란 장수의 햇수는 천 년千年입니다. 이에 비해 부모가 자손들의 영화를 누리기를 바란 햇수는 만세萬世입니다. 만세에는 이 한자어 말고 만세萬歲라는 것이 있는데, 세월歲月의 세歲 자를 씁니다. 이것은 봉건 시대에 신하들이 임금에게 장수하기를 축원한 표현에서 온 것인데, 일만 년으로 오랜 시간을 표현합니다. 삼일 운동 때 대한의 독립이 만세토록 이어지기를 바랐던 우리의 선조들께서 가장 많이 쓰신 표현입니다.

이에 비해 세世라는 한자는 30년을 가리키는 한자입니다. 아니 세世는 본래가 십+이라는 한자를 세 개 모아서 만든 삼십이라는 의미의 한자로, 대개 인간 사회에서 30년이 한 세대이기 때문에 세대世代를 표현하는 글자로 쓰이게 된 것입니다. 그러므로 만세萬世는 삼십만 년입니다. 천 년과 삼십만 년, 바로 그 차이가 부모와 자식이 서로에 대해 갖는 소망의 차이이니, 보답하는 실천도 삼백 분의 일이 적당하지 않겠습니까? 그 소망이 얼마나 간절한가 하는 진심의 농도는 빼고도 말입니다.

세상의 부모님들이 그 자식들에게 하는 것의 만 분의 일은커녕, 이름만 백성의 부모라고 하면서 도리어 그 백성들을 착취하고 터무니없는 명목으로 유린하던 봉건 시대의 지배자들이, 글자는 달라도 감히 백성들에게 만세萬歲를 강요한 것에 비하면 적당하고도 적당한 일이라고 생각합니다. 지금인들 크게 다르겠습니까? 백성의 부모라는 가식적인 이름마저 내던진 현실에서야 아마 더할지도 모릅니다. 그래서 우리는 이제 그들에게 부모의 역할이 아니라, 단지 우리가 내는 세금과 온갖 국민의 의무에 대한 당연한 권리인 정의를 지도자에게 요구할 따름입니다.

그러므로 세월호에서 자식이 아닌 부모나 다른 가족을 잃으신 분들은 여러분들의 분노와 슬픔이 자식을 잃은 분들만큼 크고 적극적이지 않은 것에 대해 그분들에게 너무 미안해하거나 세상 사람들에 대해 무안해하지 마시기를 진심으로 바랍니다. 여러분의 슬픔과 분노는 그분들의 삼백 분의 일로 충분합니다. 그것이 사람입니다. 그러나 동시에 간절히 바라건대 자식을 잃은 분들의 슬픔과 아픔이 여러분들의 삼백 배쯤 되는 것이 너무나 당연한 것임을 꼭 인정해 주시기 바랍니다.

다시 우리 사회에서 함께 살아가는 분들에게 간곡히 당부를 드립니다. 예전에 부모를 죽인 자를 불구대천의 원수라고 했습니다. 같은 하늘을 함께 머리에 두고 살아갈 수 없는 존재라는 뜻입니다. 부모 마음의 삼백 분의 일을 가진 자식도 그 부모를 죽인 자에 대한 원한이 이런 것인데, 그 삼백 배의 마음을 가진 부모님들이 자식을 죽인 자들에 대한 원한과 분노와 슬픔의 크기는 도대체 얼마이겠습니까? 그분들의 행동과 요구는 누구도 감히 너무한다는 말로 재단할 수 있는 것이 아니라, 정말로 가까스로 이성을 찾아서 하는 최소한의 행동이며 요구입니다.

정의正義를 포함해서 이 세상을 그래도 살 만한 세상으로 만드는 모든 힘의 대부분은 부모에게서 나오며, 아주 작은 나머지는 그 부모의 자식 사랑을 흉내 내는 거룩한 분들의 사람에 대한 조건 없는 사랑의 실천에서 오는 것이라고 생각합니다. 이것이 오륜의 으뜸, 자식에 대한 내 몸 같은 사랑 아니 내 몸보다 더한 사랑, 부자유친父子有親입니다. 이것을 가로막고 거부하는 모든 행동들이 불의, 남의 것을 훔치고 빼앗고 속이는 불의와 함께 모두가 함께 싸워서 반드시 극복해야 할 가장 큰 불의라고 생각합니다.

차마 말씀드리지 못한 것은 삼백 분의 일의 보답조차 거부하고 도리어 배은망덕背恩忘德 하는 것인데, 이것은 불효不孝라는 말도 아까워 그냥 말하지 않으려 합니다. 그나마 제 부족하고 못난 삶에서 부모로서 삼백 배의 실천과 자식으로서 삼백 분의 일의 보답을 열심히 할 것을 새삼 다짐하며, 여러분들도 함께 해 주실 것을 진심을 다해 기원해 봅니다. 제 부족한 글과 작은 눈물을 자식을 잃은 모든 부모님들에게 위로의 징표로 바칩니다.

인욕 개방의 시대와 부부유별

인욕 개방의 시대, 즐거움을 찾아서

우리가 사는 이 시대를 후세에서 어떻게 이해할지 모르겠습니다. 아마 이 시대가 보여 주는 다양한 특성 때문에 한 가지로 규정하기는 어렵겠지요. 그래도 제 생각에 이 시대의 특징 가운데 하나는 인간의 다양한 욕망에 대해 대단히 관용적인 모습을 보여 주는 것이 아닌가 합니다. 전에 저의 은사님께서 이 시대를 '인욕 개방의 시대'라고 하시던 말씀이 떠오릅니다. 그것은 "21세기의 이데올로기는 즐거움이다."라고 한 어느 선배의 말과도 같은 의미이겠지요.

물론 동서와 고금과 귀천을 막론하고 누군들 욕망이 없겠으며, 누군들 욕망의 충족을 통한 쾌락의 유혹을 받지 않겠습니까? 다만 예전에는 군주를 위시한 몇몇 사람만이 이런 능력이 있었던 것에 비하면, 지금은 참으로 많은 사람들에게 다양한 욕망의 충족이 가능한 시대가 되었습니다. 인욕의 개방을 통해서 얻게 된 축복이고, 그런 면에서 이 시대는 과거보다 분명히 좋은 세상이라고 생각합니다.

이런 인욕 개방과 즐거움을 추구하는 시대에서는, 다른 사람에게 누가 더 즐거움을 주는가 하는 것이 능력을 평가하는 기준이 되기 때문에, 자연스럽게 다른 사람들을 즐겁게 만들 수 있는 기술을 개발한 사람들은 큰 부를 축적할 수 있게 되었습니다. 그것은 현대에는 즐거움을 줄 수 있는 사람들이 모든 인간관계에서 강자가 된다는 의미입니다. '신지식인', '창조적 지식인' 등 온갖 그럴듯한 이름으로 치장하더라도, 그 본질은 가능한 한 많은 사람에게 즐거움을 제공하는 기술과 능력을 지닌 사람이라는 것이지요. 거기에 금력金力이 가세하면 가공할 강자가 됩니다.

다만 예전이든 지금이든 변하지 않는 현실의 모습이 있습니다. 그것은 어떤 성격의 강자이든 강자는 언제나 약자들에게 정의 이상의 대가를 요구한다는 것입니다. 즐거움을 제공받는 사람들은 정당한 그리고 적절한 대가만 지불하기를 바라지만, 즐거움을 얻으려는 사람은 많고 줄 수 있는 사람은 적을 경우에 이런 희망은 헛된 것입니다. 상습적인 착취가 일어날 수밖에 없습니다.

그런 상황을 모면하려면 옛날 현인들이 말씀하신 욕망의 절제가 좋은 방법이지만, 이미 그 즐거움을 맛본 사람에게 절제가 쉽겠습니까? 게다가 강자들은 경쟁을 통해서 보다 더 '즐거운 기술과 능력'을 끊임없이 개발하여 제공합니다. 당해 낼 재주가 없지요. 국민이 주인이라는 민주주의 사회에서 주인은커녕 점차 소외를 당해, "굿이나 보고 떡이나 얻어먹는다."라는 옛 속담이 딱 맞는 신세가 됩니다.

맹자는 "임금의 잘못된 욕망을 키우는 신하보다도, 임금의 새로운 욕망을 도출하는 신하의 죄가 크다."라고 하였습니다. 만약 우리 시대에 자신도 몰랐던 욕망을 끄집어내서 충족하도록 만들어 주는 사람이 있다면, 그는 간신奸臣이 아니라 가장 창조적인 지식인이 되어 엄청난 부와 명예를 얻게 될 것입니다. 군주 본인도 몰랐던 즐거움을 끄집어내어 충족하도록 이끄는 자는 가장 간악한 간신인데, 우리 자신도 몰랐던 욕망을 끄집어내어 충족하도록 하는 사람은 모두가 부러워하는 인재가 되고 기업은 재벌이 됩니다.

욕망의 심리학을 이용한 온갖 광고들은 모두 우리가 몰랐던 욕망이 무엇이고, 그것을 자신들의 상품이 가장 잘 충족시켜 준다고 소리치고 있습니다. 거리마다 넘쳐 나는 광고와 네온사인들은 우리들을 오직 욕망의 구매자로 삼아 반짝이고, 우리는 기꺼이 그 유혹에 몸을 맡겨 상품을 구매합니다. 행복하신가요? 안녕하신가요?

무엇이 문제일까요? 우리를 즐겁게 만들어 주는 능력을 가진 사람들이 부와 명성을 얻는 것이 문제일까요? 우리들이 그런 즐거움을 찾아서 누리고자 하는 것이 잘못일까요? 봉건 시대의 간신들이 문제라는 것은 누구나 아는 사실이었습니다. 심지어는 간신 자신들도 자신들의 죄를 알았지요. 지금 우리 시대에 욕망을 조장하고 심지어 도출하는 사람들이 문제라는 것은 아무도 모르는 것 같습니다. 심지어 그 본인들과 우리 사회의 지도자라는 사람들조차 모르는 것 같습니다.

봉건 시대 간신들의 문제는 임금의 욕망에 영합하거나 새로운 욕망 충족을 도출한다는 것 자체에 있는 것이 아닙니다. 간신들의 문제는 군주를 탐락에 빠지게 하여 군주의 책무를 수행하지 못하게 만들고 나아가 그 즐거움의 노예가 되게 하고 결국에는 간신 자신의 꼭두각시로 만드는 데 있습니다. 군주를 우리로 바꾸고 간신을 기업이나 신지식인으로 바꾸어 보시기 바랍니다. 무슨 차이가 있을까요? 욕망 개방의 우리 시대가 받는 업보입니다.

업보는 이것만이 아닙니다. 이런 욕망 개방의 시대가 갖는 가장 큰 문제는 우리로 하여금 이 즐거움의 제공자와 소비자의 관계 이외의 모든 다른 인간관계를 파괴한다는 것입니다. 아니 모든 인간관계를 이 소비자의 입장을 통해서만 의미가 있는 것처럼 세뇌하고 강요한다는 것입니다. 불행하게도 이런 인간관계 가운데 가장 큰 타격을 받은 것은 남녀 관계와 부부 관계가 아닌가 합니다.

생존生存과 생식生殖을 위한 만남

인류의 역사는 이백만 년 정도라고 합니다. 유한한 생명체인 인류가 그만한 역사를 갖고 존속할 수 있었던 것은 다른 대부분의 생명체들과 같이 양성兩性이 결합하는 생식을 통해서입니다. 그러므로 인간의 남녀男女는 조류鳥類의 자웅雌雄이나 육지 동물의 빈모牝牡와 같이 암수라는 성적인 존재성을 표현하는 개념입니다.

초기의 인류가 처음부터 《시경》에 나오는 저구睢鳩 새처럼 일부일처의 모습을 가졌는지, 아니면 그냥 스쳐 가는 이성과의 관계를 통해 자손을 이어 갔는지는 알 수 없습니다. 제 추측으로는 그것은 아마 그들의 생존 조건에 따라 결정되었을 것이라고 생각합니다. 생식 이전에 생존이 더욱 필수적인 문제였을 것이기 때문입니다.

여러분도 무더운 여름을 피해 바닷가로 휴가를 다녀오신 일이 있으신지요. 우리 사회에 여름휴가가 일반화되던 시기에 청춘을 보낸 저도 간간히 여름휴가를 다녀왔습니다. 그 여름휴가를 생각하면 빠지지 않는 풍경 하나가 해변을 한가하게 나르는 갈매기들입니다. 《갈매기의 꿈》이라는 유명한 소설과 함께 말입니다.

한참 뒤에야 철이 들어 저는 한가한 갈매기는 없다는 것을 알았습니다. 한가하게 휴가를 즐기는 것은 우리 인간이지 갈매기들은 절대로 한가하지 않았습니다. 그들의 모든 몸짓은 오로지 생존을 위한 것이며, 먹이를 찾는 일입니다. 마찬가지로 우리 인류도 초창기에는 아니 대부분의 우리는 바로 최근까지도, 오로지 생존을 위해 분투했다는 사실을 알게 되었습니다.

남성들은 수렵과 어로로, 여성들은 채취로 먹을 것을 구해 생존을 이어 왔을 것입니다. 그들이 그 결과물들을 어떻게 공유하고 분배하고 교환했는지는 알 수 없지만, 그 과정에서 제각기의 생존 기술들을 습득하고 자신의 장점으로 삼아 생존 능력을 확대했을 것입니다. 동시에 그런 생존 능력을 최대화할 수 있는 무리를 구성하여 다른 생명체들과 생존 경쟁을 하였을 것입니다.

그러나 생명체들의 또 다른 본능은 생식입니다. 저는 생존과 생식 가운데 어느 본능이 더 치열한 것인지 판단할 능력이 없습니다만, 예전 분들이 식색食色이라 하셨으니 아마 생존 본능이 더 클 것입니다. 그러나 여러분, 한 여름의 시원한 매미 소리를 들어 보셨는지요. 그것은 작은 곤충인 매미의 생존을 위해서는 미친 짓입니다. 수많은 포식자에게 자신의 위치를 노출시키는 짓이니까요. 그 미친 짓을 하는 이유는 단 하나 생식을 위해서입니다.

인류 초기의 남녀에게 만남이 생존을 위해서 유리한 조건인지는 모르겠습니다. 아마 사냥을 하는 남성들에게 사냥 능력이 없는 여성들은 짐이었을 것입니다. 거기에 아이까지 딸리면 더 말할 것도 없겠지요. 그런 여성들은 자신의 유효성을 증명하거나 독립적으로 삶을 꾸려 가야 했을 것입니다. 생존의 여력이 있으면, 남녀와 아이들이 한 무리가 되는 형태의 삶도 가능했을 것입니다.

그런 생존의 분투 속에서도 생식은 본능이었을 것입니다. 문제는 아이들인데, 그 아이들의 양육은 아마 거의 전적으로 모성에 기댔을 것입니다. 남녀와 아이들이 무리를 지어 살 경우에는 아버지들도 양육을 도왔을 것이지만, 사냥으로 살아가는 남성들은 아이들이 성장할 때까지 지속적으로 양육을 도울 수는 없었을 것이고, 당연히 아이들의 양육은 어머니의 책임이었을 것입니다.

인간은 독립적인 생활을 할 수 있는 성인이 되기까지 걸리는 시간이 가장 긴 생명체이며, 이것은 어머니들의 양육이 얼마나 어려운 과정이었는지를 보여 줍니다. 당연히 그 시대의 사회는 모성에 근거하여 유지된 모계 사회일 수밖에 없습니다. 인류의 보편적인 양상과 같이 동아시아의 고대 사회도 당연히 모계 사회였고, 그런 증거들은 여러 고전에 그대로 남아 있습니다.

은나라의 시조인 설契과 주나라의 시조인 기棄 등의 탄생 설화에 나타나는 양상은 모두 아버지를 모르고 어머니만 전해지는 당시 모계 사회에 양상을 반영한 것이며, 우리나라의 주몽이나 박혁거세 신화도 이런 양상을 배경으로 변용된 것이 아닌가 합니다. 어머니와 자식이 중심이 되어 생명을 이어 온 역사가, 이백만 년 전부터 오천년 전까지 백구십구만 오천 년, 우리 인류의 남녀 관계와 가족의 양상이었습니다.

부부의 탄생과 가족의 형성

인간이 어떻게 자신의 생존을 유지하면서 이 세계에서 주인이 되었을까요? 그것은 생존을 위한 분투 과정에서 얻은 여러 가지 성공들과 우연히 얻게 된 능력들이 합쳐진 것이 아닌가 합니다. 그 과정에서 가장 중요한 계기가 된 것은 도구를 만들고 사용할 수 있게 된 것과 불을 피우고 사용하는 법을 익힌 것이라고 합니다.

도구를 사용하기 이전 인간은 우선 도구를 사용하는 손을 자유롭게 만들어야 했습니다. 직립 보행直立步行은 위험에서 빨리 도주할 수 있는 두 앞발을 포기하는 것입니다. 더 빨리 달릴 수 있는 능력을 포기하는 대신에, 인간은 두 손을 사용하여 도구를 만들고 사용하는 것을 선택한 것입니다.

훨씬 뒤에 알게 된 것이지만, 인간은 그 대가로 다른 동물에게는 없는 척추 디스크라는 병을 얻었습니다.

도구를 만들고 사용하면서 생존 기술은 크게 발전하였습니다. 사냥은 목축으로 진보했고, 어로는 양어로 진보했고, 무엇보다 채취는 경작으로 발전하였습니다. 단순한 생존 기술은 대규모의 생산을 가능하게 하는 기술로 발전하였고, 특히 곡식을 경작하는 농업의 발전으로 인류는 이전과는 전혀 다른 삶의 조건 속으로 진입하였습니다. 이른바 인류의 일차 혁명이라는 것입니다.

농업은 인류의 삶을 근본적으로 변화시켰습니다. 그 시작은 아마 끊임없는 이동을 멈추고 정착을 하게 되었다는 점일 것입니다. 농업은 한 장소에 정착하는 사람들의 지속적인 노동력을 필요로 했고, 그렇게 모인 사람들은 사회를 조직하고 운영하는 다양한 제도와 문화를 형성하게 되었습니다. 동아시아에서 사회社會라는 말 자체가 '농업 사회의 토지신土地神을 섬기는 사당인 사社에서, 그 공동체의 문제를 논의하기 위한 모임'이란 의미에서 기원한 것을 보면, 전근대 사회까지 그리고 지금도 여전히 전해지는 우리 사회의 제도, 문물, 풍속, 문화, 규범 등은 기본적으로 이 농업 사회를 기반으로 형성된 것임을 알 수 있습니다.

국가가 형성된 것도 농업 사회를 기반으로 한 것이며, 사농공상의 사회적 분업 체계가 형성된 것도 역시 농업 사회를 기반으로 한 것이며, 법률과 윤리 도덕의 사회 규범이 형성된 것도 농업 사회를 유지, 발전시키기 위한 것이며, 언와와 문자가 만들어지고 사용된 것도 역시 농업 사회의 요구를 충족시키기 위한 것입니다. 아니 진정한 의미의 인류의 역사와 문화는 농업 사회와 함께 시작된 것으로 보아도 무방할 정도입니다.

그 어느 하나인들 수많은 성공과 실패의 역사적 경험들을 겪으면서 만들어진 것이 아니겠습니까? 그 가운데 하나가 한 남성과 한 여성을 중심으로 거기에서 낳은 아이들로 구성된 가족입니다. 일부일처제와 혈연으로 이어진 가족들이 하나의 공동체를 형성해서 공동 노동으로 의식주의 생존의 조건을 생산하고, 이를 기반으로 노인을 봉양하고 가족을 부양하는 경제 생활 공동체를 만들고, 그들이 낸 세금으로 국가를 운영하는 방식입니다.

가족은 전체 공동체의 기초이면서 가장 중요한 혈연 공동체, 지역 공동체, 생산 공동체였기 때문에 그 가족의 안정은 사회 전체의 안정을 지탱하는 축이었습니다. 심지어 대가족의 가문은 열 개만 모이면 하나의 국가가 될 만큼 큰 규모였기 때문에, 가족의 구성원과 그들의 위상은 사회적인 지지와 공인을 받아서 특별한 지위를 인정받게 됩니다. 여기에서 남녀는 부부夫婦가 됩니다.

부부는 농업 사회의 산물입니다. 특히 일부일처제는 농업 사회에서 가장 효율적인 가족 제도입니다. 동아시아 고대 사회에서 부부는 우리가 일반적으로 오해하고 있는 바와 같이 불평등한 관계는 아니었습니다. 남녀 관계에서 부부 관계가 형성되었다고 말한 《주역》은 말할 것도 없거니와, 다른 고전에서도 남녀는 물론 부부의 불평등을 옳다고 주장한 경우는 거의 없습니다.

부부유별夫婦有別, 남녀의 어울림과 주체성

농업을 중심으로 한 생산물은 식량을 해결해 줍니다. 그러나 생존의 조건은 먹는 것만이 아닙니다. 당연히 정착 생활이란 거주할 집을 짓고 관리해야 하고, 의복을 갖추어 추위와 더위에 대비해야 하고, 가족의 편리하고 건강한 살림을 위한 생활 여건을 개선해야 하고, 노인을 보호하고 아이를 기르고 병을 치료할 준비를 해야 합니다. 농업 생산은 그런 요구들을 충족시켜 줄 정도로 증가해도, 가족은 누구나 다양한 노동을 나누어 맡아야 합니다. 즉 가사家事의 분업分業이 이루어집니다.

그 가장 큰 분업의 원칙은 외부의 농업 노동은 주로 남자의 역할이고, 가내의 다른 노동은 여성이 주로 담당한다는 것입니다. 물론 중요한 노동은 공동 노동이 원칙이지만, 남녀가 갖는 노동력의 차이는 분업이 효율적임을 경험으로 알게 됩니다. 사내 남男이란 한자가 밭에서 일하는 농부를 의미하는 것을 보면 당시의 상황을 알 수 있습니다. 여성의 주 노동은 길쌈입니다.

오늘날 여성의 가사 노동이라 하면 밥을 하고 청소하고 빨래를 하는 것이 대표이지만, 예전에 이런 노동은 갓 시집온 며느리가 하는 것이었습니다. 주부는 당연히 길쌈 능력을 지녀야 하고, 아직 길쌈에 미숙한 며느리들은 가내 노동의 보조자로서 이런 일들을 하면서 점차 길쌈을 익히는 것입니다. 지금 '아내 부婦'로 읽는 이 글자는 본래는 며느리를 의미하는 글자로, 빗자루를 들고 청소하는 여인을 그리고 있습니다.

어찌되었건 노동의 효율성은 전문가의 능력을 인정하고 그 영역을 존중하며 그 노동에서의 주도권을 제공하는 것에 달렸습니다. 당연히 남성은 밖의 일인 농사에서 주도권을 행사하고, 여성은 가내의 길쌈과 가사의 주도권을 행사합니다. 이것이 전통 사회에서 부부를 내외內外라고 부르는 이유이고, 동시에 부부유별夫婦有別이라는 사회 윤리의 기원입니다. 이 분업에는 적어도 불평등과 차별은 없습니다.

별別이란 말은 오늘날에 와서 주로 차별差別과 같이 평등에 반하는 개념으로 쓰이지만, 본래의 뜻은 서로 다른 것을 칼로 잘라 나눈다는 의미입니다. 즉 분별分別과 구별區別이 글자를 만든 본의에 가깝습니다. 그것은 남녀의 차이에 근거하여 나누고 구별하는 것이지만, 사실 그러한 구별이란 이 세계의 현실적 양상 가운데 하나입니다.

맹자가 "사물들이 고르지 않은 것이 바로 사물들의 실제 양상이다[物之不齊 物之情也]."라고 한 것이 세계상의 차이를 인정한 것이라면, 이런 차이를 근거로 차별을 만들고 강화하는 사회 현실에 절망한 장자가 이를 타파하고자 '만물은 다 같다'는 만물제동萬物齊同을 주장한 것도 역시 이 세계상의 한 양상을 지적한 것입니다. 서로 다름과 같음을 공유한 개체들은 같음을 통합의 계기로 삼고 다름을 주체성의 근거로 삼는 것입니다. 헤겔이 모든 개체는 보편성과 특수성의 통일체라고 한 의미입니다. 부부유별의 윤리는 바로 이런 남녀의 어울림과 주체성이란 두 측면을 고려하여 제안된 것입니다.

문제는 삶의 현실에서 도래했습니다. 남녀가 부부로 만나 한 가정을 이루고 분업적 노동을 통해 함께 가정의 살림에 공헌할 때, 그 노동의 강도와 생산의 공헌에 있어서 차이가 발생했고, 그 차이는 부부를 대등한 관계로 만드는 것을 어렵게 만들었습니다. 즉 정의의 법칙에 어긋난다는 의식이 생겨난 것입니다. 어쨌든 농업 사회에서 현실적으로 노동 강도가 센 것은 남성의 노동이고, 그 생산의 결과가 갖는 가치의 무게도 식량이 중요했습니다.

당연히 남성들은 가정 내에서 보다 강력한 권력, 가족의 대표권, 의사 결정권, 경제권 등을 요구했습니다. 당연히 여성들은 동의하고 싶지 않았을 것입니다. 사람은 누구나 공헌할 때는 적게 하면서 그 결과를 나눌 때는 남보다 더 받으려고 하는 것이 일반적인 속성이기 때문입니다. 여성이 아니라 누군들 상대가 더 누리고 내가 덜 누리는 것을 쉽게 받아들일 수 있겠습니까?

그럼에도 여성들은 이런 주도권을 넘겨주지 않을 수 없었습니다. 왜냐하면 공헌한 것만큼의 대가를 요구하는 것은 정의이기 때문입니다. 그리고 그런 정당한 요구가 받아들여지지 않으면 그런 사회는 사회를 유지하는 정의가 사라지고 해체되기 때문입니다. 가족도 본질적으로는 마찬가지입니다. 냉정한 이 현실이 여성들에게 가부장제를 수용하지 않을 수 없게 한 것이지요.

부위부강 夫爲婦綱, 부위부강 婦爲夫綱

남편이 공헌에 대한 정당한 대가를 요구할 때, 그것이 거절되면 어떤 일이 벌어지게 될까요? 아마 여러분은 폭력으로 그런 요구를 관철하는 모습을 상상하셨을지도 모릅니다. 그러나 그런 방식은 절대로 일반적이고 지속적인 사회상이 되지 못합니다. 거기에서 벌어지는 양상은 다음과 같은 것입니다.

우선 남편은 주고받음의 정의를 내세워 자신의 노동과 공헌을 아내의 수준으로 맞춥니다. 정확하게 말하면 낮춥니다. 거기에서 비극적인 악순환이 벌어집니다. 이제 아내는 남편의 노동과 공헌이 자신의 노동과 공헌에 대등하여 정의로운 상황이라고 인식하는 것이 아니라, 남편의 노동과 공헌은 자신의 노동과 공헌보다 못하다고 생각합니다. 그 불의를 견디지 못하는 아내는 다시 자신의 노동과 공헌을 낮춥니다. 이 비극적인 악순환의 길 끝에는 무엇이 있을까요?

저는 옛날 가부장적 사회가 형성된 과정에서의 실패를 설명한 것이지만, 여러분 눈치채셨나요? 부부 사이에서 권리와 의무를 가지고 다투다가 결국은 서로 상처를 주고 헤어지는 우리 시대의 부부들이 걸어가는 길이 아닙니까? 결국 구체적인 현실에서 이루어지는 대부분의 정의에 대한 요구와 주장이란 서로 자기의 정의만을 고집하면서 상대의 정의를 존중해 주지 않는 불의일 뿐이며, 그들의 관계와 공동체를 파멸시키는 빌미일 뿐입니다.

그래서 인간관계를 유지하고 공동체를 지키는 원리는 저런 정의가 아니라 서로 양보하고 존중하고 먼저 공헌하면서 그 공헌을 내세우지 않는 미덕이어야 합니다. 지도층이란 사회에 대해서 정의가 아니라 미덕을 실천하는 사람이며, 정의는 언제나 사회적 약자들이 요구하는 하한선으로 가치가 있을 뿐입니다. 그 하한선의 정의조차 지켜지지 않는 사회는 해체를 피할 수 없는 것입니다.

부부도 마찬가지입니다. 힘을 가진 가장인 남편은 아내에게 양보하고 존중하고 먼저 공헌하면서, 그 공헌을 내세워 과도한 요구를 하거나 권력을 행사해서는 안 됩니다. 약자인 아내의 요구가 언제나 정의라고 생각해서 그 이상을 제공하도록 노력해야 합니다. 무엇이 그것을 가능하게 할까요? 그것은 정의의 구현도, 남편의 미덕도 아닙니다. 그것은 아내에 대한 사랑과 존중입니다. 이것이 삼강오륜三綱五倫의 삼강 가운데 하나인 부위부강夫爲婦綱입니다.

삼강三綱은 대표적인 봉건 윤리입니다. 그것이 봉건 윤리인 것은 남편과 아내를 수직적인 관계로 설정해서가 아닙니다. 그런 관계를 설정한 것이 봉건 사회를 유지하는 힘과 정의의 질서일지언정, 인간을 인간답게 만드는 윤리 도덕은 아닙니다. 그것이 인간을 인간답게 만드는 윤리도덕인 것은 그 관계의 강자인 남편이 자신이 강자임을 잊고 아내에 대한 사랑과 존중을 실천하기 때문입니다. 아니 애초에 부부는 서로에 대한 애정과 존중으로 시작하고 애정과 존중으로 언제나 함께하는 것입니다.

유학은 이처럼 비뚤어진 힘의 정글을 정의로운 대등한 관계로 바꾸고자 하며, 궁극적으로는 서로 사랑하고 존중하는 관계로 만들고자 하는 것입니다. 그 길 위에서 부위부강을 위시한 삼강은 누가 그 역할을 주도적으로 해야 하는지를 말하고 있는 것입니다. 서로 대등하지 못한, 아니 애초부터 대등할 수 없는 사람들이 함께 행복할 수 있는 유일한 방법이 아닌가 합니다. 유학이 제시하는 문명의 길입니다.

'인욕 개방의 시대'를 건너는 살림의 공동체

봉건 시대는 갔습니다. 남편이 강자이던 농업 사회는 축소되었고, 산업 사회를 거쳐 정보화 사회가 되었습니다. 당연히 이제는 남편이 반드시 강자가 아닙니다. 정의에 기초한 새로운 강약의 질서가 만들어질까요? 아니면 그냥 강약의 정글이 다시 도래할까요? 아니 사실 이런 힘의 강약으로 말하면, 삶이란 때로 강자가 약자가 되기도 하고 약자가 강자가 되기도 하는 것입니다.

부모가 자식에게 힘의 강약을 떠나 사랑으로 헌신하던 부위자강父爲子綱의 관계는, 자식이 자라고 부모가 늙으면 자식은 힘의 강약을 떠나 효도로 봉양하는 자위부강子爲父綱으로 바뀌는 것입니다. 그처럼 아내가 강자가 되어도 부위부강婦爲夫綱의 모습으로 여전히 서로 사랑하고 존중하는 모습이어야 합니다. 누가 강자이든 그것은 중요하지 않습니다.

불행하게도 우리 시대의 현실은 이런 실천이 정말로 쉽지 않습니다. 부부 사이에서도 서로의 공로를 과시하며 다투고, 강자와 약자 사이의 관계를 만들어 강자가 되려 하고, 강자의 횡포를 태연하게 자행합니다. 더욱 비극적인 것은 각자의 성적 욕망을 추구하여 부부라는 인간관계 자체를 파탄을 내는 것입니다. 인욕 개방의 시대는 어쩌면 이미 부부라는 가족 관계를 뿌리에서부터 썩어 가게 만드는 것인지도 모르겠습니다.

우리는 부자 중심의 봉건적인 가족에서 부부가 중심이 된 근대적인 가족 사회로 전환한 지 채 백 년도 지나지 않았습니다. 그리고 이제 우리는 이런 가족 관계의 변화가 아니라, 가족 자체의 해체를 걱정해야 하는 상황이 되었습니다. 부부 중심의 가족이 되었다는 것은 부부의 사랑이 행복한 가정을 만드는 가장 중요한 동력이라는 것입니다. 사랑이 아니라 의무감이 가정을 지키는 동력이 되고, 다시 그 의무감조차 욕망에 자리를 내주는 상황이 되어 버리는 것이 아닌가 두렵습니다.

우리 시대는 대부분의 부부가 모두 생존을 위한 사회생활에 뛰어들어야 합니다. 이런 생존 환경의 변화는 가족의 삶과 부부 사이의 관계도 크게 바꾸어 놓았습니다. 특히 심한 것은 수입이 가정에서의 권력을 결정할 뿐 아니라, 부부 모두의 삶에서 가정의 중요성이 상대적으로 크게 줄었다는 것입니다. 더욱 걱정스러운 것은 그런 변화의 폭풍 속에서 우리의 아이들이 어떻게 적응을 하고, 어떻게 상처를 받지 않고 살아갈 수 있는가 하는 점입니다. 여러분은 어떤 지혜가 있으신지요?

작은 갈등에도 쉽게 헤어지고 홀로 살기를 선택하거나, 새로운 부부 관계를 찾아가는 경우가 많아졌습니다. 아이를 갖지 않는 부부도 생긴 것 같습니다. 개인의 행복이라는 관점에서나 사회의 미래를 생각하는 입장에서나 모두 심각한 문제입니다. 경제적으로 안정이 되면, 과거처럼 아내들이 다시 가정으로 돌아가거나 가사에 능숙한 남편이나 아내가 가정으로 돌아올 수 있을까요? 그리고 거기서 행복할까요?

그래도 어떤 형태이든 결국은 서로 사랑하는 사람들이 만든 가족과 그 가족이 함께 키워 가는 살림 공동체가 역시 해답이 아닐까 합니다. 우선 무한한 탐욕의 유혹을 당당하게 이겨 내면서, 오직 서로 사랑하고 존중하는 마음과 실천 속에서 서로 강약을 잊고 먼저 손을 내미시기 바랍니다. 그렇게 부위부강夫爲婦綱, 부위부강婦爲夫綱을 실천하는 행복한 삶을 사시기를 기원합니다. 아이들이 그런 삶의 모습을 배울 것이고, 그런 삶이 아이들의 든든한 울타리가 될 것입니다. 그런 행복한 가정이 '인욕 개방의 시대'를 건너는 가장 든든한 배와 노가 아닌가 합니다.

다시 가족의 화목을 생각한다

가족 해체 시대의 '가화만사성'

앞에서 오륜에 대한 이야기를 했으니, 이번에는 조금은 통속적인 이야기를 해 보고 싶습니다. 본래 고전적인 근거는 없는 구절이지만, 한문을 잘 모르고 또 좋아하지도 않는 대부분의 사람들도 잘 알고 있는 말 가운데, '가화만사성家和萬事成'이라는 구절이 있습니다. '집안이 화목하면 모든 일이 잘된다'는 이 말은 구체적으로 조사해 보지는 않았지만, 아마 우리나라의 가훈 가운데 가장 많은 숫자를 차지하는 것이 아닐까 합니다.

노자가 이미 지적했지만, 불인不仁, 불의不義의 시대에서 인의仁義의 주장이 나오는 것이고, 불효不孝 불충不忠의 현실에서 충효忠孝의 당위가 강조되

는 것이라면, '가화만사성'이 이렇게 많은 가정에서 가훈으로 제시되고 있
는 것은 역설적으로 이 시대 많은 가정의 실패와 불화라는 현실을 반영하
는 것일지도 모르겠습니다. 특히 IMF 구제 금융 사태 이후 수많은 실업과
이에 따른 가족 해체를 경험한 우리 사회에서 이 구절은 더욱 절실한 의미
를 갖게 된 것 같습니다.

물론 가족 해체는 단순히 IMF 구제 금융 사태의 영향에서 온 것만이 아
니라 이 시대를 특징짓는 큰 조류이기도 하지요. 전통적인 대가족은 이미
해체된 지 오래 되었고, 노부모를 배제한 부부와 자식만의 소가족이 정착
되는가 했더니, 어느새 자식을 두지 않는 부부만의 가족과, 아예 부부라는
가족 관계 자체를 포기하는 사람들이 증가해 가는 현실이 되었습니다.

따지고 보면 혼자 살 수 있을 만큼 능력을 가진 성인들이라면 누군들 자
식이나 부모와 같은 가족을 부양해야 한다는 의무가 짐스럽지 않겠습니
까? 자신의 행복을 위해 투자할 시간과 능력을 그런 가족을 부양하는 의무
에 낭비하는 것이 아깝지 않겠습니까? 그것도 한두 시간도 아니고, 하루
이틀도 아니고, 가장 중요한 젊은 시절 수십 년을 말입니다.

'자식이 원수'라는 옛말이나 '결혼은 무덤'이라는 요즈음 말 속에 담긴 가
족 제도 아래 삶의 끔찍한 굴레에 비하면, '고독한 황야의 이리' 같은 삶은
표현만으로도 얼마나 자유롭고 멋진 것인가요? 소가족 제도 아래서 자식
을 왕자와 공주처럼 기르기 위해 못 할 짓이 없다고 헌신하던 얼마 전의 부
모들도, 이제 와서는 자식을 키우느라 흘려보낸 젊은 시절이 너무나 아까
워서 땅을 치고 후회하며, 이제라도 내 인생을 찾아 즐겨야겠다고 앞다투
어 나서고 있지 않은가요? 이런 상황에서 가족을 다시 말함이 무슨 의미가

있겠습니까?

그뿐만이 아닙니다. 일부 학자들의 지적대로 가족 제도와 가족주의는 '국가의 음모'인지도 모릅니다. IMF 구제 금융 사태라는 국가적인 실패에서 그 덤터기를 뒤집어써서 실업의 고통을 겪고 가족이 해체되는 어려움을 겪은 사람들에 대해서, 국가와 그 당시 지도자들은 아무런 책임도 지지 않으면서 가족에게 그 책임을 떠넘겼으니, 이런 음모론이 나오는 것도 너무나 당연하지 않겠습니까?

의무가 있으면 권리가 주어지는 것은 모든 사회, 특히 민주적인 국가 사회에서는 필연적인 정의입니다. 그런데 납세의 의무라는 명목으로 세금을 걷어 가고 국방의 의무라는 명목으로 징병제를 실시하면서 국가의 권력을 유감없이 발휘하더니, 헌법에 보장된 국민의 행복한 삶을 살 권리를 보장하는 의무에 대해서는 슬그머니 발을 빼서 가족에게 책임을 떠넘기고 있는 것입니다. 가족 제도와 가족주의가 국가적 음모라는 비판을 들어도 할 말이 없는 것이지요.

더 심각한 도전도 있습니다. 이제까지의 가족 공동체를 지탱해 온 혈연적 동질성이라는 기제 자체가 무너져 가는 추세가 그것입니다. 먼 나라 이야기로 농담처럼 말해지던 '네 아이, 내 아이, 우리 아이로 이루어진 가족'이 현실적으로 늘어 가고, 과거와는 다른 형태의 입양이 권장되는 상황에서, 혈연적 동질성에 기반한 전통적인 가족관은 변화할 수밖에 없을 것입니다.

일찍이 대동 사회 건설을 주장한 강유위康有爲는 이 혈연적 동질성에 기반한 가족이야말로 대동 사회 건설의 가장 큰 장애로 보았습니다. 그래서 이를 타파하기 위해서 가족의 해체와 1년 단위의 계약 결혼제와 아이들의 국가 양육제 등을 주장하였지만, 오늘날 과학의 발전으로 눈앞에 닥친 인간 배아와 복제 인간의 가능성을 알았더라면, 가족 해체에 그렇게 열을 올리지 않았을지도 모르겠습니다.

이처럼 개인주의적인 삶의 풍미와 국가적 음모라는 질타와 혈연적 동질성의 이완 속에서 흔들리는 가족과 그 제도는 과연 어떻게 바뀌어 갈 것이고, 그런 변화된 가족이 우리 삶에 어떤 영향을 주고 어떤 의미를 가질까요? 나아가 이처럼 가족이라는 전제가 무너지는 상황에서 가족의 화목이란 또 얼마나 공허한 '흘러간 옛 노래'인가요? 그럼에도 저는 다시 가족과 가족의 화목을 생각해 보고 싶습니다. 그것은 우선 가족이 대부분의 우리들에게 여전히 가장 중요한 삶의 공동체 가운데 하나이고, 그 구성원의 화목은 행복한 삶의 중요한 조건이라고 생각하기 때문입니다.

'평등'을 전제로 한 '화합'

'가화만사성'이라는 구절 속에는 가족의 행복한 삶에 대한 바람과 그 조건으로서 화목이 무엇보다도 중요하다는 의식이 표현되어 있습니다. 그것은 역으로 가족 간의 불화가 불행한 가족 생활의 중요한 원인임을 의미하는 것이지요. 여기에서 화和가 바람직한 모습이라면 불화不和는 바람직하지 않은 상황을 의미하니, '화해和諧', '화합和合', '조화調和', '협화協和', '온화溫和', '화목和睦', '공화共和', '화평和平' 등의 개념들이 대체로 긍정적인 가치를 담고 있음에서 이를 확인할 수 있습니다.

그런데 허신許愼의 《설문해자說文解字》에 의하면, '화和'라는 글자의 본래 의미는 '상응相應' 즉 서로 간의 호응으로서, 주로 음악에서의 하모니 즉 '화음和音'이라는 의미로 쓰이던 것이라 하였습니다. 그러므로 이것은 우선 조화롭지 못한 불협화음을 바람직하지 못한 것으로 배제하는 것이니, 음악의 하모니처럼 가족을 포함한 모든 인간관계가 갈등과 대립과 불화를 청산하고 조화와 화목을 성취해야 함을 보여 주는 것입니다.

그러나 화는 불화와만 대립적인 모습을 갖는 것이 아닙니다. 오히려 어떤 경우에는 가장 가까워 보이는 모습과 대립되는 것이니, 그 대표적인 것이 같음을 표현하는 '동同'입니다. 물론 다름 즉 '이異'와 대립의 짝이 되는 같음의 동同은 언제나 부정적인 것은 아닙니다. 긍정적인 의미의 화와 대립되는 부정적인 의미의 동 사이의 관계를 처음으로 지적한 것은 공자의 선배인 안영晏嬰입니다. 공자는 이를 계승해서 《논어》에서 '군자 화이부동 소인 동이불화君子 和而不同 小人 同而不和'라고 하여, 이 화와 동을 군자와 소인이 보여 주는 관계 맺음의 대립적인 특성으로 규정하였습니다.

이것은 잘 알려져 있지는 않지만, 뛰어난 음악 애호가이자 작곡가, 연주가였던 공자의 체험 속에서 정리된 의식으로 보입니다. 주지하는 바와 같이 여러 악기와 그 연주자가 하모니를 무시한 채 제각기 소리를 내는 것이 불협화음의 소음이듯이, 모든 연주자가 같은 악기로 같은 음만을 내는 것도 역시 소음에 지나지 않는 것입니다. 이 사이비의 화와 동을 '부화뇌동附和雷同'이라 하는 것이니, 여기에서 진정한 화란 '각자의 개성과 주체성이 살아 있으면서 함께 어울려 하모니를 이루는 관계 맺음'을 의미하는 것임을 알 수 있습니다.

그리고 이런 의미에서 진정한 가족의 화목도 역시 가족 개개인의 개성과 주체성이 존중되면서 서로 어울리는 속에서 바른 모습을 가질 수 있음을 알 수 있지요. 그것이 저절로 이루어질까요? 혈연적인 동질성을 기초로 하여 서로 사랑하는 가족이니, 그것은 다른 인간관계와 비교하면 당연히 쉬워 보이는 일일 수도 있겠습니다.

세상의 어느 가족인들 그런 조건이 전혀 없겠습니까? 그럼에도 현실에서 가족의 불화가 적지 않음은 역시 다른 이유가 있는 것입니다. 실로 구체적인 가족생활에서 이런 화목한 모습은 그 구성원 사이에 있어 권리와 기회 그리고 책임과 의무가 공평할 때 더욱 공고해집니다. 가족에 있어서나 사회에 있어서 '화목'과 '화합'은 반드시 '공정'과 '평등'을 전제로 할 때, 비로소 서로의 애정과 신뢰를 키워 가는 진정한 의미의 화목과 화합이 되는 것입니다.

지난 시절 우리 사회에서 유행하던 '뭉치면 살고 흩어지면 죽는다'는 구호나, 고속도로마다 서있던 '총화단결'의 표지판은 무의미한 것도 아니고 틀린 말도 아닙니다. 그럼에도 그런 말들이 메아리 없는 공허한 구호에 지나지 않았던 이유는 바로 여기에 있는 것이 아니었을까요? 불화를 일으키고 단결을 깨는 '불공정'과 '불평등'을 방치하고 심화시키면서, 바로 그 불공정과 불평등에 고통 받는 사람들에게 불공정과 불평등을 조장하고 확대하는 사람들이 선전하고 강요하는 화합하고 단결하자는 말은 공허할 수밖에 없는 것입니다.

이렇게 보면 공자가 왜 정치에 있어서 풍요의 중요성을 그렇게 강조하면서도 동시에 "사람이 부족한 것이 걱정이 아니라 고르지 못한 것이 걱정이고, 가난한 것이 걱정이 아니라 불안한 것이 걱정이다[不患寡而患不均 不患貧而患不安].'라고 한 이유를 알 수 있을 것입니다. 실로 '평화平和'란 한자어의 구조가 '내적인 갈등과 불화 그리고 외적인 전쟁 상태의 부재'를 의미하는 '화和' 앞에 공평과 균형을 의미하는 '평平'을 먼저 말한 것을 보면, 왜 '평천하平天下'가 인류 사회의 이상인가를 알 수 있을 것입니다. 평平이 없으면 화和가 없습니다.

물론 가족은 혈연적 동질성에 기반한 애정과 신뢰가 일반 사회보다는 훨씬 강력한 관계이기 때문에, 기회와 권리, 책임과 의무의 불공정과 불평등이 있더라도, 상호 이해와 인내로 갈등과 불화를 상당히 극복할 수 있는 것도 사실입니다. 그러나 아무리 가족 사이라 하더라도 불공정과 불평등이 심화되고 지속된다면, 그들 사이에 애정과 신뢰가 줄어들고 결국은 가족 관계 자체에 위기가 올 수밖에 없는 것입니다. 그러므로 '가족의 화목'은 언제나 '집안을 가지런히 한다'는 의미의 '제가齊家'를 전제로 하는 것입니다. 심지어 율곡栗谷 선생은 공정을 강조하여 정가正家라는 표현을 쓰기도 하였습니다. 물론 정가라는 표현은 가장이 중심이 되어 각자의 역할과 의무를 실천하는 가부장적 의미를 가진 말이지만, 그것도 역시 공정의 의미를 담은 것이지요.

우리는 흔히 '수신제가修身齊家'라는 말을 쓰고 있지만, 《대학》에 나오는 이 유명한 말의 진정한 의미를 아는 사람은 오히려 매우 드문 것 같습니다. 그래서 '제가'를 전통적인 가부장제 아래서 일사불란한 가부장적 통제를 의미하는 것쯤으로 오해하고 있지요. 그러나 제齊라는 글자의 본래 의미는 '평등平等'과 '균형均衡'입니다. 그러니 '제가'의 의미는 역시 가족 내에서 기회와 권리 그리고 책임과 의무가 공평하고 균형 있게 되도록 하는 것을 의미하는 것입니다.

가족의 불화는 그 자체가 비극이지만, 삶이 있는 곳에 불화는 모면할 수 없는 현실입니다. 그러므로 문제는 그 불화가 생기지 않게 미리 예방하는 것이고, 그 불화가 생긴 뒤에 현명하게 대처하는 것입니다. 제가齊家라는 말이나 정가正家라는 말은 모두 그런 방법을 말한 것입니다. 누가 그 일을 해야 할까요? 당연한 말이지만 원론적으로는 가족 모두가 그런 능력을 갖추어야 하고 그런 노력을 해야 합니다.

전통 사회에서 그 책임은 주로 가장에게 있었습니다. 다만 그 책임을 수행하기 위해 가장의 권리가 지나치게 주어졌기 때문에, 가부장적 제도의 여러 문제가 생겨난 것입니다. 따라서 문제는 제가를 해야 한다는 것 자체에 있지 않고, 제가의 내용을 결정하고 실천하는 과정에서의 비민주성에 있었던 것입니다. 그러므로 오늘날 우리가 민주적인 가정을 이 시대적 가치로 확신한다면, '제가'를 이루어 가는 과정에서 필요한 여러 가지 의사 결정을 가족 전체의 의견을 공평하게 반영하고 균형 있게 실천하는 것이 관건이 될 것입니다. 당연히 가족 간의 의사소통과 합의 방식이 중요하게 됩니다.

혈연적 동질성과 생활 공동체로 함께 살아온 경험 속에서 형성된 애정과 신뢰 그리고 그 구성원 사이에 기회와 권리, 책임과 의무를 공정하고 균형 있게 나누는 제가가 이루어져야, 한 가족은 진정한 의미에서 가족의 화목을 성취할 수 있는 것입니다. 그리고 여기에서 한 가족은 그들 사이의 불화와 갈등을 해결하는 데 힘을 낭비하지 않고, 도리어 그 화목에서 형성된 강력한 힘으로 그 가족이 성취하고자 하는 소망을 이룰 수도 있고, 그 가족에게 닥친 문제를 해결할 수가 있는 것입니다. 나라라고 다르겠습니까?

《주역》에 "두 사람이 한마음이면 그 예리함은 쇠도 자를 수 있으니, 한마음을 가진 사람들 사이의 말은 그 향기가 난초와 같다[二人同心 其利斷金 同心之言 其臭如蘭]."라고 한 것이 바로 이것입니다. 두 사람만으로도 그러한데 하물며 온 가족이 한마음으로 합심하는 경우는 어떻겠습니까? 어떤 목적인들 이루지 못하겠으며, 어떤 문제인들 해결하지 못하겠습니까? 만에 하나 소기의 목적이 이루어지지 않는다고 해도 문제가 해결되지 못했다 해도, 그 한마음 되어 보는 경험과 화목 속에서 그 가족의 삶은 이미 충분하게 향기롭고 행복한 것이 아니겠습니까? 그래서 여전히 저는 '가화만사성'을 되뇌어 봅니다.

가족끼리 소통하는 기회를 많이 갖고 의견을 모으는 합의의 경험을 키우시기 바랍니다. 우리 시대의 삶은 가족이 함께 모이는 시간을 갖는 것조차 어렵게 만들고 있지만, 옛날 가부장제에서도 일방적인 명령만으로는 가정을 제대로 이끌고 행복한 가정을 만들지 못했습니다. 서로의 역할을 존중하고 의견을 모으면서 한마음이 되어 보는 경험이 가정에서 마련되면, 그런 경험을 가진 사람들은 사회에 나가서도 올바른 시민과 지도자가 되지 않겠습니까? 여전히 가정이 사회의 기초입니다. 그래서 다시 가화만사성입니다.

연꽃에서 신비의 길을 찾다

연꽃을 사랑한 사람, 염계 주돈이 이야기

저는 대학을 다닐 즈음에 북송 때 학자이자 관료인 염계濂溪 주돈이周惇頤라는 분의 인간상에 빠져서, 그분을 제 삶의 모델로 하고 싶었습니다. 그는 송대 성리학의 비조로 불리는 위대한 학자입니다. 그는 우리나라 태극기의 연원이며 주역에서 우주의 본체 또는 근원적인 진리를 상징하는 태극이라는 개념을 그림과 글로 설명한 《태극도설太極圖說》을 지었습니다. 또 짧은 경구들로 된 《통서通書》라는 저술과 '연꽃을 사랑하는 이야기愛蓮說'라는 짧은 문장을 남겼습니다. 그러나 제가 이 염계라는 사람에게 진심으로 감명을 받은 것은 그의 인품과 삶 때문입니다.

당시 유명한 황정견黃庭堅이라는 시인이 있었습니다. 그 시인이 평소 염계를 만나면서 느낀 인간상을 술회하기를 "가슴속이 깨끗하여 마치 햇살이 쏟아지는 속의 봄바람 같고 비가 갠 뒤의 달빛과 같다[胸中灑落 如光風霽月]."라고 하였습니다. 이 구절은 사실 저만이 아니라 조선의 선비들이 가장 좋아한 내용으로 이른바 '도학자道學者의 기상氣象'을 상징하는 말이어서, 지금도 여러 지역에 광풍루光風樓, 제월정霽月亭, 광풍제월루光風霽月樓 등의 누각과 정자가 남아 있을 정도입니다.

그런 인간상을 표현한 비슷한 구절 가운데 "봄바람처럼 따뜻하게 품어주는 큰 아량은 능히 만물을 포용하고, 가을 물처럼 맑고 깨끗한 인품과 행실은 세속의 때에 물들지 않는다[春風大雅能容物 秋水文章不染塵]."라는 말이 있습니다. 역시 옛날 선비들이 주렴珠簾으로 많이 쓰던 구절입니다. 훌륭한 인품과 그 인품을 멋지게 표현한 시인 그리고 그런 인품에 공감한 후인들이 함께 만들어 낸 문화입니다.

그 문화에 동참하고 싶었던 저는 그의 사상에 대한 석사 논문을 쓰게 되었고, 우연인지 필연인지 저 글귀처럼 진지하고 따뜻한 인품을 지닌 은사님의 지도를 받았습니다. 배움이 부족한 저에게 그의 사상은 이해하기 어려웠으나, 그의 삶과 일화들은 저를 정말 감복하게 만들었습니다. 그리고 이런 삶을 이해한 뒤에 오히려 그의 사상이 조금씩 더 보였습니다. 이 때문에 저는 뒤에 처음의 논문을 수정하고 보충하는 글을 여러 편 써야 했지요.

그는 일찍 아버지를 여의고 어머니와 함께 외숙外叔 집에서 어린 시절을 보냈습니다. 당시 그의 외숙 정향鄭珦은 상당한 고급 관료여서, 그의 자식들은 후대의 음서蔭敍 제도와 같은 형식으로 관직에 나갈 수 있었습니다.

염계는 비록 자식은 아니지만 그의 일족이었기 때문에, 그 외숙의 추천 덕분으로 하급 관료가 되었습니다.

하급 관료가 된 이후 그는 고향에 있던 일가족과 일찍 과부가 된 여동생 가족을 포함한 대가족을 평생 동안 부양하며 살았습니다. 하급 관료에서 시작하여 만년에는 중상 정도의 관료가 되었는데, 여러 지방을 전전하며 재판을 담당하는 직책에 주로 재임하였습니다. 그는 사실 조용한 성품으로 고향에 은퇴하여 학문을 연마하는 것이 꿈이었지만, 그의 현실은 관직을 그만둘 처지가 되지 못하였습니다.

많지 않은 봉급을 가지고 대가족을 부양해야 하는 처지에서, 소송을 재판하는 관직에 있는 동안 그는 많은 윗사람들의 회유와 위협 그리고 뇌물의 유혹에 노출되어 있었습니다. 그는 뇌물을 받지 않았으며, 윗사람의 회유와 위협에 굴복하지 않았습니다. 어떤 상관이 죄 없는 사람을 죽이려고 그에게 엄한 처벌을 부탁하자, '사람을 죽여 남에게 아첨하는 짓[殺人以媚人]'을 어찌 할 수 있느냐며 거절하였고, 이 때문에 한동안 관직을 그만두어야 했습니다.

그는 가장 부패하기 쉬운 처지에 있었지만 그리고 부패할 수밖에 없는 조건과 이유를 남보다 천 가지나 더 가지고 있는 사람이었지만, 그는 부패하지 않았습니다. 그는 평생 세상 사람들이 세속 가운데 가장 더러운 세속이라 부르는 '부귀富貴의 쟁탈장'에서 관직 생활을 하면서도, 따뜻한 인품과 고결한 행실을 포기하지 않았습니다. 그는 정원의 풀이 무성하게 자라 창문을 가려도 그냥 버려두었습니다. 이를 이상하게 여긴 그의 제자가 그 이유를 묻자, "살려고 하는 의지를 가진 것은 모두가 같다[各自生意一般]."라고 하였습니다.

사실 더러운 세속 가운데 깨끗하게 살기는 어렵지 않은지도 모릅니다. 그런 삶의 모범이 바로 도연명의 삶이었고, 그런 삶은 만족을 알고 부귀를 포기하면 어느 정도는 가능한 것이기 때문입니다. 그러나 세속이 부귀를 다투는 진흙탕이 되면, 그런 이전투구泥田鬪狗의 현실에서 홀로 고고하기는 참으로 어렵습니다. 퇴계 선생의 경우처럼 빠져나오기에 급급하기 마련입니다. 염계는 어떻게 그런 현실을 견디면서 고결한 인품을 지키며 살 수 있었을까요? 가문을 지키고 대가족을 부양해야 한다는 의무감 때문이었을까요?

애련설愛蓮說, 연꽃을 사랑하는 이야기

그는 그런 자신의 삶을 마치 다른 사람, 아니 사람이 아닌 연꽃의 모습인 듯이 그려 냈습니다. 그것이 바로 '연꽃을 사랑하는 이야기'라는 의미의 '애련설'입니다. 이렇게 시작합니다.

물과 육지에 있는 풀과 나무에 피는 꽃 가운데 사랑스러운 것이 매우 많다. 그러나 진나라의 도연명은 유독 국화를 사랑했고, 당나라 이후로 세상 사람들은 모란을 매우 사랑한다.

水陸草木之花 可愛者甚蕃 晉陶淵明 獨愛菊 自李唐來 世人 甚愛牧丹.

도연명이 국화와 국화주를 사랑한 이야기는 앞에서 그의 〈음주시〉를 통하여 설명을 드렸습니다. 모란은 당나라 현종이 총애한 여인이었던 양귀비楊貴妃를 상징하는 꽃입니다. 현종이 양귀비의 아름다움을 문장으로 전하려고, 이백李白을 불러 그 아름다움을 묘사하게 했습니다. 마침 그곳이 모란이 핀 정원이어서 이백은 양귀비의 아름다움을 모란에 비긴 〈청평조사淸平調詞〉 세 수를 지어 올렸고, 상을 받았습니다. 뒤에 이백은 고력사高力士라는 환관에게 미움을 사서, 이 시의 내용이 빌미가 되어 귀양을 간 후일담이 있는 시입니다. 어찌되었든 이 이후로 모란은 사람들에게 부귀富貴의 상징이 되었습니다. 많은 사람들이 부귀를 선호하는 것은 어쩌면 자연스러운 세상의 모습입니다. 부귀 이외에 다른 행복이 있음을 알기는 쉽지 않아 보입니다.

이처럼 은사의 국화 사랑과 세속의 모란 사랑을 말한 뒤에, 그는 자신이 연꽃을 사랑하는 이유를 비교적 자세하게 설명합니다. 그의 글은 원래 역대 사상가의 문장 가운데 노자에 버금갈 정도로 간결한 것으로 유명한데, 다음 구절은 그의 이런 경향과는 어울리지 않는 파격적인 문장입니다.

나는 홀로 저 연꽃을 사랑한다, 진흙탕에서 나오지만 그 진흙에 물들지 않고, 맑은 물결에 계속 얼굴을 씻으면서도 요염하지 않고, 속은 텅 비어 있으면서도 밖으로 곧고, 넝쿨을 뻗지도 않으며 가지를 펴지도 않고, 그 향기는 멀수록 더욱 맑고, 깨끗한 모습으로 고고하게 서 있고, 멀리서 바라볼 수는 있어도 가까이서 희롱하며 완상할 수는 없는 모습을.

予獨愛蓮之出於淤泥而不染 濯淸漣而不夭 中通外直 不蔓不枝 香遠益淸

亭亭淨植 可遠觀而 不可褻翫焉.

운명 속에서 의리를 구현하다

연은 진흙 밭에서 자랍니다. 선 자리가 진흙인 것을 연꽃이 어찌 선택할수가 있겠습니까? 자신의 삶의 여건이 고고한 은사 같은 산중 생활이 아예불가능하고, 도연명처럼 풀은 무성해도 돌아가 농사지을 땅도 없으며, 진흙탕의 관직 생활 이외에는 선택의 여지가 없습니다. 그가 선택할 수 있는것은 그 진흙탕에 물들지 않는 것뿐입니다. 아니 오히려 진흙탕을 자신에게 주어진 운명으로 받아들이고, 그 운명을 사랑하면서 그 운명 속에서 자신의 최선의 모습을 만들어 갑니다. 맹자께서 "운명 속에서 의리를 구현한다[命中顯義]."라고 하신 것입니다. 그러나 사실 이런 삶은 연꽃만이 아니라,모든 생명들이 살아가는 일반적인 모습이 아닌가요?

맑은 물결에 씻기를 멈추지 않되 보이려 하지 않다

두 번째는 조금 어렵습니다. 연꽃은 고인 물에서 자랍니다. 그 물은 비록 진흙 밭에 고인 물이지만, 고인 물은 진흙이 가라앉고 점차 맑게 됩니다. 연꽃은 항상 바람 따라 흔들리는 수면의 맑은 물에 자신을 닦습니다.바람과 물결에 따라 흔들림을 모면할 수는 없지만, 오히려 그 흔들림을 통해 더욱 마음을 수양하고 언행을 닦는 것입니다. 그래서 점점 더 아름답고 고운 모습을 만들어 갑니다.

여기에서 함정이 하나 생겨납니다. 다른 사람이 그 아름답고 고운 모습을 알아주기 시작하고, 자신도 그런 자신의 모습에 대해서 자부심이 생겨납니다. 그러다 보면 다른 사람이 알아주기가 목적이 되기도 하고, 자기 자랑을 위하여 가식을 붙이기도 합니다. 맑은 물결에 계속 씻기를 멈추지 않으면서도 잘 보이려 하지 않기는 의외로 녹록하지 않습니다.

속 채우기와 속 비우기

세 번째는 조금 더 어렵습니다. 그것은 속을 비우기입니다. 연꽃의 대는 속이 비어 있습니다. 이유는 간단하지요. 생명의 소통을 위해서입니다. 막히면 죽습니다. 모든 생명체가 그렇습니다. 사회라는 유기체도 소통이 막히기 시작하면 죽어가는 것입니다. 《주역》에서 태평 사회를 상징하는 것이 태괘泰卦인데, 그 태괘가 태평인 이유는 소통이 잘되기 때문입니다. 연꽃의 대가 곧아서 소통이 막힘없도록 해 주고, 시원한 소통은 그 겉모습을 반듯하게 유지하게 도와줍니다. 유학의 수양론에서 말하는 '내면의 마음과 밖의 언행이 모두 반듯해서, 서로를 끊임없이 키워 주는[內外交相養]' 것입니다.

속은 꼭 차야 합니다. 그래야 욕심이 들어오지 못합니다. 속은 텅 비어야 합니다. 그래야 진리와 다른 사람을 받아들일 수 있습니다. 지금 염계는 그 가운데 마음·비우기를 연꽃에서 본 것입니다. 세상의 지도자라는 사람들은 대부분 아랫사람들을 가르치려고 합니다. 아니 맹자가 말한 대로 그것은 모든 사람들의 일반적인 병통입니다. 지도자에게는 특히 어리석은 일입니다. 그 대부분은 남보다 자신의 지식이 더 많고 더 뛰어나다고 여기는 것이고, 자신의 경험이 남보다 더 많고 더 중요하다고 여기는 것입니다.

그러나 윗사람은 하나이거나 소수이고, 아랫사람은 여럿이고 다수입니다. 그 지식과 경험의 총체가 절대로 모든 아랫사람보다 더 많을 수도 뛰어날 수도 없습니다. 더욱 치명적인 것은 지도자가 알지 못하고 경험하지 못한 영역을 아는 사람들이 있다는 것입니다. 특히 전문가들을 지도하려는 지도자들은 그들에게 겉의 동의는 얻을 수 있어도 마음속으로는 경멸을 당하게 됩니다. 지도자는 무조건 말을 아껴야 합니다. 대신 들어야 합니다. 듣기 위해서는 마음을 비워야 합니다. 실천해야 할 진리는 의외로 단순한 것이어서, 속을 비워 잘 듣는 사람은 바른 행동을 하는 것이 쉽습니다. 이것이 염계가 연꽃에서 본 '중통외직中通外直'의 미덕입니다.

생명을 줄일 때와 펼칠 때를 알다

다음도 더욱 어렵습니다. 생명은 하나의 속성을 갖습니다. 그것은 대부분의 생명이 자신의 생명을 줄이려 하지 않고 확대하려고 하는 속성을 갖습니다. 때를 아는 생명들은 그 생명을 펼칠 때와 줄일 때를 압니다. 의외로 지혜롭다는 인간은 그렇지 못합니다. 개인 가운데는 그런 절제력을 보이는 사람이 있어도, 집단이 되면 이런 절제력을 기대하는 것은 거의 절망적이 됩니다. 사실인지는 모르겠지만, 연꽃은 그 생존의 조건에 맞추어 개체 수와 개체의 크기를 조절한다고 합니다. 예전 분들이 '능대능소能大能小'라고 한 것이지요. 연꽃은 밖으로 덩굴을 뻗어 가지도 않고, 가지를 펼치지도 않습니다. 염계가 본 연꽃의 절제력입니다.

연꽃은 향기가 좋습니다. 그러나 좀 더 향기를 맡으려고 가까이 다가가는 것은 어리석은 일입니다. 분명 더 진한 향기를 맡을 수는 있을 것입니다. 어떤 아름다운 것도 어떤 훌륭한 것도 가까이서 더 크게 훌륭하고 아름다운 모습을 볼 수 있지만, 동시에 가까이에 있다는 것은 그 향기에 취해 자신을 잃을 위험과 추함과 잘못을 보아 실망할 위험이 있는 것입니다. 적절한 거리는 서로를 지켜 주는 공간이며, 그 소중함을 소중함으로 보존해 가는 방법입니다.

농염한 향기가 아니라 맑은 향기를 더욱 맑게 해 주는 공간의 거리, 연꽃은 그 거리를 지킬 줄 압니다. 향기는 멀수록 더욱 맑아집니다. 제가 천년 넘는 세월 뒤에 태어나 당대의 가까운 사람들보다 더 염계를 사모할 수 있는 것도 그런 이유가 아니겠습니까? 아마 가까운 가족이었으면 실망할 일도 많았을 것입니다. 옛날 분들이 성인과 영웅은 가족들이 가장 알아주기 어렵다고 말씀한 이유이지요. 연꽃은 물속에 피어 사람들과의 적절한 거리를 지킵니다. 멀리서 그 아름다움을 볼 수는 있어도 감히 희롱하듯이 갖고 노는 것은 결단코 용납하지 않습니다. 연꽃의 자존심입니다.

연꽃은 홀로 섭니다. 그것도 깨끗하게 홀로 섭니다. 사람은 어울려 삽니다. 서로 손을 잡아야지요. 우리 미숙한 사람들이 서로 손을 잡고 연대하는 것은 당연합니다. 그러나 때로 우리는 그 연대라는 이름 속에서 묻어가기를 하는 경우도 없는 것이 아닙니다. 저도 할 말이 없지요. 그래도 더러운 것과 손을 잡고 싶지는 않습니다. 그래서 이 연꽃처럼 깨끗한 사람들이 하나하나 당당하게 서면서 서로 연대하는 연꽃들이 즐비한 제제다사濟濟多士의 모습을 꿈꾸어 봅니다.

우리 시대가 지고 있는 빚

그의 애련설에서 이어지는 구절은 사족입니다. 자존심은 스스로의 삶을 통해 보여 준 것만으로도 충분한 것이지만, 인간은 역시 공감을 구합니다. 새들이 우는 것이 공명共鳴을 바라는 것이 듯이, 세상에 공감할 사람이 많지 않음을 알더라도, 누군가는 알아줄 사람도 있을 것이 아니겠습니까? 특히 글이란 본래 당대를 넘어서 후세에서 공감해 줄 사람을 찾는 일이기도 하니까요?

염계의 공감 찾기는 참으로 큰 반향을 불렀습니다. 특히 고결한 성품의 선비들이 저 진흙탕이란 관직에 발을 디딜 때, 엄청난 위로가 되어 주고 격려가 되어 주었습니다. 그 가장 큰 수혜자는 그래서 조선의 선비들이었을 것입니다. 다만 조선 후기가 되면 염계에서 시작한 이 도학자란 말은 연암燕巖의 〈호질虎叱〉에서 보듯이 조롱의 대상이 됩니다. 말할 것도 없이 고결한 인품의 실질을 갖추지 못하고 겉모습만 흉내를 낸 가짜 도학자들 때문에, 도학자란 말은 실학자들에게 위선적인 가짜 선비들의 상징으로 조롱을 당하였습니다. 문화가 어떻게 타락하는지를 보여 줍니다. 사람이 문화를 망칩니다.

그래도 선비들 가운데는 여전히 그 인간상을 진실되게 지켜 오는 분들이 계셔서, 저도 그런 분을 실제로 뵙는 행운을 누렸습니다. 제가 뵌 분은 구한말의 의병 운동을 주도했던 화서학파華西學派의 학자이자 의병장인 의암 유인석 선생의 자제이십니다. 제가 한참 염계에 빠져 있을 때, 은사님들과 함께 강원도 춘성(지금은 춘천)으로 의암 선생님의 묘소를 답사하러 간 일이 있습니다. 그곳에서 그분을 처음 뵈었습니다. 그분은 어린 시절 의암 선생이 국내에서 의병 운동이 어려워지자 만주로 망명을 떠나실 때, 어린 나이에 함께 따라가 만주에서 항일 운동을 하셨던 분입니다.

그분은 염계 선생이 그린 도학자의 모습 그대로였고, 깨끗했습니다. 아름다웠습니다. 그분은 항일 운동 기간 동안 사람을 죽이기도 하였습니다. 눈동자가 새파랗게 날이 섰던 것을 기억합니다. 염계가 그린 연꽃의 진흙탕 정도가 아닌 아수라의 삶을 사셨겠지요. 그래도 물들지 않은 그 힘이 어디에서 온 것인지 저는 여전히 궁금합니다. 그래도 다른 시대에 태어나 더 따뜻한 모습이었으면 좋겠다는 생각을 하면서도, 그런 분들 덕분에 우리는 더 따뜻한 모습으로 살 수 있는 것이 아닌가 생각합니다. 우리 시대가 지고 있는 빚입니다.

대동 사회,
영원히 평화로운 세상에 대한 꿈

우리는 파병 중입니다

"인간 소외의 근본에 놓여 있는 문제는 전쟁과 가난이다."《현대의 휴머니즘》에서 무대리작務台理作이 한 말입니다. 굳이 인간 소외라는 문제의식을 제기하지 않더라도, 전쟁과 가난에 고통을 받은 모든 인류의 오랜 염원이 평화와 풍요였을 것임은 너무나 자명해 보입니다. 그러니 전 인류 역사를 관통하는 안목을 갖춘 사람이 아닌 우리 같은 평범한 사람이라 할지라도 '전쟁이 없는 평화로운 세상', '가난이 없는 풍요로운 세상'이 좋은 세상이며, 그런 세상을 만드는 것이 모든 인류의 꿈이라는 말에 고개를 끄떡일 것 같습니다.

그러나 과연 그럴까요? 여러 세기, 여러 지역에서 살았던 참 많은 사람들의 공감을 받았을 이 말 그리고 우리와 동시대의 여러 곳에서는 아직도 절실한 진실을 담은 이 말이, 바로 이곳 우리 시대에는 별 긴장도 느껴지지 않는 진부한 구호처럼 느껴지는 것은 저 하나만인가요? 전쟁의 위협에 대해서는 지겹게 들었지만 그 아픔은 직접 겪어 보지 못했고, 가난에 대한 아주 짧은 기억을 갖고 때로 그것을 과장하는(예를 들어 저는 아무리 건강식이라지만 아직도 꽁보리밥이 싫다는 식입니다.) 저에게 이 말은 매우 추상적인 관념일 뿐입니다. 그것은 아마도 지금 우리 시대가 누가 뭐라고 해도 매우 드문 평화와 풍요를 누리고 있기 때문일 것입니다.

그렇다고 해서 누군가가 제게 이 말을 구체적이고 절실하게 받아들일 수 있도록 그런 처지에 있어 보라고 한다면, 아무리 어려운 경험이 인간을 성장시키는 것이 만고불변의 진리라고 해도 그런 고통의 경험은 절대 사양입니다. 특히 전쟁은 더욱 그렇습니다. 혹시 가난은 '어느 정도의 가난'이라는 것이 있는지 몰라도, 전쟁은 '어느 정도의 전쟁'이라는 것이 있을 수 없는 것이라고 생각하기에 더더욱 절대 사절입니다.

그것은 제가 전쟁을 겪어 보지 않아서 그 참혹한 고통을 구체적으로 모른다고 해도, 전쟁이 인간의 생명을 도구로, 그것도 수많은 사람들의 생명을 도구로 사용하는 미친 짓이라는 것이 너무나 명백하기 때문입니다. 그것만이겠습니까? 누군가를 죽이거나 누군가에게 죽임을 당하지 않는다 하더라도, 그런 자리에 서 보는 것 자체가 우리 인간에게 주는 두려움과 증오와 영혼의 상처를 적어도 저는 상상하는 것만으로도 감당하기 어려울 것 같습니다.

맹자는 사람이 사람인 것은 "다른 사람에게 차마 해를 끼치지 못하는 마음[不忍人之心]이 있기 때문이다."라고 했습니다. 단 한 사람의 생명을 위협하는 것도 그런데, 하물며 집단적인 살상을 하는 전쟁, 그 전쟁의 희생자는 말할 것도 없지만 살아남은 사람들이 남은 삶 동안 지고 살아야 하는 상처와 아픔의 비인간성은 어떤 명분으로도 전쟁을 정당화하기에 부족할 것입니다. 전쟁으로 돌아가신 분들의 묘비 앞에서, 개인들의 무용담이나 전승기념탑은 참으로 하찮은 것이 아니겠습니까?

그런데 대부분이 잊고 사시겠지만 우리는 지금 또 다른 무용담과 전승기념탑을 준비하기 위해 우리의 젊은이들을 낯선 사막에 파병 중입니다.

울음소리를 들어 주세요

전쟁은 완전히 미친 짓입니다. 그러면서도 우리 인간은 이 전쟁을 수도 없이 되풀이해 왔습니다. 전쟁의 고통과 절망을 뼈저리게 경험해 보지 않고는 평화를 위한 결단을 내리지 못하는 어리석음을 반복하면서, 승리와 영광의 유혹에 도취된 역사가 평화를 그렇게 어렵게 만들었는지도 모르겠습니다. 공자는 "소인은 가난함을 오래 견디지 못하지만, 동시에 행복함도 오래 간직하지 못한다."라고 했는데, 어리석은 우리는 이어지는 평화를 못 견디는 경우도 있는 것이 아닌가 합니다.

개인이나 집단의 탐욕에 의한 것이든, 그럴듯한 명예를 위한 것이든, 이

넘이나 종교적 광기에 의한 것이든 간에, 평화를 견디지 못하는 자들에 의
해 일어난 수많은 전쟁에서 가장 고통을 받은 것은 언제나 가장 힘없는 사
람들이었습니다. 그러므로 누구보다도 전쟁을 반대하고 평화를 요구하는
것은 바로 이들일 수밖에 없습니다. 문제는 그들의 목소리, 아니 울음소리
가 제대로 터져 나온 일이 거의 없다는 것입니다. 아니 터져 나오는 울음
과 절규를 누군가가 들어 주기는커녕 감추고 막기에 급급했던 것입니다.

　시경의 노래 한 편을 소개합니다.

陟彼岵兮	저 민둥산에 올라가
瞻望父兮	아버님 계신 고향을 바라보노라
父曰	귀에 쟁쟁히 들려오는 아버님 말씀
嗟予子行役	오호라 우리 아들 전쟁터에 나가
夙夜無已	밤낮으로 쉬지도 못 하겠구나
尙愼旃哉	부디 조심하고 조심하거라
猶來無止	어쨌든 돌아와야지 그쳐서는 안 되느니라

陟彼屺兮	저 수풀 산에 올라가
瞻望母兮	어머님 계신 고향을 바라보노라
母曰	귀에 쟁쟁히 들려오는 어머님 말씀
嗟予季行役	오호라 우리 막내 전쟁터에 나가
夙夜無寐	밤낮으로 잠도 제대로 못 자겠구나

| 尙愼旃哉 | 부디 조심하고 조심하거라 |
| 猶來無棄 | 어쨌든 돌아와야지 버려져서는 안 되느니라 |

陟彼岡兮	저 산언덕에 올라가
瞻望兄兮	형님 계신 고향을 바라보노라
兄曰	귀에 쟁쟁히 들려오는 형님의 말씀
嗟予弟行役	오호라 우리 아우 전쟁터에 나가
夙夜必偕	밤낮으로 전우들과 함께 움직이리라
尙愼旃哉	부디 조심하고 조심하거라
猶來無死	어쨌든 돌아와야지 죽어서는 안 되느니라

《시경詩經》, 〈위풍魏風〉에 나오는 '척호陟岵'라는 노래입니다. 《시경》은 약간의 이설이 있지만, 공자 시대에 유행하던 약 3000편의 노래 가운데 공자가 300여 편을 모아서 제자들의 교육을 위해 사용한 책이라고 합니다. 공자가 왜 이 시를 골라 《시경》 속에 남기고, 지도자가 되려는 제자들에게 가르쳤을까요? 저는 공자가 이 노래를 통해서 전쟁터에 끌려간 자식과 그 부모 형제들의 울음소리를 들었기 때문이라고 생각합니다.

전쟁터에서 부모 형제가 있는 고향을 바라보는 시선 속에 담긴 울음, '어쨌든 살아서 돌아오라'는 당부 속에 담긴 간절한 울음, 차마 죽음[死]이라는 단어를 쓰지 못하고 그친다[止]거나 버려진다[棄]는 단어를 쓰는 부모의 마음에서 터져 나오는 울음소리를 헤아릴 수 있을까요? 그 울음소리를 들어주고 함께 아파해 주고 함께 울어 주는 것은 누구입니까? 아니 우리는 도

무지 그 울음소리들을 들어 줄 마음의 준비라도 되어 있는 것인가요?

춘추 전국 시대는 말 그대로 전쟁의 시대라서 전쟁을 잘하는 기술을 담은 《손자병법》, 《오자병법》이 있었지만 그래도 전쟁 기술과 그 기술자들을 증오했던 노자도 있었고, 누구보다도 전쟁 자체를 비판했던 묵자도 있었고, 정의로운 전쟁이란 거의 없었다고 절규한 맹자도 있었습니다. 거기에 비교해 보면 세상을 정글이라고 부르고, 여기에서 승리하는 기술을 배우려고 《손자병법》만 되살려 낸 이 시대, 소중한 노동 현장을 산업 전선이라 부르면서 수많은 희생을 당연시하는 선동을 공공연히 자행하는 이 시대는 어쩌면 춘추 전국 시대보다 더 지독한 야만의 시대인지도 모르겠습니다.

우선 '전쟁'을 넘어서 '지옥'이라고 불리는 그 야만 속에서 터져 나오는 울음과 비명을 들어 주세요.

사랑의 힘, 연대의 토대

앞에서 보여 드린 《시경》의 시는 전쟁에서 고통을 받으면서도 하소연할 곳조차 없는 힘없는 사람들의 울음소리이지만, 말씀드린 대로 우리 인간의 역사에서 그런 울음소리가 호응을 받고 대답을 들은 경우는 매우 드물었습니다. 혼자의 울음이나 소수의 울음인 경우에는 더욱 심했죠. 대부분의 경우 그런 울음은 도리어 겁쟁이라는 모욕을 자초하는 일이거나, 심한 경우에는 반역자로 낙인을 찍히는 일이었습니다.

진정한 메아리는 참 드물었습니다. 그래서 때로는 조그만 호응에도 감격하고 심지어는 거짓 호응과 대답에도 솔깃해서 귀를 기울이고 마음을 쏟고 생명을 내던져서 더 큰 울음소리를 만들기도 했는지 모릅니다. 그래서 그 누군가가 이 울음소리를 들어 주고 공감해 주고 함께 울어 주는 것이 너무나 고마운 일이기는 하지만, 서툴러도 스스로 이 울음을 막고 멈춰 보기로 했습니다. 저는 이것이 민주주의라고 생각합니다.

너무나도 나약하고 미숙한 우리에게 과연 그런 힘이 있는 것인가요? 당장 눈앞에 닥친 제각기의 숙명이 우리에게 지워 준 짐, 인간 존재의 갖가지 비극성이 지워 준 짐 그리고 일상의 삶을 꾸려 가야 하는 짐을 짊어진 우리가 스스로의 선택으로 다시 이 만만하지 않은 짐을 짊어지는 것은 참 녹록하지 않아 보입니다. 더구나 마지막 한 조각 힘까지 이런 짐을 짊어지는 것이 아니라 욕망을 채우는 선택에 익숙해진 우리들에게 과연 그런 힘의 가능성이나마 남아 있는 것이겠습니까?

그러나 저는 앞의 《시경》의 노래에서 그 어떤 평화와 반전의 이념이나 철학, 종교보다도 더욱 강하게 전쟁을 막고 평화를 성취하는 힘과 그것이 우리에게 있음을 봅니다. 그 힘은 자식을 전쟁터에 내보낸 모든 부모들의 마음속에 있는 자식에 대한 사랑입니다. 우리는 누구나 사랑하는 누군가를 전쟁터에 내보냈던, 내보낸, 내보낼 부모입니다. 아닙니다. 절대로 자식을 전쟁터에 내보내고 싶지 않은 그래서 심지어 사회적인 지탄을 받더라도 자식을 전쟁터는커녕 군대에도 보내고 싶지 않은 부모입니다.

우리가 자주 혼동하는 것이기는 하지만, 부당하게 자식을 군대에 보내지 않는 지도층을 비난하는 이유는 자식을 군대에 보내지 않았다는 것 자체 때문이 아닙니다. 그것은 우리 사회를 침략으로부터 수호하는 일을 당연한 의무로 생각하는 보통 사람들에 비해, 그 의무를 수행하지 않는 것을 특권으로 생각하는 파렴치함과, 걸핏하면 국가와 민족을 들먹이며 누구보다 국가 사회를 위하는 체하다가, 솔선해서 공익을 실천해야 할 때에는 도리어 수단과 방법을 가리지 않고 사리사욕을 추구하는 언행 불일치의 부정직함 때문입니다. 그런 사회적인 의무가 아니라면 자식을 전쟁터에 기꺼이 내보내는 부모가 도리어 이상한 것이 아니겠습니까?

사실 우리 사회에서는 의무만 아니라면 자식을 전쟁터는 물론이고 군대에도 보내고 싶지 않다는 진심을 정직하게 말하는 것은 여전히 쉬운 일이 아닌 것 같습니다. 그러나 아무리 그런 경우라 하더라도 옛날 분들이 '천하부모심天下父母心'이라고 불렀던 자식 사랑의 힘은 인종과 계급과 빈부를 넘어서서, 심지어는 적아敵我를 넘어서서 모두에게 한결같은 것이 아니겠습니까? 불행하게도 우리 시대는 바로 그 너무나 당연한 사랑의 힘조차도 시험을 받는 비극의 시대, 야만 이하의 시대이기는 하지만, 그럼에도 저는 아직까지 모든 부모가 자식에 대해서 갖는 이 사랑보다 더 위대하고 헌신적인 '살림의 힘'이 무엇인지를 잘 모르겠습니다.

그럼에도 불구하고 평화를 가로막는 죽임의 얼음 장벽은 너무나 단단하고 끈질겨서 얼마나 많은 부모들의 울음소리가 절망 속에서 한스러운 상처로 멍들어 갔는지 헤아릴 수가 없을 정도입니다. 그래서는 안 되지요. 어떻게 해야 할까요? 아마 가장 먼저 필요한 것은 내 자식을 사랑하는 마음이 바로 제각기 자기 자식을 사랑하는 '천하부모심'이란 사실을 자각하는 것이 아닌가 합니다.

제각기의 자식 사랑이 단단한 장벽이 되어 누군가의 소중한 자식들을 경멸하고 소외시키고 약탈하고 짓밟고 심지어 죽이는 그 야만의 길을 멈추고, 내가 내 자식을 사랑하는 마음이 바로 모든 다른 사람들이 그 자식을 사랑하는 마음과 똑같은 것이라는 사실을 온 생명으로 받아들일 때, 우리는 비로소 짐승 이상의 그 무엇이라는 인류로서 인간의 길에 접어드는 것이며, 옛날 분들이 영원이란 이름을 달아 꿈꾸었던 대동 사회大同社會의 연대連帶를 가능하게 하는 토대가 만들어지는 것이라고 생각합니다.

그래서 '인간을 사랑할 수 있는 인간'을 믿었던 맹자는 아무런 의심 없이 "내 부모를 친애하는 마음을 미루어 남의 부모를 친애하며, 내 자식을 사랑하는 마음을 미루어 남의 자식을 사랑한다."라고 하였던 것입니다. 그 옛날 참 어려웠던 시절에도 이 순수한 심성의 사람들이 부모를 잃은 조카들을 내 자식같이 길러 주며, 어려운 이웃을 서로서로 감싸 주며, 낯선 나그네와 이방인에게 잠자리와 먹을 것을 나눠 주며, 벗의 무거운 짐을 나누어 짊어졌습니다.

이처럼 능동적으로 사랑을 실천할 수 있는 사람들이 서로의 자리가 바뀌어도 그 사랑과 신뢰와 존중과 화목을 더욱 크게 키워 가고 살려 가는 것이 따뜻한 대동 세상의 모습입니다. 거기서는 신동엽의 말대로 사람들이 누구나 '세상보다 백지장 한 장만큼이라도 낮은 자리'에서 섬기고자 한답니다. 그리고 거의 대부분의 우리들이 '참 좋았던 옛날'이라고 그리워하면서도, 한편으로는 돌아가기 두려워하는 모습입니다. 《예기禮記》, 〈예운禮運〉편의 내용입니다.

큰 진리가 실현된 세상에서는 사람들이 천하를 공적인 사회 단위로 생각

한다. 어질고 능력 있는 사람을 인재로 선발하고, 서로 믿음을 실천하고
화목함을 키워 간다. 그래서 사람들이 제 부모만 친애하지 않고 제 자식만
사랑하지 않는다.

사회적 역할을 마치고 나이가 든 노인들은 품위 있게 삶을 정리할 수 있
고, 장년의 사람들은 사회에서 유용한 역할을 가지며, 어린아이들은 따뜻
하게 길러진다. 홀아비, 과부, 고아, 자식 없는 노인이나 장애인이나 병든
사람 같은 사회적 약자들도 모두 적절한 돌봄을 받는다. 사내들은 나름의
생업이 있고, 여인들은 혼인하여 이룬 가정이 있다.

사람을 살리는 소중한 재물이 땅에 버려지는 것은 미워하지만 그것을 꼭
내 사유로 만들려고 하지 않으며, 자신의 노동의 힘으로 생산하지 않은 것
을 누리는 것을 부끄러워하지만 땀 흘린 노동의 결과를 꼭 나를 위해서만
쓰지는 않는다.

이 때문에 잔꾀들이 사라져서 쓸모가 없고 도둑과 남을 해치는 자들이 생
기지 않으니, 그러므로 바깥문을 닫아걸고 살 필요가 없다. 이것이 대동의
세상이다.

大道之行也 天下爲公 選賢與能 講信修睦 故人不獨親其親 不獨子其子 使
老有所終 長有所用 幼有所長 矜寡孤獨廢疾者 皆有所養 男有分 女有歸 貨
惡其棄於地也 不必藏於己 力惡其不出於身也 不必爲己 是故謀閉而不興
盜竊亂賊而不作 故外戶而不閉 是謂大同.

억강부약抑强扶弱 정의로운 평화의 길

우리는 왜 이 모든 일들을 그들보다 훨씬 잘할 수 있는 물질적으로 풍요로운 조건을 갖추고 있으면서도, 전쟁 없는 평화의 시대를 살고 있으면서도, 잘 배워서 그들보다 훨씬 유능하다고 자부하면서도, 도리어 그 당연하고 쉬운 일을 거의 못 하는 왜소하고 무능한 모습이 되었을까요? 사실 이것은 맹자가 지적한대로 능력의 문제가 아니라 의지의 문제입니다만, 우리는 대부분 그 해답을 알고 있으면서도 실천할 용기가 없는 것이 아닌가 합니다.

드넓고 평등한 대동의 세상에서 따뜻한 인간애로 하나가 되는 꿈을 진심으로 갈망하면서도, 동시에 내가 애써서 성취한 것들이 내 행복의 도구로 쓰여지지 못하고 거품처럼 사라지는 것이 아닌가 하는 조바심과 두려움에 떱니다. 그런 두려움은 사실 우리 인간의 삶이 무엇보다 사랑을 필요로 하는 것이기는 하지만, 의식주와 같은 물질적인 조건을 떠나서 가능하지 않기 때문에 어쩌면 당연한 것입니다.

여기에서 필요한 것은 우선 우리 모두가 서로 사람을 사랑할 수 있는 사람이라는 점과 함께, 제각기의 삶의 생존 조건을 필요로 하며 나아가 보다 좋은 생존 조건을 추구한다는 점을 인정하는 것입니다. 당연히 여기에서 보다 낳은 생존 조건에 대한 경쟁과 그에 따른 긴장과 갈등이 생겨납니다. 인류의 모든 분쟁이 여기에서 나온 것은 아니지만, 그 분쟁의 가장 큰 원인이 바로 이것인 것은 틀림없어 보입니다.

인간의 사회적 관계에서 권리와 의무를 결정하는 규범이 만들어지고 이어서 사회적인 공과에 대한 상벌의 규범이 만들어지는 것은 주로 이 때문입니다. 그리고 그 규범을 결정하는 기준이 바로 그 사회 나름의 정의입니다. 사실 대부분의 현실에서 사회적인 규범들과 그 근거가 된 정의라는 것은 '가진 자의 정의', '힘센 자의 정의', '다수의 정의'라고 조롱을 당하고, 실제로 그런 측면이 없는 것은 아니지만, 거기에는 나름대로 소중한 인간의 경험과 지혜가 들어 있는 것이라고 생각합니다.

그것은 약육강식의 정글에서 폭력으로 강자의 요구만을 관철시키는 야만의 방식에 대한 비폭력적 대안이라는 의미를 갖는 것입니다. 다시 말해서 현실적으로 존재하는 사회적인 강자와 약자가 서로 권리와 의무의 이해관계가 충돌할 때, 그 충돌을 해소하는 이성적인 해결 방식으로 대화를 통해 서로의 이해를 조절하는 협의를 거치고, 그 내용을 사회적인 규범과 질서로 정착시켜 온 것은 주요한 문명적 성취인 것은 분명한 사실입니다.

그러므로 평화로운 해결 능력을 충분히 갖추고 이성적인 해결 방법을 다양하게 동원할 수 있는 사람과 사회가 진정으로 건강하고 문명된 사람과 사회인 것입니다. 다시 말해 폭력이나 전쟁으로 문제를 해결하고 요구를 관철하고자 하는 유혹을 이길 수 있는 능력과 지혜를 가진 사람과 사회가 문명인이며 문명사회인 것입니다. 강자가 그 유혹을 이기는 것은 참으로 만만치 않지만, 의외로 약자도 이 유혹으로부터 자유롭지 않은 경우도 있습니다.

다만 여기에는 인간의 이성과 문명한 사회가 성취해야 할 더욱 중요한 내용이 남아 있습니다. 그것은 진정한 평화를 위해서는 규범의 근거가 되는 사회적 정의에 대한 합의가 지속적으로 확대되고 고양되어야 한다는 것입니다. 그것의 가장 중요한 지향점은 아마도 평등일 것입니다. 왜냐하면 진정한 평화는 언제나 대등한 벗으로 서로를 인정할 때만 가능한 것이기 때문입니다. 그러므로 서로를 대등한 벗으로부터 멀어지게 만드는 억약부강抑弱扶强이 비겁함의 표현이며 불평등을 심화시키는 불의이고, 반면에 서로를 대등한 방향으로 추동시켜 가는 억강부약抑强扶弱은 의로운 용기의 표현이며 정의를 구현하는 과정입니다.

평화 속의 기우

우리는 과연 서로 갈등하고 긴장할 수밖에 없는 이해관계에서 시작한 정의를 모두가 대등한 벗들 사이의 따뜻한 형제애와 대동의 연대로 키워 나갈 수 있을까요? 서로가 사회적 공헌을 위한 노력을 멈추지 않으면서도, 그 결과를 필요한 사람에게 기꺼이 넘겨주는 사람다운 사람들이 살아가는 '칭물평시稱物平施'의 정의가 넘치는 공동체를 건설할 수 있을까요?

평화는 그 과정에서 목적지가 아니라 출발점일 것이며, 그 평화를 유지하고 키워 감은 참으로 만만치 않은 사랑과 지혜와 용기를 필요로 할 것입니다. 우리는 그 영원한 평화의 꿈을 성취하기 위해서, 정의에 대한 합의를 포기하거나 후퇴시키는 비겁함을 보여서도 안 되지만, 꿈을 당장 성취하려는 조급함에 이해를 조절하는 협의를 내던지는 무모함에 빠져서도 안 됩니다. 우리 인류는 두 눈으로 하늘을 바라보면서 영원한 꿈을 잊지 않지만, 동시에 두 발로 대지를 단단히 딛고 서서 현실의 상대적인 가치들을 견

더 내는 길을 가야 하기 때문입니다.

우리는 우리가 딛고 있는 평화의 대지가 얼마나 어려운 과정을 거쳐서 얼마나 많은 울음들 속에서 성취된 것인가를 잊을 때, 또 평화가 우리에게 준 여분의 힘들을 이제까지 돌아보지 못했거나 새롭게 생겨나는 상처들과 아픔들과 울음들을 찾아내고 대답하는 것에 쓰는 노력을 게을리할 때, 인간애와 정의의 질적인 고양과 그것을 성취하는 문명적 방식을 찾아내는 노력을 멈출 때, 우리는 또다시 지금 누리고 있는 상대적인 평화의 대지마저 잃어버리고 문명한 대동 세상이라는 영원한 하늘을 꿈꾸는 시선을 접게 될 것입니다.

그것이 쓸데없는 기우이기를 진심으로 바랍니다. 돌아가신 제 은사, 유정동 선생님께서 평소 좋아하시던 《논어》 한 구절로 마무리 하고자 합니다.

> 증자가 말하기를 선비는 도량이 넓으면서도 꿋꿋하지 않으면 안 된다. 왜냐하면 그 책임은 무겁고 갈 길은 멀기 때문이다. 사람을 사랑하는 것을 자신의 책임으로 삼고 있으니 그 사명이 무겁지 않겠으며, 죽은 다음에나 끝나는 것이니 그 갈 길이 멀지 않겠는가?
>
> 曾子曰 士不可以不弘毅 任重而道遠 仁以爲其任 不亦重乎 死而後已 不亦遠乎.

다시 '무수길無首吉'의 세상을 꿈꾸며

우두머리가 없는 것이 길하다

《주역》에 '무수길無首吉'이라는 말이 있습니다. 여러 가지 해석이 있지만, 저는 '우두머리가 없는 것이 길하다' 는 해석을 좋아합니다. 우두머리가 있는 것은 불길하다는 말이고, 누군가가 우두머리 행세를 하면 재수 없어 보인다는 말입니다. 아마 제 개인적인 성향이 그런 것이 아닌가도 생각합니다.

물론 집안에는 아직 모실 수 있는 부모님이 계셔서 다행이고, 배움에서 선생님들이 점점 줄어드는 것이 걱정이지만, 그 이외에는 우두머리 노릇하려는 모습들을 보면 밸이 꼬입니다. 그것은 자격의 유무를 따지지 않습니다. 물론 자격이 없어 보이는 경우에는 코미디 취급을 하지만, 자격이 있어 보이는 경우에도 별로 달갑지 않습니다. 제가 원래 한 질투 하거든 요. 하물며 자가발전으로, 자격이 있다고 주장하는 경우를 보면 토가 나옵니다.

그런데 문제는 이 모든 경우들에 해당하는 것이 바로 저 자신이라는 것입니다. 자격이 없는 일에 나서 코미디거리가 된 것이 몇 번이고, 나만 자격이 있는 것처럼 굴어서 공연한 질투를 자초한 것이 몇 번인지 모릅니다. 하물며 나서지는 못했지만 나서고 싶었던 경우는 셀 수도 없습니다. 아마 저는 몰랐어도 다른 분들이 토가 나오게 만든 경우도 많았을 것입니다.

그처럼 나서고 싶었던 수많은 경우에서, 여러 번 저를 포기하게 만들어 준 무엇인가가 있었습니다. 그 가운데 하나는 아마 공평公平, 즉 공정公正과 평등平等의 경험이 아닌가 합니다. 어린 시절 저의 집은 시골에서는 꽤 여유가 있는 집이었습니다. 매끼 식사에 일을 도와주는 분들을 포함하여 스물이 넘는 식구들이 상을 세 개나 네 개 펴고 식사를 한 추억이 있습니다. 아버님은 반드시 일하는 분들과 한상이었습니다.

근검으로 자수성가하신 할아버님은 '종을 부리려면 종의 종노릇을 해야 한다'는 말씀을 자주 하셨습니다. 저는 아마도 종노릇이 싫어서 종을 부리는 주인 노릇을 하는 것이 싫었던 것 같고, '역할은 달라도 식사는 공평하게'를 아버님께 배운 것 같습니다. 저는 제 인생의 큰 행운이었다고 생각합니다.

유학을 공부하면서 당연히 그런 의미의 글귀들이 눈에 잘 들어온 것도 그 영향이 아닌가 합니다. 그 대표적인 구절이 바로《주역》, 건괘乾卦 용구

用九의 효사爻辭인 '무수길無首吉'입니다. 원문은 이렇습니다.

용구는 여러 용 가운데 우두머리가 없는 것이니, 길하다.
用九 見群龍無首 吉

용구란 조금 전문적인 개념이지만, 주역에서 건괘에만 있는 특별한 점사입니다. 그것은 점을 쳐서 건괘가 나오고, 동시에 모든 효가 동효動爻인 경우에 해당하는 점입니다. 이 경우 그 동효를 바꾸면 여섯 양효陽爻가 모두 음효陰爻가 되어 곤괘坤卦가 됩니다. 역시 전문적인 표현으로 '건지곤乾之坤'이라는 것입니다.

주역에서 상상의 존재인 용龍은 '변화를 주도하는 지도자'를 비유한 것입니다. 용구란 이런 지도자의 자격을 가진 사람이 하나가 아니라, 여섯 효 전체가 모두 지도자의 자격을 가지고 있음을 의미합니다. 이런 경우 과연 누가 지도자가 되어야 할까요? 지도자가 필요 없습니다. 모두가 지도자가 될 수 있다는 말은 그 말 자체가 이미 지도자가 필요 없는 상황임을 의미합니다. 지도자란 지도를 할 대상이 있을 때만 의미를 갖는 말이기 때문이지요.

용구란 지도를 할 대상은 이미 없는 상황이 되고, 도리어 모두가 지도자가 될 수 있는 자격과 능력이 있는 상황이 되어, 아무도 지도자라고 나서지 않는 세상을 말합니다. 멋진 세상이 아니겠습니까? 그래서 길합니다. 한때 우리들이 꿈꾸었던 수월성秀越性과 평등성平等性이 동시에 구현된 교육적 이상, 상향 평등上向平等이 성취된 세상을 생각하시면 될 것 같습니다.

멋있나요? 그래도 주역에서 이 용구는 길吉하기는 하지만 보다 멋진 원길元吉은 아닙니다. 왜일까요? 그것은 쓸 곳을 잃은 능력과 의욕을 원천 봉쇄하는 현실은, 그 능력과 의욕이 큰 사람에게 엄청난 족쇄이고 짐이기 때문입니다. 개인적으로는 '무우無憂의 지옥地獄'이라는 것이고, 사회적으로는《주역》에서 '기제旣濟의 재앙災殃'이라는 것입니다.

군자, 군자가 필요 없는 세상을 꿈꾸다

그럼에도 불구하고 저는 여전히 '무수길'의 세상을 꿈꾸고, 상향 평등을 성취한 저 용구의 상황이 멋있다고 생각합니다. 왜냐하면 아직 우리의 현실은 그 모습으로부터 너무나 멀고, 또 무수길의 이상을 추구하는 진정한 지도자가 간절하기 때문입니다. 자유와 함께 인간의 존엄성을 지켜 주는 평등의 가치가 역사의 쓰레기처럼 조롱당하고, 다른 사람을 짓밟고 빼앗고 속이고 훔치는 자들이 그런 현실에 편승해서 지도자처럼 군림하는 야만이 판을 치고 있기 때문입니다.

티끌만 한 차이를 가지고 태산 같은 차별을 정당화하고, 모든 장점을 남을 이기고 짓밟는 흉기로 사용하고, 승리한 자에게 아첨하고 패배한 사람에게 손가락질하는, 그래서 성공과 승리를 위해서는 수단과 방법을 가리지 않는 야만을 이제 누군가는 멈추어야 하지 않겠습니까? 그런 누군가를 함께 도와야 하지 않겠습니까?

그래서 새삼 군자가 그립습니다. 군자는 당연히 훔치고 빼앗고 속이고 짓밟지 않습니다. 군자는 이해하고 들어주고 감싸 주고 도와주고 함께 해 줍니다. 군자는 자신이 이해받는 대신에 이해하려 합니다. 군자는 이익을 얻는 일에는 앞장서려 하지 않고, 어려운 일에는 남의 뒤에 서지 않습니다. 군자는 자신의 권리를 말하지 않고 사양하며, 의무를 수행하면서 미덕인양 자랑하지 않습니다.

그러나 무엇보다 군자는 바로 군자가 필요 없는 세상을 꿈꾸는 사람입니다. 이 자기 부정이 정말로 군자를 군자로 만듭니다. 그러므로 군자는 한 번도 자신을 군자라고 생각하고 말하지 않습니다.

여러분은 여러분이 전혀 필요가 없는 세상을 만들기 위해 이런 군자가 되어 보실 생각이 없으신지요? 의사이면서 의사가 필요 없는 세상을 꿈꾸고, 판검사이면서 판검사가 필요 없는 세상을 꿈꾸고, 군인이면서 전쟁이 없는 세상을 꿈꾸며, 선생님이면서 가르쳐야 할 대상이 없는 세상을 꿈꾸는 것은 얼마나 멋진 일일까요?

4부

배우고
또 배우고

퇴계 선생의 반성문

반성, 돌아보기

예전 선비들의 글 가운데는 자신을 반성하는 글이 매우 많습니다. 그것은 반성이 학문의 가장 중요한 동력일 뿐 아니라, 한 사람의 지성知性을 드러내는 징표이기 때문입니다. 그러나 반성은 의외로 어렵습니다. 왜냐하면 그것은 자신의 잘못과 미숙함을 인정하는 것을 전제로 하기 때문입니다. 어릴 때는 비교적 쉬워도 특히 나이 들어 반성은 정말 힘든 일입니다. 왜 힘들까요?

반성은 대개 두 가지 계기로 이루어집니다. 하나는 다른 사람들이 그 잘못을 지적해 주는 경우입니다. 어릴 때 부모님이나 선생님이 우리의 잘못을 지적하고 바로잡도록 가르쳐 주시면, 우리들은 그 잘못을 인정하고 반성을 통해서 행동과 마음을 고칩니다. 엄하게 반성을 하도록 하면 할수록 그 반성의 효과는 오래갑니다. 옛날 분들이 엄한 부모와 엄한 스승을 소중하게 여기는 까닭입니다.

나이 들면 이런 반성이 힘들어 집니다. 엄하게 반성하도록 지적하고 가르쳐 주시는 부모님과 선생님이 안 계시기도 하지만, 어른이라는 자부심에 다른 사람의 지적과 가르침이 껄끄럽고 자존심이 상합니다. 선의의 충고도 비난으로 들리니, 객관적인 비판인들 수용하기 쉽겠습니까? 그러므로 '다른 사람이 자신의 허물을 지적해 주는 말을 들으면 진심으로 기뻐했다(喜聞過)'는 자로子路는 위대한 현자입니다.

다른 하나는 스스로가 반성하는 자성自省입니다. 이것은 대개 자신이 한 일의 결과가 나빴을 때 하게 되는 자책自責의 반성입니다. 우리는 일이 잘못되었을 때, 그 잘못의 원인을 타인이나 여건에 돌리면서 자신을 변명하거나 정당화하는 경우가 많습니다. 자책도 심해지면 자기 학대가 되기에 조심해야 하지만, 그래도 책임 전가나 자기 변명보다는 바람직한 것입니다. 왜냐하면 그것은 자기 개선의 습관을 만들어 주기 때문입니다. 모든 위대한 분들은 자기 개선을 습관화한 사람들입니다. 퇴계는 그 가운데 뛰어난 분이고, 《자성록》의 이 글은 그런 반성의 모습을 보여 주는 대표적인 글입니다.

이 책은 퇴계 선생이 만년에 자신의 편지 초고를 모아 편집한 책입니다. 옛날 선비들은 편지를 안부의 수단으로만 사용한 것이 아니라, 학문적인 토론의 수단으로 이용했습니다. 선생이 평생 사우師友들과 주고받은 이런 편지들의 초고를 모아서 책을 만들고, 그 제목을 '자성록'이라 한 것입니다. 그러므로 본래 이 책의 명칭을 짓는다면 서간문집書簡文集이 적당한 것이지만, 퇴계는 굳이 자성록이라는 이름을 붙이고, 그 이유를 이 책의 끝에 짧은 글로 설명했습니다.

그 글은 이렇게 시작합니다.

(논어에서 공자가 말씀하시기를) "옛날 사람들이 말을 함부로 하지 않은 이유는 자신의 행동이 그 말을 따라가지 못함을 부끄러워해서였다."라고 하셨다.

古者 言之不出 恥躬之不逮也.

말에는 약속의 말이 있습니다. 다른 사람과의 약속도 있고, 자신과의 약속도 있습니다. 때로 그 말 한 마디의 약속은 평생의 실천을 요구하기도 합니다. 어찌 말을 함부로 할 수 있겠습니까? 그러므로 약속의 말을 남발함은 지키지 않겠다는 징표이고, 반대로 약속을 어려워함은 신의의 징표입니다. 심지어 공자는 어눌語訥함이야말로 어진 사람의 대표적인 모습이라고까지 말했습니다. 삶의 팁 가운데 하나는 약속을 남발하는 사람에게 신의를 기대하지 마시고, 약속을 어려워하는 사람에게는 반드시 약속을 받아 내시는 것입니다.

퇴계 선생은 이 글을 인용해서 자신이 한 말 가운데, 실천이 전제되지 않은 신의 없는 말이 없는가를 돌아본 것입니다. 그러나 퇴계 선생이 신의 없는 말을 반성이 필요할 만큼 자주 하셨을까요? 아닐 것입니다. 공자의 취지는 본래 지킬 것을 생각하지 않고 말을 함부로 하는 행동에 대한 교훈에 있지만, 퇴계 선생은 약속의 말만이 아니라 모든 말을 함부로 하는 사람의 인격에 대한 반성으로 읽으신 것입니다.

군자의 변명

퇴계 선생은 다른 사람과 한 약속의 말만이 아니라, 모든 말을 함부로 하시지 않는 분입니다. 그는 조선의 위대한 선비들 가운데서도 당대부터 이미 신중하고 겸허한 인품에서 으뜸으로 꼽히는 분이니까요. 그러나 그런 세상의 평가를 떠나 스스로를 돌아보면 여전히 부끄러움이 많았던 것입니다. 다음은 그 부끄러워한 내용입니다. 아니 변명이 우선입니다.

> 이제 나는 벗들과 학문적인 연구를 한 내용을 편지로 주고받았으니, 그 말을 세상에 내놓은 것은 부득이한 경우라고 변명할 여지가 없지 않지만, 그것만으로도 이미 부끄러움을 감당할 길이 없다.
> 今與朋友講究往復 其言之出 有不得已者 已不勝其愧矣

퇴계는 학자입니다. 학자는 진리를 탐구하여 자신이 진리라고 생각되는 내용들을 세상에 알리고 싶어 합니다. 퇴계도 그렇겠지요. 다만 퇴계는 모든 진정한 지성들이 그렇듯이 자신의 의견만이 진리라고 주장하지는 않습니다. 그렇다고 아무 의견이나 마구 말하는 것은 아니고, 최대한 진리성에 접근한 의견을 배우고 생각하고 연구해서 자신의 의견으로 제안합니다. 그것도 거의 선현의 말들을 근거로 제시하면서 자신의 의견을 말하지요.

퇴계는 신중하고 겸허한 학자입니다. 거의 진리에 가깝다는 확신이 있는 의견도 함부로 내놓지 않습니다. 문제는 제자들이 의견을 제시하거나 질문을 할 때, 또 동학同學들이 자신들의 견해에 대한 평가를 구하거나 퇴계의 견해에 대한 이의異議를 제기해 오는 경우입니다. 학자들 사이에 학문적인 연구와 토론은 진리를 찾아가는 중요한 방법이며, 아무리 신중하고 겸허한 퇴계라도 학자로서 이런 토론을 피할 수는 없습니다. 누구도 그 토론에 나온 퇴계의 말에 대해 진리의 시비를 따질지언정, 말을 한 것 자체를 문제 삼지는 않을 것입니다.

퇴계 자신은 아닙니다. 토론의 말이 부득이한 것이라서 피할 수 없었다는 것은 세상 사람들이 인정해 줄 퇴계의 변명입니다. 아마 보통 사람들은 아무도 그런 말들을 한 것에 대해 부득이한 것이라고 변명하지 않을 것입니다. 퇴계는 그것을 부득이한 것이었다고 변명합니다. 본래 세상에서 가장 효과가 없는 것이 남을 향한 변명입니다. 그런데 퇴계는 누구에게 변명을 하는 것일까요? 세상을 향한 것 같지는 않습니다. 남에게 할 필요가 없는 변명을 자신에게는 하는 것, 세상 누구도 변명하지 않을 일을 변명할 줄 아는 것, 그것이 군자의 변명입니다. 왜냐하면 그것은 치열한 자기 성찰과 반성의 과정이자 결과이기 때문입니다.

부끄러움과 두려움

　군자의 변명이 군자의 변명인 것은 과오를 꾸며 대고 잘못을 정당화하는 대신, 행동을 고치고 마음을 고치기 때문입니다. 그 고치는 동력은 어디에서 올까요? 두려움과 부끄러움입니다. 어린 사람은 밖에서 오는 두려움이 허물을 고치는 가장 중요한 동력이지만, 나이 든 사람은 내면의 부끄러움이 중요한 동력이 됩니다. 퇴계는 두려움과 부끄러움이라는 두 가지 동력을 참으로 잘 활용한 분이지만, 여기서는 우선 부끄러움을 강조하고 있습니다.

　이 부끄러움은 선생이 편지의 초고들을 정리하는 과정에서 생긴 것 같습니다. 학문적인 토론을 했던 옛날 편지의 초고들을 다시 읽고 정리하면서, 선생이 느끼신 감회를 따라가 봅니다. 글이 간단명료하지 않았을까요? 박학을 자랑하려는 사족은 없었을까요? 상대를 설득하려는 지나친 승부욕은 없었을까요? 명확하지 않은 부분에서 논지의 핵심을 피하는 둔사遁辭는 없었을까요? 이런 것들은 사실 저 같은 소인의 경험과 식견으로 선현을 재단하는 것이겠지만, 아마 제가 모르는 선생만이 아시는 아쉬움들도 있었을 것입니다.

　특히 제 경우는 전에 잘못 알았던 것을 나중에야 알게 되면, 우선 부끄러움을 견디기 힘들었습니다. 특히 그것이 다른 사람의 지적을 통해 알게 되면 더 부끄럽고, 후배나 제자의 지적을 통해 알게 되면 부끄러움을 넘어 속이 상했습니다. 여러분도 그런 경험이 있었으면 좋겠습니다. 제 심술입니다.

다만 퇴계 선생은 이런 일반적인 부끄러움을 넘어서서 더욱 큰 말의 부끄러움을 찾아냈습니다. 그리고 그것은 부끄러움을 넘어 감당할 수 없는 두려움을 주었습니다.

하물며 그 말을 한 뒤에, 상대는 잊지 않고 기억하는데 내가 잊은 경우도 있고, 상대와 내가 함께 잊은 경우도 있다. 이것은 비단 부끄러운 일에 그치는 것이 아니라, 거의 거리낌 없는 행동에 가까우니, 정말 두려운 일이다. 況旣言之後 有彼不忘而我忘者 有彼與我俱忘者 斯不但可恥 其殆於無忌憚者 可懼之甚也.

이 문장은 제게 엄청난 충격을 주었습니다. 그동안 무심코 해 왔던 모든 말들을 다시 주워 담고 싶었습니다. 나는 도대체 얼마나 미숙한 말들을 얼마나 많이 진리인양 단정적으로 말했지? 이제는 누구에게 어떤 말을 한 것조차 잊어버린 말들을 당시에는 마치 절대 불변의 진리인양 진실인양 말하고, 심지어는 내가 실천도 하지 못할 말들에 대해 상대의 동의를 강요하고 실천을 기대했던 거지? 저 맨 앞의 '옛날 사람들은 말을 하지 않았다'는 공자의 말이 실천하지 못할 약속의 말을 하지 않았다는 의미만이 아니라, 정말로 부끄러움과 두려움을 아는 사람이라면 말을 할 수가 없다는 의미임을 이때서야 알게 되었습니다.

그 충격 뒤에 조금씩 퇴계의 부끄러움과 두려움이 이해되었습니다. 이미 그런 말을 한 퇴계도 그 말을 들은 상대인 사우들도 이 세상 분들이 아닙니다. 그러나 글이 남았습니다. 그러므로 퇴계의 부끄러움과 두려움은 아마도 진리의 역사와 후인들을 향한 것이겠지요. 아니 무엇보다도 학자로서 자신을 향한 것이겠지요. 그러므로 저 문장 가운데 '그는 기억하는데 나는 잊은' 경우와 '그와 내가 함께 잊은' 경우는 말해도 '그는 잊고 나는 기억하는' 경우를 생략한 것입니다. 자신의 부끄러움과 두려움이 큰 사람은 남을 탓할 겨를이 없습니다.

'기탄이 없다'는 말은 때로 자유와 용기의 상징으로 이해되기도 하지만, 대개의 경우는 방종과 폭력을 의미합니다. 유학에서는 다른 사람을 전혀 배려하지 않는 소인의 대표적인 행태를 나타내는 말로 《중용》에 나옵니다. 부끄러움과 두려움을 망각하고 야수임을 선언한 사람의 자포자기自暴自棄하는 마음가짐과, 힘을 가진 정글의 강자가 휘두르는 방자한 힘의 남용을 의미하는 말입니다. 만에 하나 이런 기탄없음이 퇴계 선생의 인품이나 삶과 무슨 관계가 있는 것이겠습니까? 퇴계 선생 자신이 스스로에 대한 반성으로 말씀하시기 전에 말입니다.

그것은 우리에게 자기 반성은 얼마나 철저해야 하는가를 보여 줍니다. 그 철저함의 정도가 바로 퇴계 선생이 가진 지성의 크기입니다. 나아가 그것은 우리에게 우리의 마음속에 있는 부끄러움과 두려움이란 감정이 얼마나 소중한 것인지를 보여 줍니다. 그것을 소중하게 보존하고 키우신 것이 바로 퇴계 선생이 성취하신 그 크나큰 인격의 동력입니다.

그러므로 반성을 통한 인간의 성장은 더 작은 일과 더 사소한 마음에서 더 크게 부끄러워하고 더 크게 두려워하게 되는 것입니다. 부끄럽고 두렵지 않았던 것들이 점점 더 많이, 점점 더 크게 부끄럽고 두려워지는 것입니다.

때때로 살펴보고 거듭 반성하라, 전 생애를 걸고

우리가 반성을 통해서 잘못된 것들을 분명하게 밝혀서 스스로에게 변명하고, 다시 부끄러움과 두려움을 두 개의 수레바퀴로 삼아 잘못을 고친다면, 그 다음의 일은 끊임없이 자신을 개선해 가는 실천이 남았을 뿐입니다. 퇴계 선생이 《자성록》을 편찬하신 이유는, 바로 이런 실천의 거울로 삼기 위해서입니다.

이 때문에 틈나는 대로 묵은 상자를 뒤져서 편지 초고 가운데 남은 것들을 손수 필사를 하고, 그것을 안석 사이에 두고 때때로 살펴보아 거듭 반성을 한다. 이런 반성을 중단하지 않는다면, 초고가 없어 여기에 수록하지 못한 것들도 그 가운데 있는 것이나 마찬가지이다. 그렇지 않다면 비록 더 많은 편지 초고를 다 찾아서 수록하여 그것이 몇 권, 몇 질이 된들 무슨 도움이 있으랴?

間搜故篋 手寫書藁之存者 置之几間 時閱而累省 於是而不替焉 其無藁不錄者 可以在其中矣 不然 雖盡錄諸書 積成卷秩 亦何益哉.

실천을 위해 중요한 것은 두 가지입니다. 첫째는 '때때로 살펴보고 거듭 반성을 하는 것'입니다. 자신의 잘못과 미숙의 결과를 시시 때때로 돌아보는 것은 쉽지 않습니다. 한 번의 반성에 그치지 않고 반성에 반성을 거듭함은 더욱 어려운 일입니다. 두 번째는 바로 그런 자세를 절대로 잃어버리지 않고 지속해 가는 것입니다. 그것은 전 생애를 걸고 하는 일입니다.

왜 옛날 선비들은 이런 어려운 길을 간 것일까요? 자신이 인간이란 존엄한 존재임을 잊어버리지 않고, 무엇보다 소중한 인간으로서의 삶을 지키기 위해서라고 생각합니다. 인간으로서의 자신과 인간다운 삶에 대한 경건한 마음 때문입니다. 그것이 퇴계 정신의 핵심인 경敬입니다. 그렇게 부끄럽고 두려워서 하지 못하는 것이 많아지면, 역설이지만 반드시 해야 할 일은 정말로 자유롭고 즐겁게 할 수가 있습니다. 저는 아직 체험해 보지 못했지만 말입니다. 그래도 여러분이 그런 자유와 행복을 누리시기를 기원합니다.

이 땅의 맹모들을 위한 변명

맹모의 교육열과 세 가지 일화

유학의 문화적 흔적들이 점점 흐릿한 잔영처럼 사라져 가는 현실입니다. 그럼에도 불구하고 그 문화적 잔영 가운데 여전히 맹위를 떨치는 것이라면 아마 맹모의 교육열이 아닐까요? 아니 적어도 이 땅에서는 가장 대표적으로 그리고 오래 남아 있는, 아니 더욱 기세를 떨치고 있으며 앞으로도 점점 더 기세를 떨칠 것 같은 유일한 유학의 흔적인 듯합니다.

'자식의 행복을 바라지 않는 부모가 없고, 그 행복을 결정하는 중요한 조건은 출세이며, 그 출세를 위한 가장 좋은 방법은 좋은 교육을 받는 것이며, 그 좋은 교육은 좋은 교육 환경에 의해 결정된다'는 이 자명한 논리가 갖는 현실적 설득력은 어떤 다른 고상한 이론이나 가치로 대체할 수 없을 정도로 막강합니다. 그리고 그 역사적 모델의 정점에 바로 맹자와 그 어머니의 교육열이 있습니다.

진정한 행복은 무엇인가? 출세가 과연 행복의 절대 조건일까? 공부 잘하는 아이가 꼭 사회에서도 출세할까? 좋은 교육 환경보다는 어려운 시련의 조건이 인간을 성장하게 하는 동력이 아닐까? 나름대로 합리적이고 정당한 온갖 이론을 들이대더라도, 심지어는 점점 강력해지는 국가 권력을 동원하더라도, 맹모의 교육열을 강력하게 지지하는 현실 자체가 보여 주는 설득력을 넘어서지는 못하는 것 같습니다.

그리고 이것은 이미 나타나고 앞으로 더욱 강화될 몇 가지 불행한 상황을 예견하게 해 줍니다. 그것은 '조사를 해 보면 다 나오는 것'이고, 대부분은 '이미 조사를 해서 다 나온 것'이지만, 조사를 하지 않아도 쉽게 예측할 수 있는 것입니다. 우리 사회의 교육 현실, 모든 힘을 다 기울이고 모든 방법을 다 동원하는 총력 경쟁과 그 경쟁 과정에서 파생되는 온갖 개인적, 사회적 상처의 바탕에는 이 맹모의 교육열이 있다고 해도 과언은 아닐 것 같습니다.

좀 심술궂은 가정이지만, 저는 은행 자본에 의한 전 지구적 단위의 경제적 지배와 착취 구조를 강화해 가는 세계화의 흐름과 이 맹모의 교육열이 한번 맞붙으면 누가 과연 승리할지 궁금해집니다. 그리고 이 정도의 현실적인 힘을 가진 것이라면, 저는 그런 것에 대해서는 무엇이든 진지한 성찰의 대상으로 삼기에 부족하지 않은 것이라고 생각합니다. 그리고 그 성찰의 방법 가운데 하나는 본질로 돌아가 보는 것이며, 저는 그것을 맹자

의 어머니는 맹자를 어떻게 가르쳤는가를 살펴보는 것으로 시작하고자
합니다.

맹자의 어머니에 관해서는 맹모孟母라는 명성의 유명함에 비하면 별로
자세하게 알려진 내용이 없습니다. 춘추 전국 시대, 지금의 산동성에 있었
던 추나라에 살았던 장씨仉氏 성의 여인이었다는 것이 맹모에 대해 알려진
개인적인 내용의 전부이지요. 나머지는 모두 맹자의 어머니라는 이름 아
래 알려진 기록인데, 자식 교육과 관련된 일화들은 대부분 한나라 때 유향
劉向이 지은《열녀전列女傳》이란 책에 나오는 것입니다.

첫 번째 일화 — 고기를 사서 아이를 먹이다

어느 날 어린 맹자가 그의 어머니에게 물었다.
" 옆집에서 돼지를 잡는데, 무슨 일 때문이죠?"
그이는 가벼운 농담 삼아 대답하였다.
"너를 주려고 그러나 보지."
잠시 뒤에 그이는 그 말을 후회하였다.
'지금 이 아이는 막 알음알이가 나기 시작할 때인데, 내가 사실이 아닌
말을 하여 이 아이를 속이는 것은 불신不信을 가르치는 것이다.'
그이는 곧 이웃집에 가서 그 고기를 사다가 맹자에게 먹였다.

두 번째 일화 — 세 번 이사를 가다

맹자의 집은 본래 공동묘지 근처에 있었다. 어린 맹자는 그 묘지에서 사람들이 곡을 하고 무덤을 만드는 모습을 보고는 그 흉내를 내며 놀았다.

그 모습을 본 그이는

'이곳은 아이를 가르칠 만한 곳이 아니다.'

하고, 시장 근처로 이사를 하였다. 그러자 맹자는 상인들이 시장에서 물건을 사고파는 것을 보고는 그 흉내를 내며 놀았다. 그 모습을 본 그이는 다시

'이곳도 아이를 가르칠 만한 곳이 아니다.'

하고, 학교 근처로 이사하였다.

그러자 맹자는 선비들이 선현들을 제사하고, 의젓하게 인사하며 겸양하는 모습을 보고 그 흉내를 내며 놀았다. 그제야 그이는

'이곳이야말로 자식을 가르칠 만한 곳이다.'

하고, 드디어 그곳을 거처로 결정하였다.

세 번째 일화 — 짜던 베를 잘라 버리다

맹자가 조금 자라서 밖에 가서 공부를 하고, 그이는 베를 짜서 가족을 부양하고 맹자의 학비를 대었다. 그런데 어느 날 맹자가 학업을 다 마치지도 못한 채 집으로 돌아왔다. 그이는 마침 베를 짜고 있다가 묻기를,

"공부를 다 끝냈느냐? 어느 정도 성취가 있었느냐?"

하니, 맹자가 대답하기를,

"여전히 그저 그렇죠."

하였다. 그러자 그이는 칼을 들어 자신이 짜고 있던 베를 중간에서 잘라 버렸다. 맹자가 놀라서 그 이유를 물었더니, 그이는 이렇게 대답하였다.

"네가 중간에 배움을 그만둔 것은 마치 내가 베를 짜다가 이를 잘라 버린 것과 같다. 저 군자는 배움을 통해서 명성을 키워 가고, 물음을 통해서 지혜를 넓혀 간다. 이 배움과 물음[學問]이 있기에, 평소 조용히 있을 때는 편안하고, 행동할 때는 재난을 멀리할 수 있는 것이다. 그런데 이제 네가 배움을 중도에 그만두었으니, 이는 네가 남의 심부름꾼이 되는 신세를 모면할 수 없고, 재앙을 벗어날 수 있는 길이 없게 된 것이다. 그것은 베를 짜서 살아가던 사람이 중간에 베 짜기를 멈추고 그만두는 것과 무엇이 다르냐? 그러고서야 어찌 가족에게 옷을 해 입힐 수 있으며, 굶주리지 않고 살아갈 수 있겠느냐? 여인이 먹을거리를 준비하는 것을 그만두고, 남자가 그 덕을 닦는 일을 중단한다면, 도둑이 되거나 남의 심부름꾼이 되는 것이다."

그 말을 들은 맹자는 두려운 마음에 조석으로 부지런히 공부를 하여, 드디어 큰 선비가 되었다.

맹모들의 잘못이 아니다

사실 그이를 위한 변명은 쓸데없는 일입니다. 겨우 세 가지 일화를 통해서 그이를 판단하는 것이기에 조심스럽기는 하지만, 적어도 제가 보기에 그이는 맹자에게 훌륭한 어머니이며, 그 이전에 무엇보다도 아름다운 사람이었습니다.

그이는 자식을 사랑하는 사람이며, 작은 일상의 언어에서도 반성을 할 줄 아는 사람이며, 알음알이가 생길 때부터 바르게 가르쳐야 된다는 것을 아는 지혜로운 사람이며, 아이에게 줄 것 가운데 좋은 교육 환경이 중요하다는 것을 아는 사람이며, 놀이와 배움이 다르지 않고 놀이가 가장 중요한 교육이라는 것을 아는 사람이며, 좋은 환경을 마련해 주되 스스로 배우도록 기다려 주는 절제를 아는 사람이며, 시장으로 이사를 가는 실수를 할 만큼 순진하고 지혜롭지 못해도 잘못을 고치기를 두려워하지 않는 용기 있는 사람이고, 사랑하는 자식의 교육을 위해 베 짜기의 힘든 노동을 마다하지 않은 헌신적인 사람이고, 자식의 잘못에 대해 엄격한 것이 진정한 사랑임을 아는 사람이고, 자식에게 무엇을 알려 줄 것인가를 정확하게 알고 표현할 수 있는 사람이고, 눈에 보이는 베의 가치보다 보이지 않는 자식 교육의 가치가 더 큼을 아는 사람이고, 그 선택을 실천함에 조금도 주저가 없는 결단력과 과감성을 가진 사람입니다.

그러니 그이를 위한 변명은 정말 쓸데없는 짓입니다. 그러면 이런 그이를 닮은 이 땅의 맹모들은 어떤가요?

그이들도 자식을 사랑하는 사람들이며, 조기 교육의 중요성을 잘 아는 사람들이며, 교육 환경의 중요성에 대해서는 말할 것도 없고, 이리저리 헤매지 않고 대번에 강남으로 이사를 갈 만큼 지혜로운 사람들이며, 자식들을 위한 희생과 헌신으로 말하면 맹모보다 결코 뒤지지 않으며, 유학으로 헤어져 사는 고통을 기꺼이 감내하는 과감함과 실천력을 갖춘 사람들입니다.

누가 이런 것을 '비뚤어진 교육열'이라고 심판하고, '진정한 자식 사랑' 운운하면서 조롱할 수 있겠습니까? 저에게는 맹모, 그이에 못지않은 사랑과 지혜와 용기가 보일 뿐입니다. 그이나 그이들에 대한 심판과 조롱은 물론이고, 그이나 그이들을 위한 변명조차도 쓸데없는 짓입니다. 더욱이 그이들이 만든, 교육열이란 사회적인 동력을 기반으로 교육 영역에 종사하면서 삶을 영위하는 우리들이 할 일은 그런 것이 아닙니다.

교육자로서 우리는 과연 무엇을 할 수 있을까요? 저는 우선 기도와 실천을 제안해 봅니다. 그이들의 그 헌신이 좋은 결과를 맺게 해 달라고. 그리고 그이들의 기대와 헌신보다 더 큰 보답을 얻을 수 있는 일에 우리의 실천이 도움이 되게 해 달라고. 이 세상에는 맹모가 되고 싶지 않은 그이들이 없기 때문에 자식이 잘되고 행복하기를 바라는 마음과 그 헌신은 누구도 비난할 수 없는 것입니다.

그래도 우리 중에 누군가는 그런 그이들의 열정이 정말로 우리 사회에 의미가 있도록 도와야 한다고 생각합니다. 아니 그이들의 사랑과 헌신이 맹목적인 열정과 허망한 도로徒勞로 끝나지 않고 맹모처럼 드높은 성취를 이룰 수 있도록 세심하게 다듬어야 한다고 생각합니다. 우리 사회는 누가 뭐라고 해도 그이들의 교육열을 바탕으로 지금 여기에 올 수 있었으니까

말입니다.

'사람다운 사람을 길러 내는 동력으로 자리매김할 수 있다면

우선 맹모들에 의해 주도되는 이 경쟁이 갖는 위험은 아이들을 학교와 가정에서 삶의 주인이 아닌 어른들의 꼭두각시 인형이 되게 할 것입니다. 그리고 아이들이 이런 상황을 자각하는 순간, 소중한 부모와 자식이라는 관계는 심각한 도전을 맞게 될 것입니다. 언제나 아이들은 내 소망을 대신할 인형이 아니라 자신의 삶과 행복의 주인이며, 자신도 이 세상의 그 무엇과도 바꿀 수 없는 소중한 아이들이 사랑하는 부모임을 잊지 않도록 도와야 합니다.

그 인형 역할에 부응하지 못한 아이들은 아이들대로 갖가지 상처에 고통스러워하고, 나아가 스스로의 가능성과 인간으로서의 소중함을 능동적으로 키워 갈 기회를 낭비하게 될 것입니다. 그러나 그 역할에 성공적으로 적응한 아이들도 경쟁에서 승리만을 추구하는 야수적인 삶에서 벗어나지 못해서, 모든 사회가 필요로 하는 사람다운 사람의 가능성이 처음부터 봉쇄될 것입니다.

또한 '아이 자체의 가능성과 노력의 결과에 의한 경쟁'과 '아이와 부모의 합작에 의한 결과에 의한 경쟁' 사이의 불공정함이 사회적인 상처가 되고 이는 점점 더 심화될 것입니다. 동시에 이를 치유할 수 있는 공교육은 점점 더 불공정을 선호하는 세력에 의해 공격을 받고 그 공공성이 위축될 것이며, 그 치유 행위는 도리어 규제로 낙인찍혀 도태되고 역으로 규제를 벗어난 사교육은 점차 강화될 것입니다.

부모는 부모답고, 자식은 자식답고, 사회는 사회다운 정의가 강물처럼 흐르고, 저 맹모들의 열정이 사람다운 사람을 길러 언제까지나 저 강물을 흐르게 하는 동력이었으면 좋겠습니다.

셋째 마당

요순에게서 스승과 학생의
도를 배우다

교육과 학습, 되돌아보기

　교육과 학습은 인류의 역사와 함께 이루어진 것이며, 아마 교육과 학습을 통한 지식의 축적과 전승은 오늘의 인류 문화를 형성한 가장 큰 동력일 것입니다. 그리고 이백만 년 정도의 인류 역사에서 백구십구만 오천 년 동안, 그 교육과 학습의 주 내용은 아마도 의식주衣食住, 특히 먹을 것을 해결하는 생존의 기술이었을 것이지요.

　그리고 오천 년 전, 우리 인류는 이른바 제1차 혁명이라고 하는 농업 사회에 진입하였습니다. 이 농업에는 곡식穀食, 천문 역법天文曆法, 관개灌漑, 치수治水, 경작 기술耕作技術, 도구道具 등의 발전과 함께, 땅에 정착하는 삶,

남성 노동과 부계 중심父系中心의 가족 형성, 소통을 위한 언어와 문자의 개발 그리고 정치, 사회적인 조직의 형성이 수반되었습니다.

이 농경 정착 사회는 농업 생산을 통하여 과거에 비할 수 없는 풍요를 누리게 되었지만, 동시에 과거에는 전혀 경험하지 못했던 도전을 받게 되었습니다. 그것은 대내적으로는 집단 구성원의 증가에 따라 사회적인 관계가 복잡해지고, 경제 활동이 활발해짐에 따라 상호 갈등을 빚는 분쟁이 늘어난 것이고, 대외적으로는 특히 추수 뒤에 유목민에 의한 약탈이 빈번해진 것이었습니다.

이것은 사회의 안정과 방위를 위한 정치적, 군사적 조직을 필요로 하였으며, 사회의 질서와 통합을 위한 규범과 인재를 필요로 하였습니다. 이 과정에서 그들은 수많은 실패와 성공의 경험을 겪으면서, 그 구성원들에게 생존 기술과 함께 문화적 성취와 사회적 규범을 학습시켜, 개개의 구성원을 사회화하는 것이 그 사회의 존립과 발전의 관건이라는 합의에 도달하였습니다.

동아시아의 역사에서는 바로 이 자리에 그 시대의 문제와 요청을 각성하고 이를 자신들의 문제로 인수하며 그 해결 방법을 제시하고 솔선하여 해결한 선각자先覺者, 선지자先知者, 선구자先驅者로서 요순堯舜이 있었습니다.

생존의 기술, 평화의 기술

공자는 동아시아의 고대 문화를 정리하여 《시경》, 《서경》, 《역경》, 《예기》,《춘추》,《악경》 등의 육경六經을 고전 문화의 정수로 확립하였는데, 이 가운데 가장 오래된 정치 역사서가 《서경》입니다. 이 《서경》의 첫 편은 순임금이 세운 나라인 우虞나라의 역사서인 〈우서虞書〉로, 요순과 그의 신하들인 우禹, 고요皐陶, 익직益稷 등의 대화를 주로 기록한 책입니다.

사실 공자는 고대 문화에 대한 열렬한 학습자였기 때문에, 요순 이전의 고대사에 대해서도 적지 않은 지식을 가지고 있었습니다. 그럼에도 공자는 삼황오제三皇五帝 가운데서는 마지막 이제二帝에 속하는 사람인 요순을 《서경》의 첫머리에 두었고, 이후 이들은 유학의 조종祖宗이 되었습니다. 《중용》에 "공자는 요순을 조술하고 문무를 헌장했다[仲尼 祖述堯舜 憲章文武]." 라고 한 표현이 이것입니다.

그 이유는 무엇일까요? 그것은 공자가 요순을 그 이전의 인류적 지도자들과 다른 성격을 가진 지도자로 보았기 때문이었습니다. 즉 과거의 지도자들, 사냥 기술을 가르친 복희伏犧, 농업과 의약을 가르친 신농神農, 수레를 만들고 싸움 기술을 가르친 황제黃帝 등은 대부분 생존 기술의 선각자들이라면, 요순은 농업 사회의 기술적 선각자일 뿐 아니라, 무엇보다도 정착 사회에서 요구되는 사회적 질서와 통합의 규범을 솔선수범한 도덕적 지도자였기 때문이었습니다.

이것은 교육적 관점에서 말하면 생존의 기술 이외에, 새로운 교육 내용이 제시되었음을 말하는 것입니다. 그것은 요약하면 사회적 제 관계에서 생겨나는 여러 갈등을 극복하고 서로를 통합시켜 주는 친애의 관계를 획득하는 평화의 기술입니다. 평화平和란 말의 평平은 평화를 얻는 방법인 평등平等, 균형均衡, 안정安定을 의미하고, 화和는 그렇게 하여 얻은 화해和解,

조화調和, 화목和睦의 결과를 의미합니다.

이것은 사회적 제 관계에서 각자의 권리와 기회, 책임과 의무가 공평성을 유지해야 상호 화합을 통한 사회적 역량의 결집이 이루어지고, 이렇게 결집된 사회적 역량만이 그 사회의 문제와 요구를 해결할 수 있는 힘임을 의미하는 것입니다. 유학의 제가齊家, 치국治國, 평천하平天下의 제齊, 치治, 평平은 모두 이런 평화의 기술과 내용을 의미하는 것입니다.

공손恭遜과 겸양謙讓의 교사, 요堯

평화의 기술을 통하여 각 단위의 사회적 갈등을 치유하는 것은 모두 정치적 행위입니다. 동시에 그 평화의 기술을 가르쳐 갈등이 생겨나지 않게 예방하는 것이 교육입니다. 그러므로 정치와 교육은 목적은 같으나, 실천하는 방법과 효과만 다른 것이지요. 이것이 동아시아의 선각자들이 정치보다 교육을 중요시한 이유이고, 스스로가 불화의 해결자인 군주보다 평화의 모범인 스승이고자 한 이유입니다.

바로 그런 인간상의 첫 자리에 요가 있었습니다. 《서경》요전 첫머리의 두 구절은 그가 어떻게 백성百姓의 평장平章과 만방萬邦의 협화協和와 시대의 평화平和를 성취했는가를 간략하게 보여 주고 있습니다. 첫째 구절은 이렇게 시작합니다.

옛날의 제帝이신 요堯의 사적을 살펴보면, 공이 크셨다. 공경하고 지혜로운 인격에서 드러난 모습과 생각이 자연스럽고 안정되시며, 진실로 공손恭遜하고 능동적으로 겸양謙讓하사, 그 빛나심이 사방四方의 밖에까지 더해지고 천지天地 상하上下에까지 이르렀다.

불화不和를 해결하는 정치는 공정한 정의가 중요합니다. 그러나 평화平和를 준비하는 교육은 '나를 낮추고 남을 높이[卑己尊人]는 공손'과 '내 권리와 기회를 남에게 넘겨주는 겸양'의 실천이 핵심입니다. 이것이 요의 교사로서의 실천이라면, 과연 우리는 현실에서 이런 실천이 가능할까요? 그렇게 실천할 수 있는 힘은 어디에서 나올까요? 쉽지 않은 일일 것이지만, 요의 대답은 의외로 쉬운 곳에 있었습니다. 둘째 구절입니다.

능히 큰 덕을 밝히서서 구족九族을 사랑하시니, 구족이 모두 화목하게 된 뒤에, 백성百姓을 고루 밝히시니 백성이 덕을 환하게 밝히며, 만방萬邦과 협력하여 화목하니, 모든 사람들이 달라져서 한 시대의 평화가 성취되었다.

요가 공손과 겸양의 실천으로 평화를 성취한 토대는 자식을 키운 덕으로 '가족에 대한 사랑을 실천함'에서 시작된 것입니다.

혈연의 동질성을 근거로 한 연대連帶로 이루어진 구족을 내 몸처럼 사랑하여 서로 평화롭게 살도록 하고, 이 방법과 힘을 가지고 '백 가지 다른 혈연을 가진 성씨 집단[百姓]'에 대해서도 공평하게 대하고 밝게 그 모습을 보여 주시니, 백성들이 모두 자발적으로 그 덕을 밝히게 되어 평화로운 사회가 되고, '제각기 백성을 가진 만 개의 나라[萬邦]'들이 서로 협력하고 화목하게 되고, 드디어 모든 사람들이 새롭게 변하여 평화의 시대가 이루어졌습니다.

이것은 유학이 좋은 세상을 만드는 힘과 방법을 그대로 담고 있습니다. 유학에서 그 힘의 원천은 사람을 사랑하는 덕德이며, 그 방법은 가까운 가족에서 시작하여 차츰 더 큰 사회로 확대하는 것입니다. 전통적 용어로 말하면 맹자가 말한 친친親親, 인민仁民, 애물愛物의 친인애親仁愛가 힘의 근원이고, 덕치德治, 덕교德教와 수기치인修己治人이 그 방법입니다.

요는 내면적으로 사람을 공경하는 마음과 밝은 지혜의 인격을 성취하였습니다. 그 인격과 덕을 토대로 가족을 사랑하는 힘과 거기에서 얻은 방법을 가지고 공손과 겸양을 실천하여, 가족과 사회와 인류와 시대의 평화를 성취한 것입니다. 그래서 요는 인격人格, 역량力量, 자세姿勢, 방법方法, 실천實踐에서 인류의 평화를 위한 가장 위대한 교사였던 것입니다.

그것은 철저한 자기 헌신 위에 있습니다. 만약 요가 스스로 쌓은 역량을 자신만을 위해 쓰거나, 아니면 가족과 백성과 만방을 위해 실천한 자신의 헌신에 대해 대가를 요구했다면, 어떨까요? 저는 원칙적으로 요는 그런 대가를 요구할 자격이 있다고 생각합니다. 적어도 주고받는 것이 공정해야 한다면, 요가 그런 헌신과 공헌에 대한 대가를 받는 것은 정의입니다.

그러나 요가 요인 것은 그런 대가를 바라지 않았기 때문입니다. 아니 친족과 백성과 만방이 그 대가를 지불할 준비가 되어 있지 않았음을 알았기 때문입니다. 그러므로 정의의 관점에서 대가를 요구하는 대신에 일방적인 헌신을 한 것입니다. 그리고 바로 이런 헌신이 미덕美德의 상징입니다. 주고받음의 공정함이란 정의는 아직 미덕이 아닙니다.

교육은 역량을 길러 주는 것입니다. 그러나 요가 보여 주는 교육자상을 보면 정말 중요한 것은 그 역량을 사용하는 인간의 자세와 방식과 실천입니다. 우리 시대가 반드시 배워야 할 모습입니다.

여인위선與人爲善의 학생, 순舜

《서경》요전에 나오는 요의 기사記事는 그가 농업 사회에서 천문을 주관하는 생존 기술의 교사로서 보여 준 역할로 이어집니다. 그 핵심은 중앙과 사방에서 천문을 관측하여 농사에 가장 적절한 시기를 알려 주는 역할이지요. 그리고 그의 마지막 역할은 자신과 같은 헌신을 할 후계자를 등용하는 일이었지요.

교육이 생존의 기술과 평화의 기술을 가르치는 일이라면, 그런 역량을 가진 인재를 기르고 선발하고 등용하는 일은 그 사회의 생존을 풍요롭게 하고 평화를 지키고 확대하는 관건이 됩니다. 나쁜 교육 환경, 아니 나쁜 생존의 조건에도 불구하고 그런 인재로 자란 뛰어난 학생이 있었습니다. 그가 순舜입니다. 《서경》에는 순이 어떤 학습의 과정을 거쳤는지 자세하지 않습니다. 그래도 순의 등용 과정에서 그가 어떤 역량을 성취했는지를 알 수 있는 능력 시험이 있었습니다.

원래 순이 추천되기 전에 임금인 요의 아들인 단주丹朱를 추천한 사람이 있었습니다. 단주는 총명했으나, 그 능력을 남을 깔보고 무시하며 자신의 잘못을 감추고 다른 사람과 다투는 데 썼습니다. 그것은 유능함이 평화의 능력이 아니라 도리어 갈등의 빌미가 될 수 있음을 보여 주는 실례였습니다.

또 공공共工이란 기술 관리를 추천한 사람이 있었습니다. 요는 그가 언행이 일치하지 않으며 겉으로만 공손한 체하는 사람이라고 거절하였습니다. 또 우禹의 부친인 곤鯀을 추천하는 사람이 있었습니다. 요는 그가 천리를 거슬러 인류에 해가 될 것이라고 걱정하였으나, 당시 홍수로 고통받던 사람들은 댐을 만드는 그의 치수 기술에 기대를 걸고 강력하게 그를 추천하였습니다. 그러나 역시 요의 걱정대로 자연의 이치를 거스르는 제방 쌓기의 치수는 효과가 없었습니다. 아니 재난을 더욱 키웠습니다.

마지막으로 평민이며 홀아비인 순이 추천되었습니다. 그를 천거한 것은 사악四岳이었는데, 그 추천 이유를 "장님의 아들입니다. 아버지는 완악頑惡하고 계모는 어리석고 이복동생인 상象은 거만한데, 효성으로 이들을 화목하게 하여 차츰차츰 바로잡아서, 이 가족들이 간악한 사람이 되지 않게 하였다."라고 하였습니다. 극단적인 갈등의 요소를 가진 불행한 가족을, 효도의 힘으로 화목하게 바꾼 능력을 추천한 것입니다.

요의 첫 번째 시험은 순에게 또 다른 극단적인 갈등 요소를 지닌 가족 관계에 그를 넣어 시험한 것이었습니다. 요는 그의 두 딸을 순의 아내로 삼아, 어떻게 그가 이 갈등을 푸는가를 시험하였습니다. 그 뒤에 그는 사회의 여러 영역에서 능력을 시험받았습니다. 오륜五倫의 법도를 교육하는 능력, 관리를 통솔하는 재상의 능력, 사방의 국가들과 평화롭게 지내는 외교 능력 그리고 마지막으로 그는 악천후 속에서 깊은 산중에서 홀로 살아 나오는 시험을 치렀습니다. 지금으로 말하면 위기 관리 능력입니다.

이 모든 시험을 통과한 그는 섭정이 되고, 결국은 요의 뒤를 이어 제帝가 되었습니다. 그러나 《사기》와 《맹자》에서는 이런 공적인 등용 시험 이전에 그가 유능한 농부農夫이며, 어부漁夫이며, 도공陶工이었음을 보여 주고 있습니다. 도대체 그는 어떻게 이처럼 만능의 역량을 얻게 된 것일까요? 그것은 그가 뛰어난 학생이었기에 가능하였습니다.

맹자는 당시까지 역사에서 세 명의 뛰어난 학생을 예로 들면서, 그 가운데 순이 가장 위대한 학생이라고 하였습니다. 첫 번째는 공자의 제자인 자로子路인데, 그는 '다른 사람이 자신의 잘못을 지적해 주면 기뻐하였다〔喜聞過〕'고 합니다. 두 번째는 우禹인데, 그는 '선한 말을 들으면 그 사람에게 절을 하였다〔拜善言〕'고 합니다.

마지막으로 순은 '모든 선을 언제나 다른 사람들과 공유하였다〔善與人同〕'고 합니다. 그는 농사를 지을 때나 고기를 잡을 때나 도자기를 구울 때나 등용 시험을 치를 때나 천자가 된 뒤에도, 항상 자신보다 나은 능력과 기술과 심지어는 덕성을 가진 사람들의 선을 기꺼이 배웠습니다. 그에게는 그런 훌륭한 것들이 보다 나은 선善이라는 의식 이외에, 그것이 누구의 것인가 하는 것은 중요하지 않았습니다.

그는 그 과정에서 상처도 받지 않았고, 질투도 하지 않았습니다. 그리고 이렇게 배운 것을 누구에게나 알려 주었습니다. 지식이든 능력이든 덕성이든 그에게는 사유화私有化하려는 의식이 없었습니다. 그래서 누구나 그에게 가르치고 싶어 하였고, 아무 거리낌 없이 그에게 배울 수 있었습니다. 그는 누구의 선이라도 인정하고 존중하면서 자신의 선을 대가를 바라지 않고 나누었으므로, 자연스럽게 그의 주위에는 점점 더 사람들이 모여

들어 거대한 공동체가 형성되었습니다.

그는 자신이 부족할 때는 '기꺼이 자신의 것을 버리고 다른 사람의 선을 따랐고[舍己從人.]', 남이 훌륭할 때는 무엇도 가리지 않고 '즐거운 마음으로 그것을 취하여 자신의 선으로 삼았습니다[樂取於人以爲善]'. 그래서 순이 배운 선을 앞장서서 가르치고 순의 모범을 본 사람들은 누구나 다시 그 선을 더욱 열심히 더 잘하려고 노력하게 되고, 그것을 본 주위의 사람들도 모두 그것을 따라 할 뿐 아니라 자기 나름의 선을 찾아 내고 실천하려는 노력을 하게 되었습니다. 맹자는 이것을 순이 '다른 사람들이 선을 행하는 것을 인정함으로써, 다시 그들의 선행을 격려하여 힘쓰도록 도와주는 것[與人爲善]'이라고 하였습니다.

결국 순이 훌륭한 학생임은 이 세상에 선의 모범인 훌륭한 스승들을 인정하고 도와서, 이런 스승들이 점점 더 많아지게 한 데 있습니다. 이런 순은 좋은 학생인가요? 좋은 스승인가요? 그래서 맹자는 군자君子의 선행善行에는 '여인위선與人爲善'보다 더 위대한 것이 없다고 단언하였습니다.

다시 묻습니다. 우리는 과연 좋은 스승인가요? 좋은 학생인가요?

《주역》몽괘의 교육 이야기

교육이란 무엇인가

《주역》의 제4괘인 몽괘蒙卦는 점을 치는 것, 며느리를 얻는 혼인에 관한 것, 부모와 자식의 특수한 관계에 관한 것, 전쟁에 관한 것이지만, 전체적인 내용은 대부분 교육, 특히 아동 교육에 관한 내용을 담고 있으며, 위에 든 다른 내용들도 교육과 관련된 은유적인 의미들을 갖고 있습니다.

물론 이 괘는 주자朱子가 말한 대로 '사람을 가르치는[誨人]' 일에만 적용되는 내용을 담은 것이 아니라 다른 일에도 광범위하게 적용할 수 있는 것이고, 상대적으로 다른 괘들에도 배움과 가르침에 관한 내용은 다양하게 찾을 수 있는 것입니다. 그러나 다른 괘들은 이 괘처럼 교육에 대한 체계적인 이해를 담고 있는 것이 아니기에, 전통적으로 이 몽괘가 동아시아의 교육관을 상징하는 괘로 이해되어 왔습니다.

이 때문에 동아시아의 전통 사회에서 어린 학생을 표현하는 개념이 동몽童蒙이 되고, 이들을 가르치는 교재의 이름에도 이 몽괘에 나오는 용어가 다양하게 쓰이게 된 것이지요. 예를 들어 율곡의 《격몽요결擊蒙要訣》은 이 괘 상구上九의 효사爻辭를 쓴 것이고, 《동몽선습童蒙先習》, 《계몽편啓蒙篇》, 《몽구蒙求》 등 전통 교재들의 명칭도 모두 여기에서 나온 것이며, 사회적 사조思潮의 하나인 계몽주의啓蒙主義란 용어도 여기에서 온 것입니다. 이 몽괘에는 교육에 대한 다양한 이해, 동몽에 대한 이해, 교사의 역할과 한계, 학생과 교사의 관계, 교육의 내용과 방법은 물론, 이 과정에서 주의해야 할 요소들에 대한 내용이 포함되어 있습니다.

양육養育, 계발啓發, 개명開明

몽蒙은 여섯 효로 이루어진 주역의 64괘 가운데 제4괘의 이름, 즉 괘명卦名입니다. 이 글자는 본래 지의류地衣類 식물인 새삼, 청라를 표현한 글자인데, '땅이 옷을 입은 것처럼 땅을 덮은 식물'이라는 의미에서 '덮다' 또는 '덮어 가리다'는 동사적 의미가 인신引伸된 것입니다. 그리고 다시 이 덮여 있고 가려져 있는 것들은 어둡기에 몽매蒙昧란 의미가 생기고, 밝지 않고 어두운 것은 '어리고 어리석은 것'의 모습이어서, 아직 지혜가 밝지 못한 어린 아이라는 동몽童蒙의 의미가 생겨난 것입니다.

정자程子가 "몽은 사물의 어린 것이다. 사물이 처음 생겨날 때는 어리고 작아서, 몽매한 상태를 스스로 열지 못한다[蒙 物之稚也 物始生稚小 蒙昧未發]."라고 한 것은 사물이 처음 생겨나 어린 것이 몽임을 지적한 것이라면, 주자朱子가 "몽이란 어두운 것이다. 사물들이 처음 생겨날 때는 몽매하여 밝지 못하다[蒙 昧也 物生之初 蒙昧未明也]."라고 한 것은 어린 것의 몽매한 상태가 몽괘의 괘명이 갖는 의미임을 보여 줍니다.

즉, 몽이란 처음 생겨난 상태에서 아직 그가 살아가야 할 세상에 대해 무지한 상태를 의미하는 것입니다. 이 어린 생명에게 그가 살아가야 하는 삶의 조건으로서 이 세계는 낯선 곳이며, 당연히 이 세계에서의 삶의 방식을 모르는 어린 생명에게 세계는 위험으로 가득 찬 모험의 장인 것입니다. 그러므로 보호자와 안내자는 필수일 수밖에 없지요.

그러나 어리고 몽매한 것들은 언제나 그 어리고 몽매한 상태에 머물러 있지 않습니다. 역易은 전통적으로 변역變易, 불역不易, 간이簡易의 의미를 갖고 있지만 그 중에서도 변화變化가 주의미主意味이고, 개체에서 변화란 곧 성장과 운동의 과정입니다. 그러므로 '어리고', '덮여 있고', '어두운 것'들은 어른으로 '자라고', '열리고', '밝은 것'을 향하여 운동합니다. 이 과정을 통하여, '어리고 작은 것[稚小]'들은 장대[長大]하게 자라고, '덮여 있던 것[蒙]'들은 열리고[啓發], '어두운 것[昧]'들은 밝아집니다[明].

이 자라고 열리고 밝아지는 힘은 어디에서 오는가요? 그 모든 가능성은 바로 어린 생명 자체에 있는 것입니다. 이것이 괘사卦辭의 '몽은 형통하다[蒙亨]'는 구절이 갖는 의미입니다. 몽은 아직은 어린 생명이 어둠에 덮여서 가능성이 개발되지 않은 상태, 즉 몽매미발蒙昧未發의 상태이지만, 그것은 개발 가능성을 지닌 것이기에 변화할 수 있고, 운동을 통하여 성장[亨]할 수 있습니다. 주자가 "몽에는 개발의 이치가 있으니, 이것이 형통하다는 뜻이다[蒙 有開發之理 亨之義也]."라고 한 것이 이것이지요.

이 자라고 열리고 밝아지는 성장은 두 가지 노력을 통하여 이루어집니다. 어린 생명 자체에 있어서는 이 노력의 과정이 배움이고, 그 어린 생명을 보호하고 인도하고 기르는 사람에 있어서는 이 노력의 과정이 가르침입니다. 그러므로 교육이란 아직 어리고 덮여 있고 어두운 아이들을 기르고 열어 주고 밝혀 주는 일입니다.

카오스에서 코스모스로

몽괘에서 교육이란 양육養育과 계발啓發과 개명開明을 의미하는 것이 기본이지만, 이 이외에도 교육에 대한 다른 관점의 정의가 존재합니다. 그것은 첫째 괘서卦序, 즉 괘의 배열 순서상에서 갖는 의미입니다. 몽괘는 혼돈混沌 상태에서 안정安定과 조화調和 상태로 움직여 가는 첫걸음을 의미합니다. 주역의 64괘 가운데 첫 두 괘인 건곤괘乾坤卦는 순수한 양陽과 음陰만으로 이루어진 괘로서 불변의 원리를 표현한 상징성이 강하고, 실제로 세계의 변화를 표현하기 시작한 것은 세 번째 괘인 준괘屯卦입니다.

위는 물을 상징하는 감괘 아래는 뇌전을 상징하는 진괘, 즉 '상감하진上坎下震'의 물과 뇌전으로 이루어진 이 준괘屯卦는 '천지를 가득 채운 만물들이 처음 생겨날 때의 어려움'을 상징하는 괘입니다. 이 준괘의 어려움은 외적 환경이 불안정한 혼돈 상태에서 오는 것인데, 물과 뇌전의 상象은 '온통 천둥 번개가 치고 억수 같은 비가 내리는' 혼돈의 상태를 보여 줍니다. 땅과 물이 뒤섞인 혼돈은 이 세계가 처음 만들어지는 '천조초매天造草昧'의 모습이지요. 그리고 역易의 운동 원리運動原理에 의해 이런 혼돈은 안정과 조화를 찾아서 움직여 갑니다.

이 운동의 첫걸음이 몽괘입니다. 몽괘는 '상간하감上艮下坎'의 산과 물로 이루어진 괘인데, 육지인 산은 위로 제자리를 잡고 물은 아래로 흘러 제자리를 잡는 안정된 상태를 이루고 있습니다. 그것은 바로 세계世界가 혼돈을 겪고 난 뒤에 찾아온 안정 상태를 상징하는 것이지요. 그리고 이 세계의 안정은 말할 것도 없이 개체 생명들이 스스로의 생명을 유지하고 성장해 갈 수 있는 터전입니다.

몽괘가 혼돈에서 안정으로 가는 첫걸음이며, 모든 생명들의 삶의 터전으로 이 세계의 안정을 의미한다는 것은 교육적으로 어떤 의미일까요? 그것은 우선 교육은 혼돈 상태의 생명을 조화롭고 안정적인 생명으로 이끌어 가는 작업 과정이며, 앞에서 말한 양육과 계발과 개명이란 교육의 의미는 바로 이 안정되고 조화로운 생명의 성취를 목적으로 함을 의미하는 것입니다.

그리고 그것은 또한 먼저 안정을 이룬 이 세계가 인간이 찾아서 운동해 가야 할 지향점을 보여 주는 스승이라는 의미이기도 합니다. 인간과 세계의 인연 속에서 인간은 세계를 배우는 학생이며, 세계는 인간의 스승입니다. 인간은 이 세계의 한 조각으로 이 세계를 배우고, 이 세계를 그 안에 담아내어 성취하고자 합니다. 그러면 세계는 인간을 희망으로 삼아 그 성장을 도와주면서, 언젠가는 세계와 인간이 대등한 벗이 되기를 기다립니다.

그러므로 인간의 학습과 교육은 모든 개별적인 존재와 사회의 완성을 위한 과정인 동시에, 이 세계적이면서 인류적인 이상이며 전망인 천인합일天人合一을 성취하는 가장 관건적인 동력動力입니다. 인간은 이 길을 개별적으로 추구하지만, 동시에 그들은 사회적으로 또 역사적으로 이 세계를 배우고 닮아 갑니다.

인간은 이 세계에서 점점 더 많은 것들을 배우고, 그 배운 것들을 한 세대에서 다음 세대로 가르쳐서 이어 가고 키워 갑니다. 그러므로 배움이란 그 앞 세대 전체를 계승하는 일이요, 가르침이란 그 세대까지의 성취를 다음 세대에 전해 주는 일이지요. 이렇게 해서 배움과 교육은 사람과 사람, 세대와 세대를 이어 가면서 이 세계의 본질을 닮은 온전한 인간을 만들기를 꿈꾸면서 온전한 세계를 지향해 가는 것입니다.

학생學生에 대한 이해

학생의 현실 — 가능성과 한계

인간의 학습과 교육이 개인의 성장을 넘어서 인류적 성장을 통해 꿈을 이루어 가는 동력이라고 할 때, 모든 사람은 우선 세계를 배우는 학생입니다. 그리고 학생이란 말은 미숙함과 가능성이란 양면성의 내적 현실을 가진 존재임을 의미하지요. 이 양면성은 학습과 교육의 외적 환경에도 그대로 적용되어, 환경적 조건은 언제나 성장의 토대가 되고 동시에 한계가 됩니다. 당연히 몽괘에 나타난 외적 조건은 긍정적인 모습과 부정적인 모습이 있습니다.

긍정적인 조건의 상징은 상하괘上下卦의 괘상卦象에서 옵니다. 즉 육지인 산이 위에 있고 물이 아래에 있는 세계의 안정성은 학습의 안정적 환경을 보여 줍니다. 그 좋은 환경은 학습의 터전으로 삼아 이용하면 됩니다. 학습을 통해서 성장해야 할 아이에게 안정적인 환경이 무엇인가는 자명한 것이지요. 그것은 안정적인 가정이고 학교이고 사회입니다.

그러나 상하괘의 괘덕卦德으로 보면 감坎의 덕은 험險이고 간艮의 덕은 지止라서, 이것은 험악한 여건에 막혀서 조금도 움직이지 못하는 상황입니다. 정자는 이를 "간은 산이 되고 그침이 된다. 감은 물이 되고 험함이 된다. 산 아래 험함이 있어, 험한 상황을 만나 멈추어서 갈 바를 모르는 것이 몽이다艮爲山爲止 坎爲水爲險 山下有險 遇險而止 莫知所之 蒙之象也."라고 했습니다.

이것은 인간의 성장이 좋은 조건 아래에서만 자연스럽게 이루어지는 것이 아니라, 반드시 험한 장애를 만나게 됨을 의미합니다. 그런 장애는 인간 성장에 대한 도전이기도 하지만, 때로는 생명 자체에 대한 도전이 되기도 합니다. 그리고 이 험난한 장애들의 도전은 그것을 성공적으로 극복하면, 아니 때로는 참담한 실패를 경험하더라도 성장의 가장 중요한 계기들이 되는 것입니다.

그러나 긍정적 조건을 이용하든 장애의 조건을 성장의 계기로 활용하든 이 모든 과정은 모두 학생의 내적 조건을 전제로 합니다. 거기에도 당연히 양면성이 존재하지요.

우선 그 내적 조건의 부정적인 양상인 미숙함은 신체적으로 어리고 약하며 정신적으로 무지하다는 것입니다. 즉 치약稚弱과 몽매蒙昧의 상태입니다. 그러므로 아직 어리고 약하며 무지한 아이들은 보호를 받아야 하고 인도를 받아야 합니다. 그리고 그것은 당연히 아이들의 책임과 역할이 아니고, 보호자와 교육자의 역할이고 책임입니다.

그러나 이 치약하고 몽매한 생명은 그 자체 안에 이미 어리고 약하고 무지한 상태를 극복할 역량을 가능성으로 담고 있습니다. 앞의 교육의 본질에서 말한 '몽은 형통하다[蒙亨]'는 것이 이것을 의미합니다. 다만 이 성장의 가능성은 저절로 형통하게 발현되는 것은 아닙니다. 그것은 우선 앞에서 말한 보호자와 교육자의 역할이기도 하지만, 이 몽괘에서는 특히 성장하는 주체인 학생의 능동적인 자세와 노력을 중시합니다.

배움의 의지

몽괘의 여섯 효 가운데 음효陰爻는 넷인데, 이 음효들은 배우는 사람의 상징이고, 두 양효陽爻는 가르치는 사람의 상징입니다. 몽괘와 이 음효들을 살펴보면, 배우는 학생은 스스로 성장할 수 있는 가능성을 토대로 하여, 다음과 같은 노력을 더해야 합니다.

첫째는 유치하고 몽매한 상태를 벗어던지고 성숙하고 지혜로운 성인이 되겠다는 '의지와 바람[志願]'이 있어야 합니다. 뜻을 세우고 원을 세우는 것이 모든 일의 시작이듯이, 자신의 몽매함을 제거하고자 하는 거몽去蒙, 가능성을 개발하고자 하는 발몽發蒙의 의지가 학습의 출발점입니다. 뜻을 세운다는 입지를 말합니다.

그리고 이런 의지를 실천하는 구체적 행위의 시작은 언제나 스승을 찾는 일입니다. 그것도 주어지는 선생님이 아니라, 선생님을 찾아가는 것입니다. 그러므로 배움의 집으로 학교란 스승이 있는 모든 곳이며, 배울 수 있는 스승이 있는 곳이면 그곳은 어디나 학교입니다.

단象에 "내가 동몽을 찾는 것이 아니라 동몽이 나를 찾는다는 것은 의지가 서로 호응하는 것이다匪我求童蒙 童蒙求我 志應也."라고 한 것은 이 학생의 능동적인 의지가 가르치는 사람의 가르치고자 하는 의지를 불러일으켜, 그 두 의지의 상호 호응 속에서 배우고 가르침이 이루어짐을 의미합니다. 학습의 의지가 교육의 의지에 앞선다는 말입니다.

이런 측면에서 근대를 이끌어 온 교육자 중심의 계몽주의 교육은 나름 시대적인 정당성을 가진 것이지만, 배우는 사람의 능동성을 중시하는 교육의 본질적인 측면에서 보면 명백한 오류입니다. 그 최선이라고 하는 '학생들의 학습 의지를 이끌어 낸다'는 방식들조차도 여전히 교육자의 의지를 앞세운 것이며, 아이들의 학습의 의지를 토대로 한 것은 아니지요.

그러므로 근대 교육은 항상 학생들이 학습의 의지를 가질 수밖에 없는 사회 환경의 도움을 받아 발전해 왔으며, 당연히 그런 사회적 환경이 무너지면 부모들의 교육열에 의지하여 교육을 지속해 왔던 것입니다. 그것은 당연히 아이들이 학습의 의지를 가질 수 있는 계기와 수업 방안들을 마련하는 고민으로 이어졌습니다.

그러나 중요한 것은 배우려는 학생의 의지가 없이는 배움과 교육 그리고 이를 통한 성장은 정말 어렵다는 사실입니다. 이 몽괘에서 그런 양상을 보여 주는 상징은 육사六四입니다. 몽괘의 육사는 몽암蒙暗한 존재로서 교육을 받아야 할 대상이지만, 가르쳐 줄 수 있는 교사와 관계를 맺을 수 있는 두 가지 조건인 비比와 응應에, 모두 그를 가르칠 수 있는 힘을 가진 존재인 양효陽爻가 없는 유일한 효입니다. 비란 주위에 스승으로 삼을 사람이 없는 것이고, 응은 삶의 과정에서 그런 스승을 만날 기회가 없는 것입니다. 이 때문에 여건 자체가 몽매함을 벗어날 수 없는 "어려운 처지에 빠진 동몽이니, 곤궁하다[困蒙吝]."라고 한 것입니다.

그러나 이것은 사실 환경의 문제가 아니라, 의지의 문제입니다. 물론 환경의 열악함도 문제인 것은 사실이지만, 사람의 일은 환경에 의해 결정되는 것만은 아닙니다. 스스로 환경이 열악하더라도 배우고자 하는 능동적인 의지와 열망을 갖고 현명하고 훌륭한 사람을 찾아가야 합니다. 그러므로 이 육사 효의 효상爻象에서, 이 육사가 곤궁하게 된 결과를 초래한 이유를 환경에 책임을 돌리지 않고, 그 자신 스스로가 의지가 없어 멀리한 것이라 한 것입니다.

배움의 자세

둘째는 배우는 사람의 자세를 갖추어야 합니다. 그것은 단지 가르치는 사람에 대한 예의禮儀와 존중尊重이란 외적인 행위만을 의미하는 것이 아니라, 그런 행동이 나오는 스스로의 마음가짐으로서의 자세를 의미합니다. 배움은 받아들임입니다. 그것도 겸허한 받아들임이어야 합니다. 몽괘의 여섯 효 가운데 육오의 동몽은 바로 이런 겸허한 받아들임의 자세를 보여 주고 있으며, 이 때문에 동몽은 가장 좋은 결과를 얻을 수 있는 학생의 상징입니다.

동몽은 순수한 마음으로, 가르치는 사람의 말을 잘 듣는 아이입니다. 아이의 순수함은 받아들임을 쉽게 하지만, 선입관을 가진 어른은 다른 사람을 겸허하게 받아들임이 어렵습니다. 동몽은 아이의 순수하고 맑고 깨끗한 본질입니다. 어른에게 순수함과 겸허함은 어렵게 성취한 미덕美德이지만, 아이들에게는 본성本性이지요. 몽괘의 상象에 "산 아래 샘물이 솟는 것이 몽이다[山下出泉 蒙]."라고 한 것은 바로 이런 맑고 순수함을 보여 줍니다.

그러나 어른이라 하더라도 스스로의 선입관을 비우면 아이처럼 순수한 마음의 자세를 갖출 수 있습니다. 이것이 '사기종인舍己從人', '허기수인虛己受人'의 자세라고 하는 것인데, 몽괘의 육오는 바로 이런 겸허한 자세를 가지고 그를 가르치는 교사인 구이와 정응正應이 되어 좋은 결과를 얻게 된 것입니다. 육오 효상爻象에 "동몽의 길함은 구오의 가르침을 따르고 겸허하기 때문이다[童蒙之吉 順而巽也]."라고 한 것이 이것입니다.

어떻게 보면 배움의 핵심은 배움의 내용들, 즉 대상 세계에 대해 알아가는 것 이전에, 바로 자신 속에서 이 '사기종인'과 '허기수인'의 겸손함을 갖추어 가는 것이라 하겠습니다. 이 겸허함은 주역적 관점에서 이해하면, 서른두 개의 육오 효六五爻들은 공통적으로 팔괘八卦 가운데 이괘離卦의 '허중虛中의 상'을 가지고 있음에서 온 것입니다. 허중은 여러 가지로 이해할 수 있지만, 인간적인 의미에서 우선 중요한 것은 겸허한 자세로 '마음을 비움'입니다.

《서경》의 《열명說命》 편에서 "배움은 오직 생각을 겸손하게 해야 한다[惟學 遜志]."라고 한 것도 바로 이런 배움의 자세를 강조한 것입니다. 이런 자세는 어디에서 나오는 것일까요? 그것은 자신의 무지無知에 대한 자각에서 오는 것입니다. 사실 많이 배웠다는 증거는 아는 것이 많다는 것이 아니라, 얼마나 자신이 모르는 것이 많은가를 깨달아 더욱 겸허해지는 것입니다.

그런데 이런 겸허한 자세가 갖는 중요함은 배움의 효율성이라는 관점에만 있는 것이 아닙니다. 마음을 비움이 갖는 가장 중요한 성취는 그것이 '더 높고 더 깊고 더 큰 지혜[虛中之明]'를 담는 사람이라는 그릇 자체를 키워가는 길이 된다는 것입니다. 배움의 목적이 인간의 성장이라면, 가장 큰 성장은 역시 인간 자체가 커지는 것이 아니겠습니까?

반면에 배우는 사람이 마음을 비우지 못하거나, 선입관을 가지거나, 순수하지 못한 의도를 가지면 안 됩니다. 그 경우 대개는 진정한 스승과 정당한 모델을 찾는 대신에, 당장 부당한 욕망을 충족시켜 줄 대상을 찾게 됩니다. 그것이 몽괘 육삼의 경고이지요. 이 괘의 내용은 여인이 자신의 정당한 배필 대신에 돈 많고 힘 있는 남자를 선택한 결과의 나쁨을 말하고 있습니다.

그러나 이 비유가 의미하는 것을 교육적으로 이해하면, 몽매해서 배워야 하는 자가 가르쳐 줄 상대인 상구의 정응正應을 버리고, 당장의 욕망을 채워줄 구이를 친비親比해서 제 본분을 잃어버린 상태를 말합니다. 그러므로 교육을 말한 몽괘 가운데 유독 이 효만 '몽을 말하지 않았으니[不言蒙]', 겉으로는 배우는 자의 모습을 갖고 있으나, 이미 스스로 그 배우는 사람의 자세를 포기했기 때문입니다.

면학勉學에서 호학好學으로

셋째는 위의 겸허함이 인도해 주는 길로 부단한 배움의 실천입니다. 참다운 학생은 언제나 스스로의 비어 있음과 부족함을 겸허하게 인정하고, 세계와 인간의 성취와 교훈을 끊임없이 받아들여 스스로를 채워 가는 배움을 멈추지 않습니다. 그래서 겸허謙虛는 호학好學이 됩니다. 배움에 왕도王道가 있을까요? 왕도는 없습니다. 그러나 거기에 가장 가까운 것은 일상日常에서조차 배우기를 좋아하는 호학이 아닐까요?

이 호학의 대표적인 모습은 배운 것을 끊임없이 연습하는 것입니다. 우리가 가장 흔하게 사용하는 공부工夫라는 말의 주요한 의미는 연습練習입니다. 그것은 모범模範을 반복해서 흉내 내는 학습學習의 과정이며, 학습 내용을 깨쳐서 나의 능력과 힘으로 체득體得해 가는 과정입니다. 이렇게 연습을 통해서 얻은 능력과 힘은 자유自由를 줍니다. 그러므로 공부는 질곡桎梏에서 자신을 해방시켜 자유를 얻어 가는 과정이기도 합니다.

초육 효사에서 "몽매함을 열어 가되, 형인을 써서 질곡을 벗겨 주는 것이 이롭다[發蒙 利用刑人 用脫桎梏]."라고 한 것은, 교육의 목적이 배우는 사람의 질곡桎梏인 몽매함을 벗겨 내서 자유로운 생명이 되게 함에 있음을 보여 줍니다. 그러므로 배움이란 스스로 질곡을 벗어던지고 자유로운 생명이 되는 길입니다. 이런 배움이고 이런 교육이라면 누가 그 길을 감을 기뻐하지 않을 수 있겠습니까?

물론 그런 자유를 얻는 과정은 녹록하지 않습니다. 녹록하지 않은 학습의 과정에서 가장 중요한 과정은 묻는 것입니다. 겉모습의 흉내 내기에 지나지 않았던 배움이 온전한 자기 체득이 되게 하는 관건은 묻는 것입니다. 묻기로 인해서 학습學習은 학문學問이 됩니다. 아무 것도 모르면 물음도 없습니다. 물음은 전혀 몰라서가 아니라 잘 몰라서이며, 잘 아는 스승과 잘 모르는 내가 같이 잘 알게 되는 과정입니다.

그러므로 물음은 순수한 마음가짐의 물음이어야 하고, 그런 순수한 물음에 대해 스승은 오직 올바른 진리로만 답을 해야 합니다. 학생이 그 순수한 마음 자세를 잃어버리고 스승을 의심하면서 다른 의도로 묻거나, 답해 주는 사람이 사적인 견해를 넣어 올바른 진리에서 벗어난 대답을 하는 것은 모두 서로를 더럽히는 일입니다. 이 물음과 대답은 마치 인간이 하늘에게 묻고 하늘이 인간에게 대답하는 점占과 같아야 합니다.

괘사卦辭에 "처음 물으면 답해 주고, 두 번 세 번 물으면 모독하는 것이니, 모독하면 답해 주지 않는다[初筮告 再三瀆 瀆則不告]."라고 한 것은 순수한 마음으로 물은 경우에 하늘이 답을 해 주고, 두 번 세 번 반복해서 묻는 것은 처음의 답을 의심하는 것으로 하늘을 못 믿는 독천瀆天 행위임을 말한 것입니다. 학생의 물음에 대한 대답을 통한 교육이 어떤 원칙을 지켜야 하는지를 보여 주고 있습니다.

교사에 대한 이해

교사는 학생을 위해서만 존재합니다

배우고 가르치는 사람의 관계에서, 학습의 단계나 학문의 단계나 모두 스승의 존재는 의미가 있습니다. 다만 사람은 모든 세계상世界像에서 배울 수 있다는 것을 인정한다면, 학생은 인간 스승이 없이도 배울 수 있지만, 인간 스승은 학생이 없이 홀로 스승일 수 없습니다.

물론 사람도 노자가 말한 대로 이 세계와 자연처럼 '말로 하지 않는 가르침[不言之敎]'을 줄 수는 있습니다. 그러나 인간 사회의 스승은 어떤 경우에도 여전히 학생에게 언제나 세계를 포함한 많은 스승 가운데 하나일 뿐입니다. 사제師弟 관계에 대한 이런 의식은 교사가 된 사람의 입장에서 가슴 저린 낙인이 아니라, 엄숙한 자기 절제의 신념이어야 합니다.

몽괘에 보이는 모든 교사의 태도態度, 자격資格, 의무義務, 역할役割 등은 모두 이런 엄숙한 자기 절제의 신념을 토대로 하고 있습니다. 그것은 말할 것도 없이 학생 자체와 그의 성장과 각성이 바로 교사의 존재 이유라는 인식이며, 그의 교육 활동이 정당성을 갖는 유일한 근거라는 자각을 의미하는 것입니다.

교사에게 이런 자기 절제가 강조되는 이유는 무엇 때문일까요? 그것은 우선 대부분의 현실에서 교사는 학생을 위해서 존재한다는 사제 관계의 본질을 망각한 전도된 관계가 횡행하기 때문입니다. 그리고 본질을 망각한 모든 전도된 관계가 그렇듯이, 변질된 교사와 학생 관계의 핵심은 교사가 그 본연의 자세와 역할에서 벗어나, 그 관계에서 권력적 성격의 지배자가 되고자 하는 데 있습니다.

몽괘에서 이런 문제의식을 보여 주는 첫 번째 내용은 괘사卦辭에서 학생의 능동성을 강조한 "내가 학생을 찾아가는 것이 아니라, 학생이 나를 찾아온다."라는 구절입니다. 사제 관계의 형성 자체에서 학생의 능동성을 강조하는 것은 상대적으로 교사가 수동적으로 선택된다는 것을 의미합니다. 전통적으로는 "올바른 예에 찾아와서 배우는 일은 있어도, 가서 가르친다는 경우는 없다[禮 聞來學 不聞往敎 —《禮記》,〈曲禮〉]."라는 경구警句가 이것입니다.

우리나라의 경우 서세동점西勢東漸의 시기에, 이런 교육관이 수동적이고 소극적이 아닌가 하는 반성이 생겨, 교사가 적극적으로 학생을 찾아가는 계몽주의 교육 운동이 일어났고, 지금에 와서 이런 적극적인 교사관은 당연한 것으로 받아들여지고 있습니다. 이것은 한편으로는 역사적 환경에서 오는 타당성이 없는 것은 아니겠지만, 그 역기능으로 이른바 '찾아가는 교육'은 교육 현장에 교사만이 아니라 국가와 자본과 같은 세속적 권력이 찾아오게 만들었을 뿐 아니라, 무엇보다도 '학생들이 능동적으로 모여드는' 교육의 자발성을 심각하게 훼손毁損한 것을 간과해서는 안 됩니다.

교사가 학생을 선택하는 것이 아니라 학생이 교사를 선택한다는 것은 지금의 교육적 현실에서 녹록하지 않은 일일 것입니다. 그러나 아이들의 성장이 교육의 목적임을 생각하면, 적어도 자발적인 선택이 가능한 시기, 그것도 가능한 일찍 이런 선택의 기회를 보장하는 것이 교육의 본질에 합당한 것은 분명합니다.

'믿음과 준비와 기다림'은 교사의 의무다

물론 몽괘의 이런 수동적 교사관이 교육 활동에서 교사의 주체적 역할을 부정하는 것은 아닙니다. 괘사에서 교사를 상징하는 효인 구이를 나[我]라고 표현한 것이 이런 교사의 주체성을 보여 주는 대표적인 경우입니다. 그럼에도 불구하고 교육을 상징하는 몽괘의 주효主爻는 가르치는 능력을 지닌 구이도 상구도 아닌 배우는 학생을 상징하는 육오이며, 이는 교육의 목적이 교사가 아니라 학생임을 웅변하고 있는 것입니다.

이 수동적 관계에서 교사는 학생이 스스로 성장할 수 있는 가능성을 가진 존재임을 믿고, 그 가능성을 배움과 가르침을 통해서 크게 키울 수 있음을 믿어야 합니다. 그러므로 반드시 교사는 인간에 대한 일반적인 믿음과 함께, 순수한 아이들에 대한 더욱 절대적인 믿음을 가져야 합니다. 이 믿음에서 교사는 학생이 구도求道를 위해서 찾아올 때를 준비하며, 와서 배우고 묻기를 기다리는 것입니다.

그래서 믿음과 준비와 기다림은 교사의 의무입니다. 몽괘에서 이런 교사상을 보여 주는 대표적인 것이 구이의 포몽包蒙입니다. 포包란 감싸는 것이죠. 감싸는 것은 소중하기 때문이고, 사랑하기 때문이고, 보호해야 하기 때문이고, 어리고 어리석기 때문입니다. 그것은 대등한 것들의 관계에서 이루어지는 행위가 아니라, 처음부터 기울어진 관계, 불평등한 관계에서 이루어지는 일입니다.

그리고 모든 불평등한 관계에서의 정의正義가 언제나 그렇듯이, 이 사제 관계에서 기본적인 정의는 학생의 권리權利와 교사의 의무義務에 있습니다. 이 정신이 교사로 하여금 학생의 미숙함과 실수와 어림과 어리석음을 그들의 당연한 권리로 인정하고, 그것을 이해하고 받아들이고 감싸 주고 기다리는 포용의 의무를 기꺼이 짊어지게 합니다. 그리고 그 포용이 의무가 아니라 미덕美德이 되려면, 교사는 이해할 수 없는 것을 이해하고, 받아들일 수 없는 것을 받아들이고, 감쌀 수 없는 것을 감싸야 합니다.

그러나 이것은 아직 수동적이죠. 포몽에 담긴 교사의 가장 바람직한 모습은 더욱 적극적이어야 합니다. 구이의 효사는 포몽이란 말에 이어서 "어린 여성인 며느리를 받아들이는 것이 길하다[納婦吉]."라고 하였고, 정자程子는 이를 해석하여 "요순堯舜 같은 성인聖人은 그 위대함이 천하에서 가장 뛰어난 분이지만, 평범한 백성들에게도 사심 없이 묻고 남에게 배워서 선을 행하였다[堯舜之聖 天下所莫及也 尙曰 淸問下民 取人爲善也]."라고 하였습니다. 가르침은 선각자가 후각자를 깨우치는 일이지만, 진정한 선각자는 후각자에게도 배웁니다.

미숙한 며느리에게서 배운다는 이 포몽의 정신은 불평등한 사제 관계를 함께 배우는 대등한 사제 관계로 만들어 주고, 나아가 문명한 역사와 진리의 세계를 함께 열어 가는 벗들이 되게 하며, 미숙한 우리들이 그러했듯이 미숙한 그들로 하여금 이 세계의 주인이 되는 역할을 하리라는 것을 기꺼이 인정하게 만듭니다. 그것이 '자식이 집안을 능히 주도한다[子克家]'는 표현이며, 감싸는 것의 끝이 바로 이런 믿고 넘겨 줌에 있음을 의미하는 것입니다.

때로는 사랑으로 엄하게 질책하라

그러나 스승은 감싸는 역할만을 하는 것이 아닙니다. 스승은 엄해야 합니다. 사람은 누군가를 사랑하면 그 사람이 잘되기를 바라고, 그 잘될 길을 제시해 주고, 그 길로 이끌어서 길러 줍니다. 가르침이란 그래서 사람을 사랑하여 그를 길러 주는 일입니다. 길러 주는 일은 수고로운 노동입니다. 그래서 누군가를 사랑하는 사람은 누군가를 위해서 수고로운 노동을 아끼지 않습니다.

그러나 더 큰 사랑은 스스로 자랄 수 있도록 스스로를 위해서 노동하게 하는 일, 즉 스스로 자신을 사랑하는 노동인 배움을 독촉하는 일입니다. 그러니 엄격하지 않고서야 사랑할 수 있겠습니까? 현실에서 아이들의 미숙한 모습이 드러나는 것은 언제일까요? 그 길에서 나태할 때, 그 길에서 다른 곳으로 눈을 돌릴 때, 현재의 성취에 만족하여 교만할 때, 바로 거기가 진정으로 스승이 필요한 자리입니다.

그 자리에서 스승이 엄하지 않을 수 있겠습니까? 종아리라도 치는 것이지요. 몽괘 초육에서 "몽매함을 열어 주기 위해서 형인刑人을 쓰는 것이 이롭다."라고 한 것은 바로 이런 경우를 가리키는 것입니다. 물론 모든 경우에 그것이 최선은 아닙니다. 이성적 설득과 자발적 반성의 계기를 주는 것이 좋겠지만, 그래도 질곡을 벗겨 내는 방법에 다른 선택이 없다면, 교사는 회초리를 씁니다.

그리고 적어도 몽괘를 지은 사람들의 역사적 경험을 근거로 보면, 초육이라는 어린아이에게 회초리를 쓰는 것이 효과적이었습니다. 반대로 나이 든 아이들에게는 체벌은 효과가 적습니다. 한대漢代의 학자인 가의賈誼는 예의의 "교육은 나쁘게 되는 것을 미연에 방지하는 것이고, 법률은 이미나쁜 일에 대해서 처벌로 금지하는 것이다[禮 防於未然 法 禁於已然]."라고 하여, 예의의 교육과 법의 사회적 관계와 효과에 대해 논하였습니다. 교육은 '가래로 막을 일을 호미로 막는' 역할을 해야 하고, 체벌은 그런 역할에 일조할 수 있다고 봅니다.

그러나 교사의 엄함이 정말로 필요한 것은 아이들이 '성장의 길'이 아닌 '죽음의 길'을 가려고 할 때입니다. 상구의 격몽擊蒙은 죽음의 길을 가려는 것을 엄격하게 막는 교육입니다. 누가 죽음의 길이 죽음의 길인 줄 알면서 가려고 하겠습니까? 그러나 몽매함이 극단에 이르면, 우리 인간은 뻔한 죽음의 길인 '도둑이 되는 길[爲寇]'을 갑니다. 어찌 선생이 된 사람이 그것을 막지 않을 수 있겠습니까? 반드시 막아 주어야 합니다. 그것을 "도둑을 막아줌이 이롭다[利禦寇]."라고 한 것입니다.

아이들이 스스로 성장할 때, 아이들이 올바른 길을 가고 있을 때, 교사의 역할은 오히려 수동적입니다. 거기에서 교사는 아이들의 벗이 되어 주는 것으로 충분할지도 모르겠습니다. 그러나 아이들이 잘못될 때, 아이들이 멈추려고 할 때, 무엇보다도 명백한 죽음의 길을 선택하려 할 때, 바로 거기에 엄한 스승의 능동적인 역할이 필요합니다. 회초리쯤이야. 더한 것도 할 수 있을 것입니다.

교육으로 바르게 길러내는 거룩한 길

아직도 미지로 가득 찬 이 세계에서, 초기 인류의 스승들은 우리 인간이 가야 할 바른 길을 고민하였습니다. 그것은 수많은 위험과 실패와 좌절과 희생으로 점철된 과정이었습니다. 아니 그 위험과 실패와 좌절과 희생에도 멈출 수 없는 과감한 용기와 실천을 필요로 하는 길이었습니다.

그리고 이런 시련의 과정을 통해 그들은 조금씩 바른 길을 찾아서 당당하게 걸어갈 힘을 길러 왔지요. 몽괘의 상象에 "군자는 이 상을 써서, 과감하게 행동하여 덕을 기른다[君子以 果行育德]."라고 한 것이 이런 과정을 보여 줍니다. 그것은 마치 어린아이가 낯선 세계에 던져져서 스스로의 삶의 길을, 존재의 길을 찾아가는 과정과 흡사하였습니다.

아이들은 실천을 통해서 배웁니다. 물론 아이들은 인류의 스승들이 간 길을 학습합니다. 그 길의 성공과 실패를 모두 경험하면서, 거기서 배우고 힘을 얻고 자신의 삶의 길을 갑니다. 그리고 또다시 그들이 가는 길은 성공이든 실패든 새로운 아이들에게 학습의 자료가 됩니다.

우리는 이 길을 바로 가고 있나요? 인류의 스승들이 우리에게 가르쳐 준 정도를 걸어가고 있나요? 여전히 우리는 그 스승들의 엄한 교훈을 필요로 하지 않나요? 우리는 그런 스승인가요? 아니면 그 길을 벗어나 있나요? 그리고 마침내 우리가 앞으로 가야 할 길은 어떤 길인가요?

그 길이 어떤 길이든, 우리는 과일처럼 용감해야 합니다. 어린 과일들은 자신을 길러 주는 나무와 풀에 매달려야 합니다. 그 양분과 보호 속에서 자랍니다. 그러나 다 익은 과일은 그 보호를 과감하게 벗어나야 합니다.

새로운 생명을 시작하려면, 그것에는 선택의 여지가 없습니다. 과일처럼 용감하게 그 길을 가면, 길이 만들어집니다.

스승은 때로 사랑으로 감싸 주고 때로 사랑으로 엄하게 질책합니다. 언제나 사랑이 필요할 때 질책이 필요할 때를 어기지 않는 것이기에 시중時中이라고 합니다. 이런 방식으로 스승은 아이들을 오직 바르게 자라도록 인도합니다. 밝은 지혜를 길러 주고, 사랑할 수 있는 힘을 길러 주고, 과감하게 행동할 수 있는 용기를 길러 줍니다. 그것은 결국 아이들을 거룩하게 만들어 가는 일이며, 교사 스스로의 삶을 거룩하게 만들어 가는 일입니다. 이를 단彖에서 "몽의 교육으로 정도를 기름이 거룩한 성인의 공로이다[蒙以養正 聖功也]."라고 하였습니다.

맺는 말

몽괘는 동아시아의 전통적인 교육관을 집약한 내용을 담고 있습니다. 물론 몽괘가 반드시 교육적 입장에서만 해석되는 것은 아닙니다. 주역 문장이 갖는 다양한 함의를 제외하더라도, 세계와 인간의 삶은 다양한 영역을 포괄하고 거기에는 어디에나 어리석음으로부터 개명해 가는 과정이 있기 때문입니다.

몽괘의 교육관에는 당연히 봉건적인 한계들이 있습니다. 그러나 오래된 미래라는 교훈처럼 거기에는 지금의 교육관을 반성하게 하는 내용들도 들어 있습니다. 아니 어쩌면 교육은 지식의 측면에서든 인격적 측면에서

든 본질적으로 불평등한 관계에서 이루어진다는 점에서 봉건적입니다.

현실에 매몰되어 이상을 향한 지향을 버리면 안 된다고 생각합니다. 마찬가지로 이상에 현혹되어 현실을 떠나서도 안 됩니다. 우리 인간은 두 발을 현실의 대지에 두고 두 눈으로 그 이상을 꿈꾸는 것이 아닐까요? 그것이 유학의 현실주의가 추구하는 실사구시實事求是인지도 모르겠습니다.

노래로 가르치다

심장의 고동을 울리는 교육

'태정태세문단세', 어린 시절 조선 역대 왕들의 칭호를 소리 높여 순서대로 외우던 기억이 나시나요? 다음은 '예성연중인명선'입니다. 어린 시절에 외운 것이라서 건망증이 심각해진 지금까지 잊지 않고 있는 것 같습니다. 그러나 사실 제가 이 구절을 지금까지 기억하고 있는 가장 큰 이유는 노래로 배웠기 때문이라고 생각합니다.

훨씬 뒤에 저는 이 기법이 한시漢詩의 칠언 절구七言絕句를 본 딴 것임을 알았습니다. 전통 시대의 교육 가운데 같은 칠언 절구 형식으로 외우게 한 내용이 있는데, 하늘에 있는 28개의 별 즉, 이십팔수二十八宿의 이름입니다.

동방에 있는 일곱 별들은 창룡칠수蒼龍七宿라 하는데 '각항저방심미기角亢氐房心尾箕'이고, 북방에 있는 일곱 별들은 현무칠수玄武七宿라 하는데 '두우여허위실벽斗牛女虛危室壁'이고, 서방에 있는 일곱 별들은 백호칠수白虎七宿라 하는데 '규루위묘필자삼奎婁胃昴畢觜參'이고, 남방에 있는 일곱 별들은 주작칠수朱雀七宿라 하는데 '정귀유성장익진井鬼柳星張翼軫'입니다. 이 별들의 이름을 칠언 절구 한 수로 외우는 것입니다.

이뿐이 아닙니다. 《천자문千字文》도 역시 시입니다. 당연히 운이 있고, 노래의 가사처럼 외울 수 있습니다. 천자문으로 글자를 배운 뒤에, 그 다음으로 배우던 《사자소학四字小學》이라는 교재는 기초적인 인성 교재입니다. 역시 천자문과 같이 네 글자로 된 시처럼 만든 교재입니다. 시문을 배우는 교재인 《추구推句》는 오언시五言詩인데, 역시 노래의 가사처럼 되어 있습니다.

이것은 전통 시대의 교육에서, 특히 처음 공부하는 학생들에게 모든 교육 내용들을 노래로 만들어 가르쳤다는 것을 보여 줍니다. 이유가 무엇이겠습니까? 그것은 말할 것도 없이 그들이 오랫동안 교육을 해 오면서 다양한 방법들을 시도해 보았고, 그런 다양한 방법 가운데 노래로 가르친 것이 가장 효과가 있었다는 오랜 역사적 경험을 반영한 것입니다.

동아시아의 이런 교육 방법은 언제부터 시작된 것일까요? 유학의 경전 가운데 《서경》에 그 기록이 전합니다. 동아시아의 이상적 지도자는 요순인데, 그 중에 순은 동이족東夷族으로, 각 분야의 인재를 등용하여 처음으로 사회 정치 체제를 만든 인물입니다. 그는 교육 내용으로는 오륜五倫을 제시하여 이를 백성들에게 가르치는 것을 설契이란 신하에게 맡기고, 아이들을 가르치는 것은 음악을 담당하던 기夔라는 신하에게 맡겨 노래로 가르치게 하였습니다.

심지어 우리가 관념적이고 추상적인 철학이라고 비판하는 성리학性理學을 완성한 주자朱子는 아이들에게 반드시 노래와 춤을 가르쳐야 한다고 주장하였습니다. 그는 음악을 교육 방법으로 중요시하는 것을 넘어서서 영가무도詠歌舞蹈, 즉 노래와 춤 자체가 사람의 정신을 고무시키고 영혼을 단련하여 맑게 만드는 효과가 있다고 주장하였습니다.

저는 음악을 잘 모릅니다. 그래서 평생 교육에 종사하면서도 이 음악적 기법을 이용한 교육을 하지 못하였습니다. 저에게 배운 학생들에게 미안함을 넘어서 죄스러운 일이지요. 그래도 고전을 공부한 덕에 이제나마 그 중요성을 알게 되었습니다. 나아가 그런 음악의 효과가 어떤 원리에 근거한 것인가를 조금 엿볼 수 있게 되었습니다.

본래 배움은 가장 힘든 방법으로 하는 것이 효과적입니다. 눈으로 보는 것보다 입으로 소리 내어 읽는 것이 효과적입니다. 소리 내어 읽는 것보다 손으로 쓰는 것이 효과적입니다. 손으로 쓰는 것보다 온몸으로 실천하는 것이 효과적입니다. 다 아시는 것처럼 현장 체험이나 직접 경험이 가장 효과적인 학습 방법이라는 것이지요.

노래와 춤이 이와 무슨 관계가 있을까요? 현장 체험이나 직접 경험은 학습의 대상이 되는 내용과 내 몸이 직접 부딪쳐 그 간격을 메꾸고 하나가 되는 과정입니다. '깨달음'이라든가 '깨침'이라는 것은 그 간격을 깨어, 대상과 주체가 하나가 됨을 의미합니다. 그리고 그 주체인 우리 인간 생명의 핵심은 심장이고, 그 심장의 고동鼓動은 모든 노래와 춤의 원형이고 뿌리입니다. 당연히 노래 가사로 익히고 춤으로 훈련해서 배우는 것보다 더 잘 배울 수 있는 방법은 없습니다. 저는 시청각을 함께 동원한 요즈음의 여러 기법보다 낫다고 생각합니다. 모든 교과에서 음악 선생님들과 함께 그 방법을 찾아보시기를 건의합니다.

5부

나오며

- 함께 부르는 '사람의 노래'

사람의 노래

사람의 노래

드높은 하늘과 도타운 땅 사이에
만물이 있고 사람이 산다
만물이 모두 소중하지만
사람이 가장 소중하다
사람이 가장 소중하다

나는 소중한 사람이다
너도 소중한 사람이다

우리는 모두 소중한 사람이다
사람을 소중하게 생각하면서
나는 맑고 밝고 따듯하고 정의롭게 살아간다

누구도 무시하지 않고
누구도 미워하지 않고
누구의 것도 훔치지 않고
누구의 것도 빼앗지 않고
누구도 속이지 않는다

이 아름답고 소중한 세계에서
모든 사람들과 손을 잡고
모든 사물들과 어울리면서
나는 존엄한 사람으로 산다
나는 당당한 사람으로 산다

두 발로 대지를 단단하게 딛고
허리를 꼿꼿하게 펴고
가슴을 뜨겁게 달구고
두 눈을 밝게 떠 가면서
드높은 하늘을 우러러 겨룬다

2014년, 제가 당선을 바라던 두 분이 충청남도와 세종시의 교육 수장이 되셨습니다. 참으로 반가운 일이고 고마운 일입니다. 그러나 한편으로는 두려운 일이고 걱정스러운 일입니다. 두 분의 역량이면 그 책임을 잘 감당해 나갈 뿐 아니라, 참으로 즐겁게 해 갈 것으로 믿습니다.

그래도 아마 많은 분들의 도움이 필요할 것입니다. 그분들이 가진 생각과 모두 같은 생각일 수도 없고, 그분들이 하시는 일 가운데 모든 것이 마음에 들 수도 없을 것입니다. 생각이 다르고 하는 일이 달라도 서로 그럴 수 있다고 이해하고 존중하면서, 서로 함께하는 생각과 서로 합의하는 정책을 먼저 찾아 공감을 확대하는 방식으로 도왔으면 합니다.

두 분의 당선을 바란 저도 조그만 책임에 조그만 도움이라도 드리고 싶습니다. 그래서 그동안 건강 때문에 중단했던 고전 읽기를 이 글을 통해서 다시 시작하는 것으로 대신하고자 합니다. 동양에서 '말의 선물'은 노자가 공자에게 처음 한 것인데, 제가 감히 흉내를 내는 것입니다.

위의 글은 제가 지은 것입니다. 말이란 책임이 따르는 법인데, 이 언책言責을 예전 분들은 매우 엄격하게 생각했습니다. 저는 말도 글도 모두 서툰 사람인데, 최근에 와서 말을 더욱 함부로 하는 일이 많아서 걱정입니다. 이 때문에 말을 골라서 쓰는 글로 대신하려 하지만, 글이란 말과 달리 두고 두고 남는 것이어서 이처럼 세상에 내놓을 때는 더욱 조심스럽습니다. 그러니 부족한 부분, 잘못된 부분은 여러분들께서 바로 지적하여 고쳐 주시기 바랍니다.

위의 글은 제가 지은 것이지만 물론 저만의 생각과 마음으로 지은 것은 아닙니다. 첫 구절은 조선 시대 서당에서 가르치던 초학 교재인《동몽선습》과 《계몽편》의 첫 구절을 모아서 풀어 본 것입니다.

하늘과 땅 사이 만물 가운데 오직 사람이 가장 존귀하다

《동몽선습》을 지은 이는 조선 중중 무렵의 박세무朴世茂라는 분입니다. 당시는 조광조 선생께서 이상 정치를 꿈꾸고 실천하던 시기인데, 많은 선비들이 조광조 선생과 뜻을 같이했습니다. 이분들을 기묘명현己卯名賢이라 부르는데, 박세무라는 분은 그 기묘명현 가운데 한 분입니다. 《조선왕조실록》에는 이분이 아이들이 가장 먼저 배워야 할 책이라는 의미의 《동몽선습》을 지었다는 기록이 남아 있습니다.

다음이 이 책의 첫 구절입니다.

하늘과 땅 사이 만물 가운데 오직 사람이 가장 존귀하다. 사람을 존귀하게 여기는 이유는 그 사람에게는 오륜이 있기 때문이다.
天地之間 萬物之中 惟人最貴 所貴乎人者 以其有五倫也.

배움과 가르침의 근본 이념은 사람에 대한 믿음이다

물론 사람은 그 자체로 존귀한 존재입니다. 그 생명과 인격의 존귀함은 무엇과도 바꿀 수 없는 것입니다. 그 존엄한 사람을 더욱 존엄하게 만드는 것은 그가 사람이라는 징표인 오륜을 지키고 버리지 않기 때문입니다.

그것은 때로 그 오륜을 지키지 못하고 버려서 사람으로의 존엄을 상실할 수 있음을 의미하는 것입니다. 누가 그렇게 되고 싶겠습니까만, 우리는 의외로 그런 유혹을 많이 받고 그런 협박에 쉽게 굴복하기도 합니다. 그런 흔들림도 물론 완전하지 않은 사람이라는 징표이지만, 어떤 흔들림에도 사람의 존엄한 모습은 사라지지 않습니다. 이 사람에 대한 믿음이 인간 정신의 핵심이고 배움과 가르침의 근본 이념입니다.

《계몽편》을 지은 분은 정확하게 알려지지 않았습니다. 조선 후기 장혼張混이란 분이 지은 책이라는 설도 있지만, 아직 정설이 되지는 못하였습니다. 당시에는 이미 서당 교육이 상당히 보편화되어, 이름이 알려진 분들이 지은 초학 교재만이 아니라, 이름이 알려지지 않은 분들이 편찬한 많은 초등 교재들이 만들어지고 보충되고 하였습니다. 《사자소학》이나 《추구》 같은 초학 교재가 그 대표적인 예입니다.

《계몽편》은 《동몽선습》에 비해 세계에 대한 아동의 이해를 돕는 내용이 많습니다. 그것은 당대의 실학의 실사구시적 경향에 영향을 받은 것으로 보이며, 박물학적 지식의 기초를 학습하기 위한 교재입니다. 하늘과 땅과 사물과 사람이라는 네 주제를 다룬 것이 그런 성격을 보여 주며, 사람을 뒤에 다룬 순서가 윤리보다 지식을, 사람보다 세계를 중시하는 경향을 보여 줍니다.

다음은 이 책의 첫 구절입니다.

위에는 하늘이 있고 아래에는 땅이 있다. 그 하늘과 땅 사이에 사람이 있고 만물이 있다. 해와 달과 별들은 하늘에 있고, 강과 바다와 크고 작은 산들은 땅 위에 있다. 부모 자식의 사랑과 임금과 신하의 정의와 남편과 아내의 존중과 어른과 젊은이의 질서와 친구 사이의 신의는 사람이 지켜야 할 큰 윤리이다.

上有天 下有地 天地之間 有人焉 有萬物焉 日月星辰者 天之所係也 江海山嶽者 地之所載也.

父子君臣夫婦長幼朋友者 人之大倫也.

'자존의 노래'가 울려 퍼지길 바라며

사람은 소중합니다. 그러므로 사람이 살아가는 공간과 시간인 이 세계는 사람만큼 소중합니다. 동시에 우리와 함께 이 세계에 살면서 우리의 삶에 도움을 주는 만물들도 소중합니다. 소중한 세계와 소중한 만물이 만들어 주는 삶의 조건을 토대로 살아가는 사람이 그 고마움을 모르고 함부로 대하고 낭비한다면, 그렇게 소중한 것들의 도움으로 살아가는 사람인 나와 우리를 소중하게 생각하고 대접하지 않는다면, 그것은 세계와 만물과 무엇보다도 우리 자신에게 부끄러운 일이 아니겠습니까?

글자를 배우는 《천자문》을 갓 뗀 아이들이 훈장님의 선창에 따라 소리 높여 《동몽선습》과 《계몽편》을 읽는 모습을 상상해 봅니다. 이 드넓은 천지 사이에 우리가 가장 존엄한 사람임을 당당하게 선언하는 소리이며, 하나하나의 내가 사람다운 사람으로 살아가겠다는 다짐의 서약입니다. 고

을마다 피어나는 이 합창이 어떤가요? 다시 집집마다 울려 퍼지는 낭랑한 아이들의 책 읽는 소리는 어떤가요? 어떤 오케스트라가 이보다 멋지고, 어떤 모임이 이보다 장엄하겠습니까? 어떤 소리가 이보다 듣기 좋겠습니까?

두 번째 구절 이하도 제가 지어 본 것이기는 하지만, 모두 옛 성현들의 글들을 토대로 한 것입니다. 첫 번째 구절을 보충한 것으로 보시면 될 것 같습니다.

우리 사회에는 지금의 교육 현실에 대해 다른 문제의식과 다른 해결 방법을 제시하는 분들이 있고, 그런 분들 사이에 대립도 있는 것이 사실입니다. 그럼에도 모두가 걱정하는 문제 가운데 하나는 역시 아이들의 사람 됨됨이를 가르치는 데 실패하고 있지 않은가 하는 점입니다. 생존 경쟁에서 이기기 위한 능력을 키우는 것에만 집중한 결과이겠지요.

사실 인성과 능력의 균형 잡힌 성장은 교육이 시작된 이래 아주 오래된 숙제입니다. 당연히 이에 대한 다양한 견해들이 있고, 다양한 방안들이 제시되고 실천되었습니다. 우리 전통 교육에서의 해답은 사람 됨됨이를 가르치는 것이 바탕이 되어야 한다는 것이었고, 이 바탕이 있어야 크고 작은 능력들이 모두 본인과 세상을 위해 의미 있게 쓰인다는 것이었습니다. 그리고 그 사람 됨됨이를 기르는 출발이 바로 앞의 교재 첫머리에 나오는 이 세계에서 사람의 존엄성을 확인하고, 자신이 바로 그런 소중한 사람이라는 점을 자각하여, 사람다운 삶을 선택하고 살아간다는 자존의 선언입니다.

옛 분들이 가르치시기를 사람의 사람다운 모습은 인사人事에서 시작하여, 가족을 사랑하고 이웃을 사랑하고 나라를 사랑하고 인류를 사랑하고 하늘을 섬기는 것에서 끝난다고 하셨지만, 그 모든 실천은 바로 이런 사람 존중과 자기 존중의 정신을 뿌리로 해야 참다운 것이 되는 것이 아닌가 합니다.

제가 지은 글은 모두 옛 성현 분들의 이런 정신을 담아서 표현한 것입니다. 우리 아이들이 그 꿈과 능력과 외모와 자질과 가정 환경이 서로 달라도 모두가 소중한 사람이며, 스스로가 그런 소중한 사람이라는 자부심을 가슴에 가득 담고, 다른 모든 사람을 소중하게 대할 줄 아는 사람다운 사람으로 자랐으면 합니다. 이 글이 거기에 도움이 될 수 있었으면 하는 것이 제 바람입니다.